Karel Szesny

Der Falter im Blütenschnee

Die Deutsche Nationalbibliothek verzeichnet diese Publikation in der deutschen Nationalbibliografie; detaillierte bibliografische Daten sind im Internet über http://dnb.ddb.de abrufbar.

Erschienen im Februar 2015
Illustrationen von Karel Szesny
Lektorat von Katrin Schrake
Covergestaltung von Tibor Horvath

ISBN978-3-945976-01-2

www.abentheuerverlag.de

Karel Szesny

Der Falter im Blütenschnee

Novelle

AbentHeuer Verlag

„Wir sind alle verbunden. Wir sind alle vernetzt. Wenn Sie es Quantenverschränkung nennen wollen, gut. Aber wir sind vernetzt. Und es gibt keine wirkliche Trennung zwischen uns; was wir also einem anderen antun, das tun wir einem Aspekt von uns selbst an.“

Dr. William Tiller,

emeritierter Professor der Stanford-Universität, einer der Pioniere in der Erforschung der Psychoenergetik

Inhalt

Zum Verständnis

Der alte Mann, der diese Geschichte schrieb, ist seit dem Dachstuhlbrand des Mietshauses in dem er wohnte, verschollen. Das Manuskript wurde am Morgen nach der Brandnacht zufällig in seiner Aktentasche gefunden, die vom Löschwasser durchnässt auf dem Innenhof lag. Rätselhaft ist, weshalb man von ihm selbst keinerlei Überreste fand, außer einem zerschmolzenen Medaillon in Form eines Schmetterlings, das er stets bei sich getragen haben soll.

I. Totengräber Hinkebein

Wenn mir der Hauswart gelegentlich die Post heraufbringt, tut er das nur um einen Vorwand zu haben, mich wieder einmal wegen meines überheizten Ofens zu nerven. Ein unangenehmer Typ. Ich kann sein aufgesetztes Lächeln nicht ertragen. Früher, als ich ihn noch für einen anständigen Kerl hielt, kamen wir manchmal ins Gespräch. Er gab vor, sich für meine Fachbücher über Lepidopterologie, die Schmetterlingskunde zu interessieren. Wir sprachen über die zahllosen Randbemerkungen, die ich in diesen Büchern vorgenommen hatte, weil so unendlich vieles darin nicht der Wahrheit entspricht. Bei solchen Gelegenheiten ließ ich mich leider dazu hinreißen, ihm Einiges aus meinem früheren Leben zu erzählen.

Eines Abends schleppte ich aus dem Keller einen Eimer Kohlen in meine Dachwohnung, während er mit einigen Nachbarn schwatzend auf einem Treppenabsatz stand. Einer rief von unten hinter mir her: „Wie kommt es eigentlich, dass Sie überhaupt noch zu Fuß gehen?!“

Weil ich nicht erkannte, worauf der Mensch hinauswollte, blieb ich stehen und fragte schwer atmend: „Wie meinen Sie?“

„Na ja, Sie als Schmetterling...“, erwiderte er und wedelte heftig mit den Armen. „Warum *flattern* Sie die Treppe denn nicht rauf?“

Hämisches Gelächter verfolgte mich bis vor meine Tür. Am lautesten lachte der Hauswart.

In der Kneipe „Zum letzten Gruß“, wo ich mir gelegentlich nach Feierabend einen guten Schoppen Wein gönne, setzte sich einmal ein Mann mittleren Alters an meinen Tisch. Irgendwie kamen wir – wie könnte es anders sein? – auf Schmetterlinge zu sprechen. Weil es eine so nette Unterhaltung war, spendierte ich ihm ein Getränk, danach noch eines oder vielleicht auch zwei. Dabei geriet ich leidenschaftlich ins Erzählen, und es wurde ziemlich spät. Rein zufällig begegneten wir uns tags darauf am selben Ort wieder. Er gestand mir, wie tief ihn die seltsamen Begebenheiten meines Lebens beeindruckt hatten und forderte mich auf, mit der Geschichte fortzufahren. Von da an trafen wir uns dort allabendlich. Bald schon sagten wir du zueinander und nannten uns vertraulich bei den Vornamen. So fand ich endlich Gelegenheit, jemandem meinen wirklichen Lebenslauf zu offenbaren. Der Mann hatte eine sehr angenehme Art zuzuhören; er redete nie dazwischen und in seinem Gesicht spiegelte sich die aufmerksamste Anteilnahme. Manchmal saßen wir bis in die späte Nacht beieinander, währenddessen manch' köstlicher Tropfen durch unsere Kehlen perlte. Erst wenn die Wirtin die Stühle auf die Tische stellte und wiederholt zum Aufbruch mahnte, begaben wir uns, meist schon ein wenig stolpernd, auf den Heimweg. Zu Weihnachten bestellte ich sogar für uns beide Gänsebraten mit Speckkartoffeln und Rotkohl und schenkte ihm obendrein eine besonders gute Zigarre. Stets erschien er vor mir im Lokal, um uns den ruhigen Ecktisch am Gartenfenster freizuhalten. Dann wartete er gespannt darauf, dass ich meine Erzählung fortsetzte. Nie begann er mit dem Trinken, bevor ich eingetroffen war.

Das ging solange, bis ich einmal meine Geldbörse im Werkzeugschuppen des Friedhofs vergaß. Meine müden Glieder verspürten nach der anstrengenden Arbeit in winterlich frostharter Erde nur wenig Lust, sich nochmals auf den Weg zu machen, um das Geld zu holen. Darum fragte ich meinen Freund beiläufig, ob er wohl dieses eine Mal unseren Wein bezahlen würde. Da jedoch schien sein sonst so sympathisches Lächeln regelrecht zu gefrieren. Wortlos stand er auf und setzte sich ein paar Tische weiter, um sich die Geschichten eines Anderen anzuhören.

An einem Sonntag im letzten Frühjahr saß ich im Sternwartenpark auf einer Bank zwischen herb duftenden Holundersträuchern und hing meinen Gedanken nach. Ein kleines Mädchen blieb vor mir stehen. Es kommt ausgesprochen selten vor, dass mich jemand freundlich anlächelt; wohl wegen meiner Augen, die unleugbar von den tiefsinnigen Stimmungen umschattet sind, die meine Berufsausübung mit sich bringt. Außerdem hatte ich in meiner Jugend einen Unfall, der die teilweise Lähmung meines Gesichts verursachte. Darum erscheint sein Ausdruck mitunter etwas finster und abweisend. Dieses Kind jedoch strahlte mich derart unbefangen an, dass sich mein Gesicht allmählich ganz ungewollt erheiterte. Ich begann, auf besondere Weise zu blinzeln, nämlich in dem schnellen Rhythmus, in dem Falter mit den Flügeln wackeln, wenn sie einander aufmuntern wollen. Damit brachte ich die Kleine zum Lachen.

„Wie du lachst", sagte ich, „erinnerst du mich fast an einen Schmetterling."

„Schmetterlinge können doch gar nicht lachen", meinte sie.

„Aber gewiss doch können sie das", behauptete ich.

„Schmetterlinge können ganz bestimmt viel mehr als du denkst. Und wenn man ihre Sprache versteht, kann man eine Menge von ihnen erfahren."

Spielgefährten des Mädchens kamen neugierig heran.

„Können Schmetterlinge denn wirklich sprechen?", wurde ich gefragt. Ich nickte. Auf einmal sah ich viele erwartungsvolle Blicke auf mich gerichtet. So kam es, dass ich zu erzählen begann. Nach und nach versammelten sich immer mehr Kinder an meiner Bank. Ihre staunende Aufmerksamkeit animierte

mich zuletzt sogar dazu, auf die Sitzfläche zu steigen und ihnen mit hocherhobenen Armen die zahllosen Ausdrucksmöglichkeiten von Schmetterlingsfühlern zu demonstrieren.
Plötzlich ertönte hinter mir eine messerscharfe Stimme: „Da, das ist er!"
Ich drehte mich um. Eine junge Frau deutete energisch mit dem Finger auf mich. Sie tat das mit einem solchen Ingrimm, als richtete sie ein geladenes Gewehr auf meine Stirn.

„Würden Sie uns mal erklären, was Sie da machen?", fragte mich einer der beiden Polizisten, die bei ihr waren. Ernüchtert ließ ich die Arme sinken.

„Ich? Ach, nichts Besonderes. Ich wollte bloß..."
Ich verstummte. Mir wurde bewusst, dass es Außenstehenden ziemlich ungewöhnlich erscheinen mochte, wenn ein erwachsener Mensch auf einer Parkbank stehend seine Arme verbiegt.

„Sieht jemand etwa so aus, der ein ruhiges Gewissen hat?", wandte sich die Frau an die Polizisten. „Ich hab' gleich gemerkt, was der vorhat."

„Was hat er denn getan?", wollte jemand von der Frau wissen.

„Wozu trägt er wohl bei dieser Wärme so einen Mantel!?", erwiderte sie dermaßen laut, dass man es in weitem Umkreis hörte. Leute wurden aufmerksam, kamen heran oder blieben in einiger Entfernung gaffend stehen. Ich versuchte möglichst ruhig zu sprechen: „Könnte es sein, junge Frau, dass Sie vielleicht ein bisschen zu lange in der Sonne gesessen...?"

„Tun Sie bloß nicht so unschuldig!", fiel sie mir ins Wort. „Ich hab' Sie durchschaut! Wozu haben Sie denn all die Kinder hier angelockt?"
Eine ältere Dame nahm ihr Hündchen auf den Arm, als wollte sie es vor mir in Sicherheit bringen, und schrie mir gellend ent-

gegen: „Was haben Sie mit den unschuldigen Kindern vorgehabt?!“

„Bitte beruhigen Sie sich“, raunte der eine Polizist. Eine zornige Greisenstimme rief von irgendwoher: „Höchste Zeit, dass die Regierung was dagegen unternimmt!“

„Jawohl!“, stimmte man ihm zu. Lauthals verkündete jemand: „So Einer gehört lebenslänglich hinter Gitter!“

„Sehr richtig!“, tönte jemand von ganz hinten aus der Menschenansammlung. „Mit solchen krankhaften Verbrechern sollte man kurzen Prozess machen!“

„Aber ich bitte Sie“, raunte eine tiefe Stimme, „was, um alles in der Welt, soll denn die Regierung damit zu tun haben?“

„Tun Sie doch nicht so, als wüssten Sie nicht, worum es hier geht!“, fuhr ein anderer dazwischen. Auch ließ sich eine mitleidige Stimme vernehmen: „Man sollte vielleicht besser einen Arzt verständigen!“

Erregt redete die energische Frau auf die Kinder ein: „Hat der Mann versucht, euch anzufassen? Oder hat er seinen Mantel geöffnet? Hat er unter dem Mantel etwas an?“

Da traute sich ein zaghaftes Stimmchen zu bemerken: „Aber er hat doch bloß erzählt, dass er früher ein Schmetterling war.“

Es gab ein allgemeines Aufhorchen. Für eine Weile herrschte Schweigen.

„Was?“ fragte einer der Polizisten in der eingetretenen Stille, wobei er mich misstrauisch beäugte. „Ein Schmetterling?“

Die Kinder bestätigten dies in treuherzigem Einvernehmen. Ich spürte, dass ich zu allem Überfluss errötete, als müsste ich tatsächlich ein schlechtes Gewissen haben.

„Kommen Sie da runter!“, wurde ich aufgefordert. Ich stieg von der Bank.

„Können Sie sich ausweisen?“

Ich griff nach meiner Brieftasche, konnte sie aber nicht gleich hervorziehen, weil sie sich im schadhaften Mantelfutter verheddert hatte. Lange nestelte ich in meinen Sachen herum. Indem mir der eine Polizist prüfend ins Gesicht sah, vergewisserte er sich: „Sie behaupten also, ein Schmetterlingsinsekt zu sein?“

„Blödsinn!“, antwortete ich, als ich ihm endlich meinen Ausweis reichte, und fügte ungehalten hinzu: „Und selbst wenn es so wäre – verboten ist das doch wohl nicht.“

Die Ordnungshüter tauschten verständige Blicke. Einer legte die Hand an meinen Arm.

„Besser, wenn Sie jetzt keinen Ärger machen und freiwillig mitkommen.“

Die darauffolgenden Stunden brachte ich auf dem Polizeipräsidium zu. Nachdem ich unter Bewachung und vor Ärger mit den Zähnen knirschend in einem bitterkalten Korridor gewartet hatte, führte man mich auf richterliche Anordnung einer amtsärztlichen Untersuchung zu. Ein übellauniger Herr Doktor Sowieso leuchtete mir mit einer Taschenlampe in die Augen, sah mir in den Mund, klopfte unter meine Kniescheiben, maß meinen Blutdruck und stellte mir eine Reihe sehr indiskreter Fragen. Er wollte zum Beispiel wissen, ob ich als Kind gern mit unbekleideten Puppen gespielt hätte. Zwischendurch erkundigte er sich mehrmals, welcher Wochentag vorgestern war und wieviel zwölf mal drei ist. Dann sollte ich ihm meine Empfindungen schildern, die ich beim Anblick spielender Kinder habe. Weil ich aber mit derart wissbegierigen Doktoren bereits einschlägige Erfahrungen besaß, versicherte ich ihm ruhig und bestimmt, dass das Ganze nur ein dummes Missverständnis sei. Das mit dem Schmetterling hätte ich nur so aus Spaß erzählt, wie man halt Geschichten für Kinder erfindet. Weiter sei an der

Sache nichts dran. Und er möge sich darüber nur keine überbewertenden Gedanken machen und mich nach Hause gehen lassen. Nach einigem Zögern und mit sichtlicher Enttäuschung tat er das dann endlich.

Die Reaktion dieses Doktors ist übrigens ein Paradebeispiel für die den Menschen innewohnende Eigenart, einem oft erst dann zu glauben, wenn man nach Strich und Faden belogen wird. Ich habe nie aufgehört, mich über diese unbestreitbare Tatsache zu wundern. Wenn ich jedoch, wie in diesem Fall, zur Unwahrheit gezwungen werde, wirkt sich das bei mir leider ziemlich verheerend aus. Ich empfinde dann immer eine unbeschreibliche Eiseskälte. Darum friere ich also ständig und muss deswegen selbst in der warmen Jahreszeit einen dicken Mantel und eine Pelzmütze tragen. Auch habe ich immer ein ungutes Gefühl, wenn man mich anlächelt. Meist schaue ich dann woanders hin oder gehe einfach weg. Aber, wie schon gesagt, zum Glück kommt so etwas bei mir recht selten vor. Doch das nur nebenbei.

Wenn ich zur Arbeit gehe, wähle ich manchmal einen kleinen Umweg an einem Zeitungskiosk vorbei, wo ich mir stets meinen Pfeifentabak kaufe, weil er dort besonders preiswert zu haben ist. Dabei komme ich an der stillgelegten Fabrik vorbei. Einmal hörte ich hinter ihrer Mauer ein ungewöhnliches Lärmen von Kinderstimmen. Ich weiß nicht, welch' unselige Eingebung mich dazu veranlasste, durch das rostige Gittertor mit dem verwitterten Schild BETRETEN VERBOTEN zu gehen. Da sah ich, wie ein paar halbwüchsige Rabauken eine Katze mit Stöcken in eine Ecke getrieben hatten. Ein blonder Junge zielte mit einem Katapult auf das arme Tier, das bereits am Kopf blutete. Als er mich bemerkte, hielt er beschämt inne.

„Genau so ein Mistvieh hat nämlich unseren Wellensittich gefressen!“, erklärte er in barschem Ton. Mein Erscheinen hatte die allgemeine Aufmerksamkeit von der Katze abgelenkt, die den Augenblick nutzte, um zu verschwinden. Damit hätte ich es tunlichst bewenden lassen sollen. Doch ich ließ meinen Blick über die unbewegten Gesichter der jungen Übeltäter schweifen und zitierte den Spruch:

„Verschuldete Pein
gedenket stets Dein
und tut irgendwann
ein Gleiches Dir an.“

Ich erkannte aber gleich, wie wenig diese bösartigen Kinder damit anfangen konnten und wie unempfänglich sie sich für die verborgene Realität jener unerklärlichen Gesetze zeigten, von denen unser aller Leben bestimmt wird. So wandte ich mich ab und setzte meinen Weg fort.

„Wisst ihr, wer das ist?“, hörte ich hinter mir einen Jungen wispern. „Das ist dieser verrückte Friedhofsgärtner.“

„Der erschreckt immer kleine Kinder“, behauptete ein Mädchen.

„Habt ihr etwa Angst vor dem? Ich nicht!“, brüstete sich der Bengel und rief leise und spitz: „Totengräber Hinkebein!“ Verhaltenes Gelächter und gedämpfte Stimmen verrieten, dass man mir in einigem Abstand folgte.

„Totengräber Hinkebein!“, vernahm ich ein ums andere Mal. Weil ich nicht reagierte, wurden die Rufe immer lauter und dreister. Ich fasste meine Aktentasche und den Gehstock fester und beschleunigte die Schritte, bis mein krankes Bein zu schmerzen begann.

Hinter mir grölte der Kinderchor:

„Totengräber Hinkebein,
spring in eine Kiste rein
und grab dich endlich selber ein!"

Nun war das Maß des Erträglichen voll. Ich blieb stehen und wandte mich um. Da traf mich ein Stein mitten in die Stirn. Das Geschrei verstummte. Für einen Moment wurde mir schwarz vor Augen. Benommen tastete ich nach dem Schmerz. An meinen Fingern klebte Blut. Als ich wieder aufblickte, sah ich die Bande davonrennen.

Einige Tage später, es war die Zeit, wenn die Schneeglöckchen allmählich ihren Abschied einläuten, wenn Samenkörnchen und Blattknospen aus dem Winterschlaf erwachen und die Friedhofserde ganz und gar nach neuem Leben duftet, da erblickte ich am Tor eine Katze. Sie schien interessiert zu beobachten, wie ich bis über die Hüften in einem Grabloch stehend mit Hacke und Spaten hantierte. Als ich genauer hinschaute, bemerkte ich die blutverkrustete Wunde auf ihrer Stirn. Wie ein ertappter Dieb schrak sie zusammen und verschwand in plötzlicher Eile. Doch schon bald sah ich sie wieder, wie sie geduckt zwischen den Büschen und an den Wegrändern umherschlich.

Offen gestanden mag ich Katzen eigentlich nicht besonders. Ich hätte sowieso kaum Gelegenheit gehabt, mich mit ihr zu beschäftigen, denn es gab gerade jetzt unendlich viel für mich zu tun. Bis zum heutigen Tage kann ich mir nicht erklären, weshalb ausgerechnet zu Beginn der hoffnungsvollsten Jahreszeit so außergewöhnlich viel Kundschaft durchs Tor hereingetragen wird. Nun hatte aber dieses scheue Tier üble Erfahrungen mit unserer Gattung gesammelt, für die ich mich schämte. Darum hielt ich es für angebracht, der Katze zu zeigen, dass nicht alle Menschen es böse mit ihr meinten. Kurz und gut, ich stellte ihr frühmorgens immer eine Untertasse mit verdünnter Milch auf die Stufen der Kapelle. Es kam auch vor, dass ich einen Essensrest für sie aufhob. Zutraulich ist sie trotzdem nicht geworden. Stets hielt sie Abstand zu mir und näherte sich ihrem Tellerchen erst, wenn ich mich entfernte. Doch ihr furchtsam geduckter Gang wandelte sich nach und nach zu einem selbstsicheren Schreiten. Manchmal sonnte sie sich mit halbgeschlossenen Augen auf einer Grabplatte. Auch konnte sie recht lustig mit wippenden Zweigen spielen, an denen noch verdorrte Blätter des Vorjahres im Wind zitterten, die ein wenig an flatternde Falter erinnerten. Anscheinend tat sie das am liebsten, wenn sie merkte, dass ich zu ihr hinsah. Meine Aufmerksamkeit schien sie dabei direkt anzuspornen, als wollte sie mir damit gefallen. Sie war allerdings immer gewärtig, bei jedem ungewöhnlichen Geräusch, bei jeder unerwarteten Bewegung ins Gebüsch zu huschen.

Als nach etwa zwei Wochen die letzten Reste des Wundschorfes von unseren Stirnen blätterten, kam das, was uns für immer entzweien sollte – ein Schmetterling. Dabei war es eigentlich noch viel zu früh für ihn. Meine gewohnheitsmäßige Aufmerksamkeit für alles was sich am Himmel bewegt, ließ mich ihn schon von weitem in großer Höhe als tanzendes Pünktchen entdecken. Er näherte sich ungewöhnlich zielstrebig, angelockt vom erwachenden Grün meines schwermutstillen Gartens, der ihm als eine Insel des Lebens in der toten Betonwüste dieser Stadt erschien. Irgendetwas stimmte nicht mit ihm. Er schwebte die letzten Höhenmeter ohne zu flattern herab, ja, er fiel mehr, als dass er flog. Unsanft landete er mitten auf dem Hauptweg, wo er still sitzen blieb; ein gefährlicher Platz für ihn, weil er dort für die hungrigen Vögel weithin zu sehen war. Vorsichtig, Schritt für Schritt, trat ich näher. Der arme Geselle hatte anscheinend einiges durchgemacht. Vor Schwäche war er kaum in der Lage, sein gefaltetes Flügelpaar aufrecht zu halten. Seine Fühlerspitzen hingen schlaff herab. Ich erkannte in ihm einen dieser vom Nachtfrost ergrauten Vorjahresfalter, die es mit einigem Glück fertigbringen, ihr schlagendes Herz über den Winter zu retten. Sein rechtes Mittelbein hing zerknickt und nutzlos verkrümmt an seiner Seite und seine vermutlich einst schneeweißen Flügel waren an den Rändern arg zerschlissen. Doch als er sie öffnete, sah ich etwas daran, das wie Gold in der Sonne blitzte! Hastig suchte ich im Arbeitskittel nach meiner Brille. Dabei beugte ich mich tiefer. Zu spät bemerkte ich, dass dadurch mein Schatten über ihn glitt. Prompt strafften sich seine Fühler und er flatterte auf.

„Alienus!“, schrie ich ihm hinterher, dass es laut über den Friedhof schallte. Da geschah das Unglaubliche: Gleichsam aufhorchend stoppte er und wandte sich im Standflug nach mir um. Ich konnte sein Erstaunen geradezu fühlen. Hoffnungsvoll streckte ich ihm meine flache Hand entgegen. Sie zitterte vor Erregung. Mir stockte der Atem, als er tatsächlich begann, sich wieder zurück zu bewegen, näher und näher auf mich zu. Er kam meiner Hand so nah, dass ich den Luftzug seines Flatterns schon an den Fingerspitzen spürte. Da jedoch besann er sich anders. Er drehte ab, setzte sich aber gleich auf einem steinernen Grabkreuz nieder, von wo aus er mich zu fixieren schien. Langsam hob ich meine Arme gestreckt in die Höhe und senkte sie leicht gespreizt in die Waagerechte, was in der Schmetterlingssprache eine Begrüßung bedeutet. Eine Weile geschah nichts. Doch dann hob er deutlich sichtbar seine ausgestreckten Fühler und senkte sie in gleicher Weise!

Im nächsten Augenblick war die Katze da, die sich unbemerkt herbeigeschlichen hatte. Vor Schreck wusste ich nicht, was ich tun sollte. Der Versuch, sie mit den Armen fuchtelnd fortzuscheuchen, hätte gewiss auch den Schmetterling verjagt. Und da langte sie auch schon zu. Ihre blitzflinke Pfote presste einen Flügel des wild um sich schlagenden Falters auf das glattpolierte Kreuz, um ihn spielerisch zu zerfetzen wie sie es sonst mit den trockenen Blättern getan hatte.

„Hau ab!“, zischte ich und warf in einem Moment der Unbedachtheit das einzige was ich in den Händen hielt, nämlich den Spaten nach ihr. Sein scharfes Blatt traf sie an einem Hinterbein. Aufkreischend rannte sie auf drei Pfoten davon. Bestürzt sah ich ihr nach. Es tat mir unsäglich leid. Ich hatte sie nur erschrecken und nicht verletzen wollen. Aber was hätte ich in dieser Situation tun können, um das weitaus Schlimmere zu verhindern?

Der Schmetterling war verschwunden. Lange suchte und rief ich vergeblich nach ihm. Schließlich entdeckte ich auf der Steinplatte unter dem Kreuz zwei winzige, weiße Flöckchen. Behutsam tippte ich sie mit der angefeuchteten Fingerspitze auf und verwahrte sie in meinem Brillenfutteral.

Zu Hause unter dem Mikroskop erkannte ich an ihrer schuppigen Beschaffenheit, dass es tatsächlich Rissfetzen von Schmetterlingsflügeln waren. Für mich wurde damit eine dunkle Ahnung zur festen Gewissheit. Der Vorhang des Geheimnisses, das die Begegnung mit diesem Falter umgab, hatte sich gehoben und öffnete mir den Blick auf sein ganzes wechselvolles

Leben. Seine Geschichte lag nun in allen Einzelheiten in meiner *eigenen* Erinnerung vor mir wie ein aufgeschlagenes Buch. An jenem Abend also begann ich, dies alles niederzuschreiben. Was mich seit so vielen Jahren bedrückt hatte, das drängte nun und pochte, weil es endlich heraus wollte. Lange Zeit hatte es sprungbereit auf meiner Zunge gehockt wie ein gefangener Vogel vor der Käfigtür und mit scharfem Schnabel diese tiefen, senkrechten Falten in meine Stirn geritzt. Und jetzt, da es nun einmal keinen anderen Ausweg fand, strömte es mit der Tinte aufs Papier als ein befreiender Aderlass. Nun kann ich hoffen, dass ich am Ende nicht mehr so entsetzlich friere in meinem überheizten Zimmer.

Die Katze sah ich nie wieder.

II. Der Falter im Feuer

Als ich noch ein Junge war, stöberte ich gern auf dem Dachboden in dem vom Staub vergangener Jahre bedeckten Kram nach vergessenen Schätzen. Dabei erregten die Sachen aus dem Nachlass meines Großvaters mein besonderes Interesse. Über ihn wusste ich, dass er ein gefragter Landschaftsgestalter und Botaniker gewesen war, der an etlichen Orten phantasievolle Grünflächen und Parks angelegt hatte. Er soll insbesondere ein Liebhaber seltener Bäume gewesen sein, von denen einige auch in unserem Garten standen. Ihre Sprösslinge hatte er einst von seinen Reisen aus den entlegensten Teilen der Welt mitgebracht. Auf den braunstichigen Fotos erkannte man ihn, den echten Tausendsassa, unter anderem als Autorennfahrer mit umgehängtem Siegerkranz, als Pilot eines Jagdflugzeuges zur Zeit des Weltkrieges und als Bergsteiger hoch über den Wolken auf einem der zahlreichen Gipfel, die er bezwungen hatte; eine Leidenschaft, von der er auch im fortgeschrittenen Alter nicht lassen konnte und die ihn letztendlich das Leben kosten sollte. Doch ganz zuunterst in seiner Truhe entdeckte ich etwas, das mich außerordentlich faszinierte: einen Schaukasten mit präparierten Schmetterlingen. Die Tiere waren mit feinen Nadeln in einer originellen Anordnung befestigt, und jedes war mit zierlicher Schrift in lateinischer Sprache bezeichnet. Meine Mutter erlaubte mir, den Kasten an die Wand über mein Bett zu hängen. Oft, wenn ich in der Frühe erwachte, richtete ich mich auf, um als erstes das zauberhafte Farbenspiel der Flügel im Schein der Morgensonne zu bewundern. Bald kannte ich die Namen der Falter auswendig. Es waren genau zweiunddreißig Stück. Ich weiß sie heute noch: der *Vanessa atalanta*, der *Papilio machaon*, der kupferrote *Heodes virgaurea*, der bunte *Aglais uticae*, der blau und braun schimmernde *Apatura iris*... Aber unter einem Schmetterling in der mittleren Reihe befand sich statt der Beschriftung ein winziges Fragezeichen. Der Insektenkundler, der diese Tiere präpariert hatte, war mein Großvater selbst gewesen. Sollte er tatsächlich nicht herausgefunden haben, zu welcher Art der Falter gehörte?

Ich hoffte, mit meiner Großmutter darüber ins Gespräch zu kommen, doch das gestaltete sich erwartungsgemäß schwierig. Sie war zu der Zeit schon ziemlich verwirrt und obendrein schwerhörig. Als ich ihr den Schaukasten präsentierte, blickte sie unverändert vor sich hin, so als sähe sie durch ihn hindurch.

„Erinnerst du dich?“, fragte ich. „Kannst du mir sagen, warum Großvater diesen Schmetterling nicht bezeichnen konnte?“

Meine Großmutter blieb stumm. Ich versuchte es erneut.

„Hat er irgendwann einmal mit dir darüber gesprochen?“

„Im Krieg ist es gefährlich“, begann sie endlich zu reden. „Oben in den Bergen auch. Er musste immer da hingehen, wo es gefährlich war.“

Ich blieb hartnäckig und näherte meinen Mund ihrem Ohr.

„Wo hat er diesen Schmetterling gefangen? In Afrika?“

Es dauerte eine Weile, bis sie sagte: „Im Krieg ist es laut, ganz furchtbar laut. Man versteht sein eigenes Wort nicht. Aber auf den Berggipfeln, da ist es still. Das macht die Kälte. Die Kälte lässt jedes Wort gefrieren.“

Ich wusste ja, es hatte wenig Zweck. Meine Großmutter redete eigentlich nur noch zu sich selbst. Manchmal erzählte sie Geschichten, die Großvater erlebt hatte. Sie sprach dabei stets in der ersten Person, so als würde Großvater selbst erzählen. Ich kannte diese Geschichten inzwischen alle. Ich hatte sie wohl schon hundertmal in nahezu identischem Wortlaut gehört. Als ganz kleiner Junge war ich davon sehr beeindruckt gewesen. Doch später erkannte ich, wie unglaubhaft das alles war. Es störte meine Großmutter nicht, dass diese Erzählungen niemanden mehr interessierten. Selbst wenn man aus dem Zimmer ging, redete sie unbeirrt weiter.

Als ich die Türklinke bereits niederdrückte, sagte sie plötzlich laut: „Er hat ihn nicht selbst gefangen.“

Ich wandte mich überrascht um. Meine Großmutter hatte sich in ihrem Sessel aufgerichtet und sah mir mit einem sonderbar klaren Blick gerade ins Gesicht.

„Er hat ihn aus dem Krieg mitgebracht. Sie hatten dem Goldschmied beide Beine und den Unterleib zerschossen. Es war alles wie ein Brei aus Fleisch und Blut und Knochen.“

„Ein Goldschmied?“ fragte ich. „Was war das für ein Goldschmied?“
Meine Großmutter sank wieder in sich zusammen.
„Schaff ihn aus dem Haus!“, sagte sie mit gepresster Stimme. „Er bringt Unglück. Wenn das Gold leuchtet, lockt es dich ins Verderben. Es lockt dich ins Feuer. Es lockt dich bis weit… hinter den Tod.“
Nun ja, Großmutter schien eben keinen besonders guten Tag zu haben. Enttäuscht verließ ich das Zimmer.

Hilfesuchend wandte ich mich an meinen Vater: „Würdest du mir ein Insektenbestimmungsbuch besorgen?“

„*Was* für ein Buch?“, fragte er stirnrunzelnd und blickte offensichtlich widerwillig von der Partitur auf, die er gerade studierte.

„Ein Buch“, erklärte ich, „in dem alle Schmetterlinge verzeichnet sind, die es auf der Welt gibt.“

„Brauchst du das etwa für die Schule?“

„Nicht direkt.“

„Du solltest deine Nase lieber in die Schulbücher stecken. Und außerdem hab’ ich dich heute noch nicht Violine üben gehört“, beendete er das Gespräch.

Schließlich ließ sich meine Mutter dazu bewegen, mit mir in die Erwachsenenbibliothek zu gehen und das Buch auszuleihen. Stundenlang durchforstete ich mit vor Feuereifer glühenden Wangen dieses und später noch etliche andere Nachschlagewerke über einheimische und exotische Falter. Doch das unbenannte Exemplar aus dem Schaukasten war tatsächlich nirgendwo abgebildet. In seiner Gestalt ähnelte es entfernt dem *Aporia crataegi*, dem Baumweißling. Vielleicht mochte es nur etwas größer und schlanker sein. Die schneeweißen Flügel waren von hauchzarten, silbrig schimmernden Äderchen durchzogen. Ungewöhnlich war, dass ihre ausgesprochen schön geschwungenen Ränder eine glitzernde Goldfarbe zeigten. Das ließ mich zunächst auf eine Herkunft aus den Urwäldern Afrikas oder Südamerikas schließen, wo möglicherweise Populationen mit solchen spektakulären Färbungen existierten. Doch daraus ergab sich unweigerlich die Frage, weshalb das Präparat dann inmitten einer Sammlung steckte, die sonst ausnahmslos aus einheimischen Arten bestand. Alles in mir weigerte sich, meinem Großvater, dessen gesamte Hinterlassenschaft ihn als ausgemachten Perfektionisten charakterisierte, eine derartige Nachlässigkeit zu unterstellen. Im Widerspruch dazu stand außerdem noch der bedauerliche Makel, dass dem Tier ein Stück des Hinterleibes fehlte, wobei es sich um den Teil mit den äußeren Geschlechtsorganen handelte. Dadurch war mir die Bestimmung seines Geschlechts unmöglich, was seine Einordnung zusätzlich erschwerte. Denn Männchen und Weibchen können sich bei manchen Arten so extrem unterscheiden, dass sie der Laie kaum für einander zugehörig halten würde. Und außerdem fehlte dem Falter das hintere Beinpaar. Es sah aus, als wären diese Teile mit einer scharfen Klinge glatt abgetrennt worden. Das fiel zwar erst bei genauem Hinsehen auf, doch man darf wohl davon ausgehen, dass ein gewissenhafter Insektenkundler bemüht ist, möglichst unbeschädigte Exemplare zu präparieren, es sei denn, der Fang wäre ganz besonders selten, so dass im wörtlichen Sinne nichts anderes übrig bliebe.

Der Falter besaß neben seiner ungewöhnlichen Zeichnung noch eine äußerst beeindruckende Eigenschaft: Wenn nämlich Licht auf seine Schwingen fiel, leuchteten die Goldränder gleißend auf. Im Dunkeln brauchte man nur eine Kerzenflamme für einen kurzen Moment in ihre Nähe zu bringen, und sie begannen aus sich selbst heraus dermaßen hell zu strahlen, dass die anderen Schmetterlinge in dem Schaukasten in ein wunderschönes, hellgoldenes Licht getaucht wurden, das erst nach einigen Minuten wieder verblasste.

Als ich meinen Biologielehrer darauf ansprach, bot er mir an: „Hättest du nicht Lust, in unserer Arbeitsgruppe mitzumachen? Wir beschäftigen uns da auch mit Insekten. Willst du dir nicht mal unser neues Terrarium mit den exotischen Kakerlaken ansehen?"

„Wäre es denn möglich", lenkte ich um, indem ich seinen eiligen Schritten folgte, „dass es eine ganz unbekannte Art ist, die außer meinem Großvater noch niemand entdeckt hat?"

Mein Lehrer stutzte.

„Was? Eine unbekannte Art Kakerlaken?"

„Nein, eine unbekannte Schmetterlingsart."

„Ach so", gab er verstehend von sich und meinte: „Klar, kann schon sein. Es werden doch immer noch unbekannte Tierarten entdeckt. Neulich las ich was in der Zeitung über eine völlig neue Fledermaus-Art."

Dann klopfte er mir auf die Schulter und blickte auf die Uhr. Im Fortgehen sagte er: „Das finde ich prima, dass du dich für so was interessierst. Und wenn du wieder mal irgendwelche Fragen hast, kannst du gern zu mir kommen."

Es gelang mir, die private Telefonnummer eines in Fachkreisen sehr bekannten Lepidopterologen herauszubekommen, eines Universitätsprofessors. Dieser Mann hatte ein aufschlussreiches Buch über die Erkennungs- und Unterscheidungsmerkmale von Schmetterlingen verfasst, das ich inzwischen besaß und außerordentlich schätzte. Doch als ich ihm das Tier zu beschreiben begann, ertönte am anderen Ende der Leitung ein behäbiges Lachen.

„So ein Falter ist nicht existent, mein Junge“, erklärte der Professor im Brustton der Überzeugung. „Da hat sich wohl jemand einen Jux mit dir erlaubt.“

„Wie sollte mein Großvater sich denn wohl einen Jux mit mir erlaubt haben?“, erwiderte ich. „Der ist schon lange tot. Er kannte mich doch nicht einmal.“

„In meiner Studentenzeit haben wir früher auch solchen Unsinn getrieben“, erzählte der Professor erheitert. „Einmal haben wir Fledermausflügel an ein totes Eichhörnchen genäht, es in einen Karton gepackt und einer jungen Dozentin vor die Tür gelegt. Und die hat daraufhin doch tatsächlich…“

„Was hat das mit meinem Schmetterling zu tun?“, unterbrach ich ihn ungeduldig und nicht gerade höflich. Die Stimme im Hörer wurde nun von einem ärgerlichen Klang überschattet.

„Ich sag’s dir klipp und klar: Goldfarbene Schmetterlinge gibt es nicht! Ich kann es mir nur so erklären, dass jemand einen *Aporia crataegi* genommen und ihn mit einem spitzen Pinsel und einem Tröpfchen Goldbronze in eine unbekannte Art verwandelt hat. Möglicherweise warst du es sogar selber. Mit so was kann man wohl einen Laien an der Nase herumführen, aber nicht mich.“

Ich erklärte dem Professor nachdrücklich, dass seine Vermutung mit der Goldbronze schon durch den flüchtigsten Augenschein hinfällig werden würde und bot ihm sogar an, ihm den Falter postalisch zuzusenden, damit er ihn selbst untersuchen könne. Doch er gab mir zu verstehen, dass er keinerlei Bedürfnis verspüre, sich lächerlich machen zu lassen. Dann wünschte er mir für das Gelingen meines Schabernacks bei dümmeren Opfern noch viel Erfolg. Zu einer Erwiderung kam ich nicht mehr, weil das Tuten im Hörer mir begreiflich machte, dass seinerseits eine Fortsetzung des Gespräches unerwünscht war.

Wenig später an einem schwülheißen Sommertag stand ich im Musikzimmer am Notenpult, um mein tägliches Übungspensum hinter mich zu bringen. Draußen bezog sich der Himmel. Von Ferne grollte der Donner eines heraufziehenden Gewitters. Es dunkelte. Ich knipste das Licht an. In diesem Moment fiel mein Blick auf Wolfgang-Amadeus, Großmutters gelben Wellensittich, der eben die Blattränder einer auf dem Tisch liegenden Zeitschrift zerzupfte. Und da hatte ich einen überwältigenden Einfall. Ich schnappte mir die Zeitschrift und rannte türenknallend in mein Zimmer.

Zitternd und keuchend vor Erregung riss ich den Schaukasten von der Wand und löste seine Rückseite, indem ich sie gewaltsam mit meinem Hirschfänger aufstemmte. Mein Übereifer trieb mich dabei zu einer so enormen Anstrengung, dass der hölzerne Rahmen splitterte. Doch ich war derart besessen von meiner Idee, dass ich es nicht wichtig nahm. Endlich lagen die Schmetterlinge, die so viele Jahre in ihrem verglasten Sarg zugebracht hatten, frei auf dem Tisch. Jetzt brauchte ich nur noch eine geeignete Schachtel, worin ich meinen Falter direkt an den Chefredakteur dieser naturwissenschaftlichen Zeitschrift schicken wollte. Meine entfachte Phantasie schlug Purzelbäume. Ich malte mir aus, wie der Chefredakteur beim Anblick dieses außergewöhnlichen Präparates erstaunen würde. Gewiss würde er es gleich fotografieren lassen, um es in zehnfacher Vergrößerung auf der Titelseite abzubilden, gemeinsam mit dem beigelegten Foto von mir, dem jugendlichen Entdecker einer unbekannten Falterart. Durch diese Veröffentlichung in Zugzwang versetzt, kämen die etablierten Wissenschaftler natürlich nicht mehr umhin, ihre Kommentare zu der sensationellen Entdeckung abzugeben. Bald würden die Vertreter der Forschungsinstitute bei mir anklopfen. Und in Kürze würden alle Zeitungen ausführlich über mich und den neu katalogisierten Falter berichten. Während ich also pochenden Herzens in Fächern und Schubladen nach einem passenden Behältnis stöberte, öffnete mein Vater, den das vorzeitige Verstummen der Violine auf den Plan gerufen hatte, zornig die Tür.

„Wie oft soll ich dir noch sagen, dass du dein Instrument nicht so achtlos hinschmeißen sollst!“, wetterte er. „Schon wieder liegt es auf dem Sofa mit dem Steg nach unten! Und den Bogen hast du auch nicht entspannt! Aus dir wird nie ein richtiger...!“

In dem Augenblick erscholl von der Terrasse her ein so starkes Krachen und Splittern, dass wir beide erschraken. Wir eilten in den Wintergarten. Ein fürchterlicher Zugwind fegte durchs Haus. Lose Papierblätter flatterten uns entgegen. Teppichläufer bäumten sich auf. Türen und Fenster schlugen zu. Im einsetzenden Gewitterlärm half ich meinem Vater, die zerbrochene Scheibe der Terrassentür mit Wachstuch abzudichten.

Als ich danach wieder mein Zimmer betrat, verschlug es mir den Atem. Der Durchzug hatte schlimm gewütet und Topfpflanzen und Bücher auf dem Boden verteilt. Die Präparationsplatte des Schaukastens, die auf dem Schreibtisch am offenen Fenster gelegen hatte, war weg! Ich riss die Gardine beiseite und sah die Platte draußen im Gewittersturm zusammen mit Schulheften und Papieren durch den Garten kollern. Verzweifelt sprang ich in den prasselnden Regen hinaus, um zu retten was noch zu retten war.

Was ich dann wieder ins Trockene brachte, bot ein Bild des Jammers. Die Rümpfe der Schmetterlinge steckten teilweise noch auf den Nadeln, aber ihre zarten Schwingen lagen überall verstreut auf dem Rasen oder hingen in den durchnässten Büschen und Pflanzenstauden. Und ausgerechnet meinen unbekannten Falter hatte es besonders schlimm getroffen. Einen seiner Flügel entdeckte ich in den Maschen der Gardine, wo er durch ihr heftiges Flattern zerknickt worden war. Mit solchen kläglichen Überresten konnte ich leider nicht mehr viel anfangen. So musste ich meine hochfliegenden Träume an diesem bis dato bittersten Tag meines Lebens vorerst auf unbestimmte Zeit begraben. Stundenlang lag ich wie tot auf dem kalten Fußboden. Schon damals ahnte ich, dass irgendetwas nicht mit mir stimmte; ich spürte meinen Kummer nicht als ein Gefühl, sondern wie einen schweren Gegenstand in mir. Er fühlte sich an wie eine versteinerte, hundertfach verästelte Wurzel, die entsetzlich schmerzhaft in meine Eingeweide stach, wenn ich mich zu rühren versuchte. Das machte mir Angst.

Von den zweiunddreißig Schmetterlingen hatten nur vier die Katastrophe einigermaßen überstanden. Nach einer notdürftigen Reparatur staken achtundzwanzig leere Nadeln über den Beschriftungsschildchen. Ich wollte, ja ich musste gleichsam einem übermächtigen inneren Zwang gehorchend alles daransetzen, seinen ursprünglichen Zustand wieder herzustellen. Und dies war gewissermaßen der Anstoß für den Beginn eines neuen Lebensabschnitts, denn von nun an begab ich mich an jedem meiner freien Tage auf Schmetterlingspirsch. Bei diesen Fangexpeditionen, die mich manchmal bis weit in die ländliche Umgebung hinausführten, konnte ich ermessen, welche Strapazen mein Vorfahr auf sich genommen haben musste, um seine Sammlung zusammenzutragen. Meine Bewunderung darüber ließ in zunehmendem Maße den Ehrgeiz in mir aufkommen, es ihm gleich zu tun, ihm in Kenntnissen und Fertigkeiten ebenbürtig zu werden, ihn womöglich sogar zu übertreffen. Ich begriff sehr bald, dass es bei der Schmetterlingsjagd nicht viel bringt, nur auf gut Glück durchs Gelände zu ziehen und Ausschau zu halten. Natürlich half mir gelegentlich auch der Zufall, doch es kommt vielmehr darauf an, gezielt vorzugehen. Dabei ist es erforderlich, die sogenannten Flugzeiten der unterschiedlichen Falter zu kennen, ihre Ernährungsweisen, die Eigenarten ihrer Fortpflanzung, die Beschaffenheit ihrer bevorzugten Aufenthaltsorte, die Fresspflanzen ihrer Raupen, den witterungsbedingten Einfluss auf ihre Aktivitäten, all die tausend kleinen, doch nicht minder wichtigen Hinweise zu beachten, die den Jäger auf die richtige Fährte führen. Auch die jeweilige Fangmethode und die entsprechende Ausrüstung sind von Bedeutung. Anfangs genügte mir Großvaters Kescher, später baute ich noch andere Fanggeräte. Und dann galt es ja auch, die Schmetterlinge ordentlich zu präparieren – eine Wissenschaft für sich. Oft saß ich bis tief in die Nacht hinein am Arbeitstisch und hantierte mit Nadeln und Pinzetten, und in meinem Zimmer waberte der Geruch von Spiritus und Klebstoff. Erst nach einigen fatalen Misserfolgen lernte ich es, meine Beutestücke abzutöten, ohne sie zu beschädigen. Ich tat einfach einen mit Chloroform betropften Wattebausch in ein Schraubdeckelglas. Wenn ich es dann zu Hause aus dem Rucksack nahm, rührten sich die darin eingesperrten Falter schon nicht mehr.

Die Lepidopterologie eröffnete mir eine Welt, die mich mit ihrer unendlichen Vielfalt so sehr in ihren Bann zog, dass alle anderen Interessen mehr und mehr dahinter verblassten. Mein Bücherregal quoll allmählich von einschlägiger Fachliteratur über. Im Laufe der Zeit entwickelte ich ein regelrechtes Gespür für Schmetterlinge, einen untrüglichen Instinkt, der mich einen Falter gleichsam wittern ließ, noch bevor ich ihn erblickte. Und immer wenn ich ein neues Präparat in den Schaukasten heftete, bildete das den erlösenden Schlusspunkt unter eine oftmals abenteuerliche Episode.

Zum Beispiel der *Vanessa atalanta*, auch Admiral genannt: Ich verfolgte ihn auf dem Gelände einer großen Gärtnerei. Zuerst führte mich seine ständig wechselnde Fluchtrichtung kreuz und quer durch die Obstbaumplantage. Dann aber zwang er mich, über das Gemüsefeld zu laufen, wobei ich wohl auch die eine oder andere Pflanze zertrampelte. Die begehrte Beute greifbar vor Augen, ließ ich mich selbst vom Geschrei der Gärtnereiarbeiter nicht aufhalten, die mir von weitem mit ihren Werkzeugstielen drohten. Doch da sah ich aus ihrer Richtung einen großen Hund auf mich zu stürmen. Obwohl ich mich augenblicklich zum Rückzug über den hohen Maschendrahtzaun entschloss, erschnappte der bissige Köter einen meiner Schuhe und riss ihn mir vom Fuß. Der Admiral entkam leider. Den Verlust des Schuhes ahndete mein Vater mit empfindlichem Taschengeldentzug. Die Bissnarbe an meiner Ferse ist heute noch da.

Einen besonders schönen Admiral erbeutete ich im darauffolgenden Jahr während eines Schulausfluges. Unser Zug stand auf einem Bahnhof unmittelbar vor der Abfahrt, als ich den Falter entdeckte. Ich fing ihn ungeachtet der erregten Warnrufe meiner Mitschüler im allerletzten Augenblick vor einem herannahenden Güterzug frisch von der Schiene weg. Fast hätte ihn der Lokführer durch sein lästiges Getute und Bremsengequietsche vertrieben. Hinterher musste ich leider feststellen, dass das Bahnpersonal überhaupt kein Verständnis für die Schmetterlingskunde aufbrachte. Weil ich also meinen Anschlusszug versäumt hatte, schickte man mich unter polizeilicher Obhut nach Hause. Abgesehen von dem Ärger, der mich in der Schule erwartete, fand die Sache ihren krönenden Abschluss mit einer gewaltigen Standpauke meines Vaters und meiner Verurteilung zu einer vollen Woche strengem Hausarrest. Umso höher schätzte ich den feierlichen Moment, in dem ich den *Vanessa atalanta* endlich im Schaukasten platzierte.

In höchstem Maße schmerzhaft kam mich der Fang des äußerst seltenen *Apatura iris*, des Schillerfalters zu stehen. Der herrlich blau schimmernde Schmetterling interessierte sich ausgerechnet für den frisch dampfenden Fladen eines Rindviehs, das einsam in einem Gatter stand. In selbstvergessenem Jagdeifer überstieg ich den massiven Balkenzaun. – Der brutale Hörnerstoß, den ich zu spüren bekam, und die langwierige Ausheilung meiner Sturzverletzungen machten mir unwiderruflich klar, wie wichtig es ist, eine harmlose Kuh von einem reizbaren Bullen unterscheiden zu können.

Einen *Limenitis populi*, den man auch Großer Eisvogel nennt, erspähte ich von einem Waldweg aus, wie er gemächlich in Baumwipfelhöhe daher schaukelte. Ich ließ mein Fahrrad in ein Gebüsch fallen und nahm die Verfolgung zu Fuß durch sperriges Unterholz und dorniges Gesträuch auf. Der Falter lockte mich immer tiefer in den Wald. Es mochten mindestens acht oder zehn Bäume gewesen sein, auf die ich zu klettern begann, weil er sich darauf niederließ. Doch jedes Mal, wenn ich in seine Nähe hinaufgekeucht kam, trollte er sich davon, als würde er es bewusst darauf anlegen, meine Kräfte zu zermürben. Endlich gelangte er im Wipfel einer jungen Buche beinahe in meine Reichweite. Dabei suchte ich Halt an einem Ast, der sich bedenklich unter mir bog und obendrein durch sein Schaukeln den Falter zu verscheuchen drohte. Ich brauchte nur noch ein winziges Stück, um den Kescher über ihn zu schlagen... Erst während ich fiel erkannte ich die tödliche Höhe, in die ich mich gewagt hatte. Irgendwie erwischte ich einen schlanken Ast, der meinen Fall ein wenig abfederte. Trotzdem stürzte ich mit unheimlicher Wucht auf den laubbedeckten Boden. Ein unverschämtes Glück hatte mich davor bewahrt, mir dabei die Knochen oder gar das Genick zu brechen. Aus tiefen Schrammen blutend und vor Schmerz zitternd hob ich den Kescher auf, der neben mir lag. Da sah ich, dass in seinem Fangnetz etwas zappelte. Niemand kann das Umschlagen meiner Enttäuschung in diese unbeschreibliche Freude nachempfinden, als ich mein Schraubdeckelglas über dem Großen Eisvogel verschloss.

Nun aber stellte sich die Frage, wie ich aus dem abendlich dämmernden Wald herausfinden sollte. Nach langem Umherirren kreuzte ich einen Weg, auf dem ich zunächst einmal das freie Feld erreichte. Mein Fahrrad zu suchen wäre in der Dunkelheit sinnlos gewesen. So trat ich den Heimweg wohl oder übel auf meinen vor Müdigkeit stolpernden Füßen an. Auf Eisenbahngleisen, die ich von Zeit zu Zeit wegen der vorüberdonnernden Züge verließ, fand ich mehr tastend als sehend zur Stadt. Im Morgengrauen stand ich endlich vor unserem hellerleuchteten Haus. Als mir meine Eltern entgegentraten, brachte ich zu meiner Entschuldigung vor: „Ich hab' einen *Limenitis populi* gefangen."

Kurz bevor ich entkräftet auf dem Wohnzimmersofa sitzend einschlief, bekam ich mit, wie mein Vater bei der Polizei anrief: „Sie können die Suche einstellen. Er ist wieder da."

Die übelste Konsequenz der Geschichte war, dass ich von nun an nicht mehr nur anderthalb, sondern zwei Stunden am Tag Violine üben musste. Zwar konnte ich nichts dagegen tun, aber ich rächte mich dafür auf meine Weise; ich spielte mitunter absichtlich in einer falschen Tonart.

Selbst wenn mein Vater durch mehrere Türen und Wände von mir getrennt war, bereitete das seinem empfindsamen Gehör unsägliche Qualen, das wusste ich.

Leider blieb mein Fahrrad für immer verloren, obwohl ich wiederholt danach suchte. Ich erinnerte mich einfach nicht mehr, in welchem Gebüsch und an welchem der sich überschneidenden Waldwege ich es zurückgelassen hatte. Womöglich freute sich längst ein glücklicher Finder darüber. Zwar war es beschämend, mit dem lächerlichen Damenrad meiner Mutter durch die Gegend zu gondeln, aber ich setzte meine Streifzüge trotz dieses Kümmernisses und der verknappten Freizeit unbeirrt fort.

Natürlich fing ich nebenher auch Schmetterlinge, die nicht in diesen Schaukasten gehörten. Ihre Zahl ging im Laufe der Zeit in die Hunderte. Die Präparate füllten zuletzt nicht weniger als acht Kästen ansehnlicher Größe. Aber mein besonderes Bemühen galt uneingeschränkt dem Vervollständigen von Großvaters Sammlung. Mit der Auswahl und Anordnung seiner Schmetterlinge hatte er es fertiggebracht, eine außergewöhnlich eindrucksvolle Bildkomposition zu schaffen, die nun allmählich erneut Gestalt annahm. Sogar der seltene *Hipparchia fagi* und der nahezu ausgestorbene *Parnassius apollo* staken wieder in aller Pracht auf ihren angestammten Plätzen. Im Verlauf von ungefähr zwei Jahren waren fast alle wieder beisammen. Es fehlte nur dieser geheimnisvolle Weiße mit den goldglänzenden Flügelrändern. Sein Platz in der mittleren Reihe blieb als einziger leer. Doch ich glaubte felsenfest daran, dass ich eines Tages auch ihn in diesen Kasten heften würde. Das kleine Schildchen mit dem Fragezeichen hatte ich fortgenommen und durch ein anderes ersetzt. Darauf stand in allerfeinster Schrift der Name, den ich diesem Falter zudachte: *Alienus alifer* – Geflügelter Fremder.

In unserem Obstgarten stand ein stattlicher Apfelbaum, der noch aus Großvaters Zeiten stammte. Seine Früchte waren ungenießbar und klein. Sie rochen jedoch sehr angenehm. Meine Mutter verteilte die nahezu unverderblichen Äpfelchen auf Fensterbrettern und Regalen im Haus, das so den Winter über von ihrem aromatischen Duft erfüllt wurde. Und im Frühjahr entfaltete dieser Baum eine derart herrliche Blütenpracht, dass Passanten oft am Zaun stehenblieben, um ihn zu bewundern. Seine Blütenblätter waren ungewöhnlich groß, strahlend weiß und hatten goldgelbe Ränder.

An einem sonnigen Spätnachmittag vergnügte ich mich damit, an den Zweigen dieses Baumes zu rütteln, der gerade begann, sein ausgedientes Blütenkleid abzuwerfen. Im Gartenhaus hatte ich einen alten Spazierstock gefunden. Mit seinem gekrümmten Griff ruckte ich an den Ästen über mir, so dass die Blüten wie Schneeflocken ins Gras rieselten. Da fiel mein Blick zufällig auf einen erstaunlichen Vorgang: Eine der herabgefallenen Blüten bewegte sich auf dem Boden weiter, nicht etwa wegen des Windes, sondern aus eigener Kraft. Sie rückte sogar auf ihr liegende Blüten beiseite, sie wühlte sich unter ihnen hervor. Unversehens erhob sie sich in die Luft und flatterte in die Baumkrone zurück. Ein Schmetterling! Vorsichtig trat ich näher und schaute ins Geäst hinauf. Als der sachte Wind für einen winzigen Moment den Schatten von einem der Zweige blies, bemerkte ich im einfallenden Sonnenlicht ein metallisches Glitzern. Ich erstarrte. Weil der Falter den Baumblüten so sehr glich, fiel er zwischen ihnen kaum auf. Gegen den Hintergrund des Himmels erkannte ich, dass der eine Flügel zwei oder drei kleine Löcher aufwies. Vermutlich war es ein vorjähriges Exemplar, das womöglich in unserem Garten überwintert hatte. Deutlich sah ich an den Rändern seiner schon etwas zerschlissenen Schwingen die glänzende Goldfarbe. Er war es, ohne jeden Zweifel! Mein *Alienus alifer*! Ich wäre nie auf den Gedanken gekommen, ihm ausgerechnet hier zu begegnen. Vor Aufregung hüpfte mir das Herz bis zum Hals hinauf. Was sollte ich tun ohne meinen Kescher? Den Falter aufscheuchen, damit er sich vielleicht auf einen Platz setzte, wo ich meine Jacke über ihn werfen könnte? Das war viel zu riskant, denn er wäre mit größerer Wahrscheinlichkeit über die Zäune der Nachbargärten davongeflogen. Aber mit dem Stock könnte ich ihn erreichen. Leider sah ich keine andere Möglichkeit, als ihn mit einem gezielten Schlag zu töten. Ich hoffte nur, ihn dabei nicht allzu stark zu beschädigen. Langsam, um ihn nicht zu erschrecken, holte ich aus.

„Halt!“, hörte ich jemanden so laut schreien, dass ich erschrocken innehielt. Ich wandte mich um. Im Gegenlicht der tiefstehenden Sonne bemerkte ich am Zaun schemenhaft die Gestalt eines alten Mannes, der einen langen Mantel trug. Sein Gesicht konnte ich nicht sehen, weil ich geblendet war.

„Lauf zum Feuer!“, rief er mir zu.

„Was?“, fragte ich, weil ich zwar seine Worte, nicht aber deren Sinn verstanden hatte. Doch der Mann erklärte nichts weiter, sondern rief wieder nur: „Zum Feuer musst du laufen!“

Erregt deutete er mit seinem Gehstock in Richtung des Laubfeuers, das unser Gärtner am anderen Ende des Grundstücks entzündet hatte.

‚Der Alte ist wohl nicht ganz richtig im Kopf‘, dachte ich. Ich beachtete ihn also nicht weiter und fasste den Falter erneut ins Auge. Entschlossen schlug ich zu. Der Stock streifte einen

Zweig und wurde dadurch ein wenig aus der Bahn gelenkt. Um Haaresbreite hatte er sein Ziel verfehlt. Der stiebende Blütenschnee nahm mir die Sicht. Als er verrieselt war, sah ich den Falter nicht mehr.

„Lauf doch endlich zum Feuer!“, hörte ich es abermals rufen. Was, zum Kuckuck, ging es diesen verrückten Alten an, was ich tat? Ich wollte mich auf keinen Fall noch einmal beirren lassen.

Mit suchenden Blicken trat ich unter der Baumkrone hervor. Da entdeckte ich den Falter wieder. Er torkelte in ziemlicher Höhe davon. Darauf bedacht, ihn nicht wieder aus den Augen zu lassen, lief ich ihm nach. Auf einmal blieb er in der Luft stehen, ähnlich einem Fußgänger an einer Straßenkreuzung, der unschlüssig ist, wohin er gehen soll. Dann flatterte er langsam weiter. Es fiel auf, dass er immer wieder die Rauchschwaden durchquerte, die über den Garten hinwegzogen, wobei er sich allmählich dem Feuer näherte. Die Art, in der er sich fortbewegte, wie er seine Richtung änderte und um sich zu blicken schien, war irgendwie merkwürdig. An ihm war nichts von diesem wuseligen, spontanen Verhalten zu sehen, das Insekten und ganz besonders Schmetterlinge normalerweise an sich haben. Alles wirkte wie von überlegten Entschlüssen gelenkt, beinahe intelligent. Als er das Feuer erreicht hatte, begann er es zu umkreisen. Dabei flatterte er offensichtlich hocherregt auf und ab. Unglaublich, doch es kam mir so vor, als suchte er nach einem Zugang, einer Öffnung, einem Einschlupf in die lodernde Glut. Auf einmal aber schien er sich zu beruhigen. Es war, als nähme er nach einem Moment der Konzentration einen entschlossenen Schwung wie ein Weitspringer seinen Anlauf nimmt. Und dann stürzte er sich völlig *absichtlich* in die Flammen! In einer lautlosen Lichtexplosion blitzte er auf und versiegte als eine schräg aufstrebende Funkenkaskade im Nirgendwo.

Ich war schockiert. Verstohlen blickte ich mich nach dem sonderbaren alten Mann um, aber der war ebenfalls verschwunden. Mir wurde es ganz unheimlich zumute. Tief betroffen starrte ich noch lange in das niederbrennende Feuer, als erwartete ich, dass der Falter wieder aus ihm hervorkäme.

Soweit ich mich zurückerinnern kann, hatten mich in den Nächten von Zeit zu Zeit schwere Träume geplagt. Doch nach diesem absonderlichen Ereignis wurde es besonders schlimm. Ich träumte immer wieder, wie ich von einer unsichtbaren Kraft getrieben auf eine lodernde Flammenwand zufliege, wie ich in höchster Panik widerstrebend in sie eintauche, wie die mörderische Gluthitze meinen Leib in tausend gleißende Funken zerreißt. Ich erwachte manchmal erst von der Berührung der kühlen Hand meiner Mutter auf meinem schweißnassen Gesicht.

„Du hast schon wieder ganz furchtbar geschrien", sagte sie dann. „Wenn das nicht bald aufhört, müssen wir zum Arzt."

Es hörte nicht auf, und wir gingen zu einem Arzt, der eine berühmte Kapazität war mit einer überlangen Litanei von Titeln auf seinem marmornen Praxisschild. Er nickte wissend und schweigend zu den wortreichen Schilderungen meiner Mutter, wobei er gelegentlich auf die Uhr blickte. Nach einer halben Stunde des Zuhörens verschrieb er mir ein Medikament, das ich in den darauffolgenden Jahren regelmäßig immer abends vor dem Schlafengehen schlucken musste. Meine Mutter überwachte die Einnahme dieser Pillen mit Akribie. Die schlimmen Träume blieben nicht weg. Aber ich schrie fortan nicht mehr im Schlaf, ich stöhnte wohl nur manchmal noch ziemlich laut und fühlte mich am Ende dieser Nächte wie gerädert.

Schulkameraden berichteten mir von einem alten Mann in der Stadt, der viel über Schmetterlinge wusste und der von sich behauptete, ihre Sprache zu verstehen. Zwar hielt ich letzteres für eine maßlose Übertreibung, aber ich hätte mich trotzdem gern einmal mit diesem Menschen unterhalten. Deswegen begab ich mich zu einem Zeitungskiosk, dessen Inhaber ihn angeblich kannte. Als ich den fragte, wo der Alte zu finden sei, antwortete er kurzangebunden: „Auf dem Friedhof."

So gelangte ich zu der missverständlichen Annahme, dass er inzwischen gestorben wäre und gab die Suche nach ihm auf. Dass ich ihm dann doch noch begegnete, ergab sich ursächlich daraus, dass meine Großmutter ihren Wellensittich vermisste, der nach draußen gelangt war, weil ihre Pflegerin versäumt hatte, die Terrassentür zu schließen. Sofort machten sich mein Vater, meine Mutter, meine Schwester und ich auf die Suche. Bald schon entdeckte ich unseren Wolfgang-Amadeus, und zwar im Maul einer Katze, die eben aus dem Garten flüchtete. Er lebte noch. Ich hörte sein jämmerliches Piepsen. Meine Verfolgungsjagd endete an einer dichten Hecke, durch die das mörderische Biest mit ihm entschlüpfte.

Was den Verlust des Vogels anging, so traf er die Mehrzahl der Familienmitglieder eigentlich nicht besonders schmerzlich. Sein Flattern hatte das Gemüt unseres Dackels des Öfteren zur Weißglut gebracht. Das dröhnende Gebell marterte wiederum das empfindliche Gehör meines Vaters, der dann seinerseits zu brüllen begann. Mein Vater hatte ohnehin mehrfach angedroht, dem Vogel den Hals umzudrehen, dessen liebste Beschäftigung es war, im Musikzimmer die kostbaren Partituren zu zerpflücken, auf die er obendrein manche zusätzliche Note zu setzen pflegte. Doch war er das einzige Wesen, das unserer Großmutter gewisse Anzeichen von Freude ins Gesicht zu zaubern vermochte. Vornehmlich aus diesem Grunde wurde sein gewaltsamer Tod von uns bedauert.

Katzen hatte ich noch nie besonders gemocht, aber seit dieser Sache hasste ich sie. Darum rächte ich den grausamen Vogelmord buchstäblich an sämtlichen Katzen, die mir fortan über den Weg liefen.

Auf dem Heimweg von der Musikschule stieg ich gelegentlich an der stillgelegten Fabrik aus dem Bus, wo ich mich mit Kumpanen aus dem dortigen Stadtviertel traf, deren Umgang mir von meinen Eltern garantiert untersagt worden wäre, wenn sie davon gewusst hätten. Obwohl oder gerade weil wir uns in der Fabrik nicht aufhalten durften, war das verlassene Gelände mit den verwinkelten Gemäuern unser beliebtester Spielplatz. Inmitten der Anlage stand auf einer verwahrlosten Grünfläche ein großer Apfelbaum. Anscheinend war er von derselben Sorte wie der in unserem Garten mit diesen aromatisch duftenden Früchten. Es war übrigens gut möglich, dass auch er seine Existenz der botanischen Tätigkeit meines Großvaters verdankte. In dem ausladenden Geäst hatten wir ein altes, im Blättergrün verborgenes Baumhaus bezogen. Darin konnten wir unbehelligt in Erwachsenenzeitschriften blättern und Zigaretten rauchen.

Manchmal jagten wir die verwilderten Katzen, die dort ständig herumlungerten. Einmal hatten wir eine in den hintersten Winkel einer Mauerecke getrieben. Meine Kumpane hielten sie mit langen Stöcken in Schach, während ich ihr mit dem Katapult scharfkantige Schraubenmuttern auf den Pelz brannte. Bei jedem Treffer ließen wir ein lautes Triumphgeheul erschallen. Die Katze blutete schon aus einer Wunde zwischen den Augen. Das Blut floss ihr in die panisch aufgerissenen Augen und troff von ihrer Schnauze herab. Sie fauchte und schrie erbärmlich. Es klang zum Steine erweichen. Ich war von einem unbändigen Jagdfieber gepackt, einem inneren Zwang, der absolut kein Mitleid, geschweige denn den Gebrauch meines Verstandes zuließ. Ich hatte das deutliche Empfinden, erst dann wieder frei durchatmen zu können, wenn das Tier tot war.

Da bemerkte ich einen alten Mann, der plötzlich neben mir stand, als sei er aus dem Nichts aufgetaucht. Ernüchtert hielt ich inne. Bekleidet war der Alte, für die Jahreszeit völlig unpassend, mit einem hochgeschlossenen Wintermantel und einer Pelzmütze. Er musterte mich mit einem Blick, der mich beschämte. Es wäre nicht halb so schlimm gewesen, wenn er mich angeschrien, mich als Tierquäler beschimpft, mir das Katapult entrissen oder mich geohrfeigt hätte. Allein sein Schweigen war so beredt, dass es mir die Schändlichkeit meines Tuns begreiflich machte. Doch ich war auch von diesem eigenartigen Trotz erfüllt, den die vor der Schwelle des Erwachsenwerdens stehenden Kinder stets entwickeln, wenn sie genötigt sind, sich zu rechtfertigen. So begründete ich ihm die Sache in barschem Ton als Vergeltung für den getöteten Wellensittich. Währenddem entwischte die Katze.

Bevor der Alte sich entfernte, murmelte er etwas vor sich hin, das wir nicht genau verstanden. Es klang wie ein gereimter Spruch, beinah wie eine Zauberformel oder so etwas Ähnliches. Darum kam uns dieser Mensch noch unheimlicher vor, als ohnehin schon die Art seiner Erscheinung auf uns gewirkt hatte. Doch als er sich abwandte und dabei ungeschickt über den herumliegenden Müll strauchelte, verflog unser anfänglicher Respekt. Wir äfften seinen hinkenden Gang nach und riefen ihm einen ziemlich gemeinen Spottreim hinterher, worauf er jedoch keine Reaktion zeigte. Einige wussten, dass er ein Friedhofsgärtner war und als ein bisschen verrückt galt.

„Los, schieß ihm eins auf die Mütze!“, wurde ich angestachelt. Zuerst wollte ich nicht, bis Einer meinte: „Dann gib mir das Katapult, Feigling!“
Doch als Feigling wollte ich nicht gelten. Also legte ich eine rostige Mutter in die Schlaufe und zielte. – Was konnte ich dafür, dass der Mann sich genau in dem Moment umwandte, als das Geschoß loszwirrte? Das Geräusch seines Auftreffens ging mir durch Mark und Bein. Zuerst sah es aus, als würde er tot umfallen. Er wankte. Sein Gehstock fiel ihm aus der Hand und schepperte auf den Bürgersteig. Ich erschrak über das Blut in seinem Gesicht. Aber dann fiel er doch nicht um, sondern zog ein Taschentuch hervor und presste es sich an die Stirn. Dann liefen wir weg, erst die anderen, zuletzt auch ich. Hinterher meinte eines von den Mädchen: „Was man so über den Alten redet, ist ziemlich unsinnig. Er ist nur ein bisschen eigenartig, weil er einsam ist. Aber wenn er über Schmetterlinge spricht, sieht er richtig glücklich aus, wisst ihr.“

Es war also der besagte Schmetterlingskundler gewesen. Wahrscheinlich war er sogar identisch mit dem alten Mann am Gartenzaun. Tiefbedrückt legte ich den weiten Heimweg zu Fuß zurück. Die Sache tat mir unsäglich leid. Und ganz besonders grämte mich natürlich die verwirkte Gelegenheit, den Alten nach meinem Goldrandfalter zu befragen.

Meine Eltern kauften für Großmutter einen neuen Wellensittich, diesmal einen grünen, den sie Johann-Sebastian nannten. Aber Großmutter glaubte weiterhin, ihren Wolfgang-Amadeus vor sich zu haben und nannte ihn bei seiner Ankunft ihren kleinen Ausreißer. Seine Farbveränderung schien ihr gar nicht aufzufallen. Als sie nicht lange danach in ihrem Sessel sitzend für immer einschlief, befand sich nur dieser Vogel bei ihr im Zimmer. Und als auch er eines Tages entflog, machte sich niemand mehr die Mühe, nach ihm zu suchen.

III. Nächtlicher Spuk

Seit meinem vierten Lebensjahr durfte kein einziger Tag vergehen, an dem ich nicht Violine übte. Anfangs betrug meine Übungszeit eine Dreiviertelstunde, die mir damals nahezu unendlich erschien.

Ich weiß noch, wie ich einmal als ganz kleiner Junge Tonleitern geigte und dabei sehnsüchtig aus dem Fenster in den Garten sah, den der erste Schnee jenes Winters gerade mit seinem duftig weißen Zauber bedeckte. Mein Vater, der das Musikzimmer kurz verlassen hatte, kam zurück, wobei er sich in fliegender Hast seinen Mantel überzog.

„Ich muss die Mama in die Klinik bringen", erklärte er und stellte einen Wecker auf das Rauchtischchen. „Du übst jetzt dein neues Lied bis es klingelt, hörst du?"

Pflichtgemäß setzte ich meine Übungen ohne Aufsicht fort. Ich sollte ein todlangweiliges Schlaflied einstudieren, um es meinem in Kürze zu erwartenden Geschwisterchen vorzuspielen. Immer öfter schielte ich vom Notenblatt nach dem Wecker hinüber, dessen Zeiger sich quälend langsam bewegten. Lustlos fiedelte ich das Lied wieder und wieder herunter. Bei jeder Wiederholung spielte ich ein wenig schneller, als könnte ich damit die zäh dahinschleichende Zeit vorantreiben. Der frische Flockenfall lockte mich gar zu sehr. Schließlich kam ich zu der Überzeugung, dass der Wecker sein erlösendes Klingeln längst hätte ertönen lassen müssen. Es konnte nämlich vorkommen, dass er manchmal keinen Alarm gab, weil man vergessen hatte, irgendein Hebelchen umzulegen. In der Vermutung, dass letzteres auch diesmal der Fall sei, packte ich meine kleine Violine in ihren Kasten, zog meine warmen Sachen an und tollte draußen im Schnee umher. Aber bald rief mich mein Vater wieder herein, der inzwischen zurückgekehrt war.

„Ist das Geschwisterchen schon da?“, wollte ich wissen. Doch er präsentierte mir mit undurchdringlicher Miene den Wecker und fragte: „Hast du bis zum Klingeln geübt?“
Der barsche Tonfall verunsicherte mich. Ich ahnte, dass mein Vater ziemlich böse werden würde, wenn er die Wahrheit erführe. Darum blieb ich stumm.

„Also?“, drängte er. Ich nickte zaghaft.

„Sag die Wahrheit!“, herrschte er mich an.

„Ja“, antwortete ich leise. Da riss er mir mit schmerzhafter Grobheit die Mütze, den Schal und den Mantel vom Leib und stieß mich wieder hinaus in den Garten.

„Du darfst erst reinkommen, wenn du aufhörst zu lügen“, bestimmte er und verschloss die Tür. Sogleich krallte sich der Frost in meinen schmächtigen Körper. Und mir fiel ein, was die Großmutter von Großvaters Kältetod bei seiner letzten Bergbesteigung im Himalaja erzählte hatte. Sie beschrieb das dramatische Geschehen in allen Einzelheiten, als wäre sie selbst dabei gewesen. Anschaulich erklärte sie, wie die Männer der Seilschaft bei einem extremen Temperatursturz ihre vereisten Füße nicht mehr vom Boden lösen konnten, wie ihre Beine bis zu den Hüften hinauf erstarrten, wie sie die steifen Arme zu bewegen versuchten und dabei wie Statuen umfielen, und wie zuletzt ihre Herzen erkalteten und eisknisternd den Dienst versagten. Nun lag Großvater mit seinen Kameraden bis in alle Ewigkeit dort in sechstausend Metern Höhe an einem unerreichbaren

Felsgrat, den Mund weit geöffnet vom letzten angestrengten Atemzug, die zu Eiskugeln gewordenen Augen hilfesuchend in die Höhe gerichtet, den Bart mit Reif bedeckt. Und die Schneeflocken, die auf sein Gesicht fielen, blieben auf den steinharten Wangen liegen ohne zu tauen bis sie der Wind wieder fortblies. All diese Schrecklichkeiten sah ich deutlich vor mir, während ich mit meinen eiskalten Händen an die Türscheibe pochte und rief: „Ich hab' bis zum Klingeln geübt!“

Ich fürchtete mich unsäglich, die Wahrheit zu bekennen. Nicht auszudenken, wie mein Vater erst reagieren würde, wenn er erführe, dass ich mich seinem Gebot widersetzt und ihn obendrein noch belogen hatte! Schon spürte ich, wie meine Füße am Boden festfroren, schon versteiften sich meine Beine bis zu den Hüften hinauf, schon fasste die barbarische Kälte nach meinem zuckenden Herzen, dass ich es deutlich in meiner Brust knistern hörte. All mein heftiges Beteuern und mein allererbärmlichstes Heulen verschafften mir keinen Einlass in die rettende Wärme. Letztendlich gelangte ich zu der Überzeugung, dass mich mein Vater dem sicheren Tod übereignen würde, wenn ich bei meiner Behauptung bliebe. Schlimmer konnte es also nicht kommen. In höchster Panik folgte ich einem schwachen Hoffnungsschimmer und entschloss mich zur Wahrheit, auch wenn ich dabei nicht wirklich an einen Erfolg glaubte. Also schrie ich: „Der Wecker hat überhaupt nicht geklingelt!“

Da endlich öffnete mir mein Vater. Zitternd und zähneklappernd schleppte ich mich mit eisstarren Gliedmaßen ins Haus und kam auf dem Teppich zu Fall, auf dem ich bebend vor Entsetzen mit eingenässter Hose liegenblieb.

„Na siehst du“, sagte mein Vater von oben herab, „es hat überhaupt keinen Zweck zu lügen. Wenn du dich aufgewärmt hast, fangen wir noch mal von vorne an.“

Seither fällt mir das Lügen außerordentlich schwer, was mir im Leben nicht immer zum Vorteil gereichte. Wenn ich es nur im Ansatz versuche, bekomme ich regelrechte Anfälle von Schüttelfrost. Doch das hatte ich ja bereits erwähnt.

Den größten Teil der Sommerferien und auch manche Wochenenden verbrachte ich mit der Familie in unserem Landhaus, das am Ufer eines stillen, von Wiesen und waldigen Hügeln umgebenen Sees lag. Dort draußen flatterten noch viel interessantere Falter umher, als in der Umgebung der Stadt. Diese Landaufenthalte wären für mich geradezu paradiesisch gewesen, hätte mein Vater nicht darauf bestanden, dass ich täglich drei Stunden Violine und eine Stunde Klavier übte. Im Landhaus galt ein striktes Verbot, moderne Musik zu hören, zum Schutz gegen die, wie mein Vater meinte, „Geschmacksverirrungen der gegenwärtigen Kulturepoche“. Es gab kein Radio oder Fernsehen, sondern nur eine umfangreiche Schallplattensammlung mit größtenteils klassischen Werken. Als mein Vater einmal unverhofft ins Dachzimmer trat, merkte er, dass mein heimlich mitgenommener Taschenempfänger lief. Wortlos warf er das nagelneue Gerät, das ich von meiner Patentante geschenkt bekommen hatte, aus dem Fenster. Es zerschellte unrettbar auf der Gartenterrasse. Oft musste ich mir nach den Übungsstunden zum aberhundertsten Mal noch endlos lange Aufnahmen bekannter Geigenvirtuosen anhören, die als Vorbild auf mich wirken und mir meine eigene Unvollkommenheit vor Augen führen sollten. Mein Vater wurde fuchsteufelswild, als er dahinterkam, dass währenddessen unter dem Tisch verborgen ein Fachbuch über Schmetterlinge auf meinen Knien lag und ich mir obendrein Bohnen in die Ohren gesteckt hatte. Künftig achtete er mit Argusaugen darauf, dass ich beim Musikhören allenfalls in den Biographien berühmter Musiker las. Darüber nickte ich jedoch gelegentlich zu seinem abermaligen Verdruss gelangweilt ein.

So lernte ich schon sehr frühzeitig die freien Stunden hoch zu schätzen, in denen ich mich unbehelligt meinen eigentlichen Interessen widmen durfte. Letzteres erfreute sich in unserer Familie während der Landaufenthalte wohl auch deshalb einer unangefochtenen Akzeptanz, weil jeder ein Gleiches für sich selbst beanspruchte. Mein Vater zog sich ganze Nachmittage lang ins Musikzimmer zurück, wo er über seinen Dirigaten brütete. Es kam zwar vor, dass er ab und an ein paar Takte auf dem Flügel anschlug, oder wiederholt eine bestimmte Passage auf einer Schallplatte abspielte, doch meistens verhielt er sich dabei so still, als sei er gar nicht da. Auch pflegte er oft allein mit dem Boot auf den See hinauszurudern. Man konnte ihn dann mehrere Stunden lang unbeweglich dasitzen sehen. Die Angel, die er dabei mitführte, erfüllte wohl nur eine Art Alibifunktion. Es kam auch kaum einmal vor, dass er einen Fisch damit fing. In Wirklichkeit wollte er vermutlich nur von aller Welt in Ruhe gelassen werden. Aus der Entfernung hatte es manchmal den Anschein, als würde er mit eingezogenen Armen aus den Handgelenken heraus dirigieren. Dem Ruderboot hatte er übrigens bezeichnenderweise den Namen „Fermate“ gegeben und ihn eigenhändig in ungelenker Schrift mit weißer Farbe auf beide Seiten des Bugs gemalt.

Meine Mutter kümmerte sich mit großer Hingabe um die Pflege des Hauses und des Gartens. Sie verhandelte oft und viel mit Leuten, die irgendwelche Arbeiten auf dem Grundstück ausführten; die die Hecken stutzten, die Dachrinnen reinigten, die Fenster putzten, den Rasen mähten oder die Bäume beschnitten. Die meiste Zeit verbrachte sie in ihrer stilvoll eingerichteten Küche damit, das Zubereiten von Speisen zur Kunst zu erheben, was ihr übrigens stets vorzüglich gelang. Obwohl mein Vater es offensichtlich nicht gern sah, lud sich meine Mutter des Öfteren zwei oder drei Freundinnen ein, meist ehemalige Kolleginnen aus dem Opernchor, mit denen sie es sich dann in ihrer Töpferwerkstatt gemütlich machte. In diesem Raum, in dem stets viel mehr geputzt als getöpfert wurde, befand sich außer den malerisch aufgebauten, kaum jemals benutzten Töpferutensilien auch eine bequeme Sitzecke und ein Wandregal, das mit Likörflaschen in allen erdenklichen Sorten, Formen und Füllständen bestückt war. Die Ursache des bisweilen überschwänglichen Gelächters der Frauen, das manchmal weithin hörbar aus den geöffneten Fenstern schallte, musste gewiss auf diesem Regal zu finden gewesen sein.

Meine Schwester fläzte nach ihren obligatorischen Klavier- und Gesangsübungen am liebsten für den Rest des Tages mit ihren Puppen und dem gefräßigen Dackel in der Korbschaukel unter dem Nussbaum, wo sie sich nach Herzenslust mit den reichlich gezuckerten Früchten des Gartens mästete. Mit ihr hatte mich niemals ein gemeinsames Interesse verbunden. Ich führte, soweit ich mich entsinne, nie ein ernsthafteres Gespräch mit ihr, wir stritten auch nie wie unter Geschwistern üblich, wir neckten uns nicht einmal. Sie war für mich eigentlich nur ein dickes Kind, um das ich herumgehen musste, wenn es mir irgendwo im Weg stand oder saß.

Ständig litt sie unter unbezähmbar heftigen Blähungen. Bereits als kleines Mädchen besaß sie die originelle Eigenart, selbst in größeren Gesellschaften deutlich hörbar zu furzen und sich danach ohne den leisesten Anflug von Scham recht formvollendet zu entschuldigen. Dabei gelang es ihr gelegentlich, mit dem einen oder anderen erwachsenen Gesprächspartner eine nicht enden wollende Konversation über ihr Lieblingsthema, die Unzulänglichkeiten des menschlichen Verdauungssystems anzuknüpfen, worüber sie verblüffend gut Bescheid wusste.

Wir hatten auch ein Pferd, einen kräftigen Schimmel, den wir für die Ferienwochen von einem benachbarten Bauern mieteten. Meine Mutter liebte Pferde. Hartnäckig hatte sie sich in den Kopf gesetzt, das Reiten zu erlernen. Die Abgeschiedenheit des Anwesens sollte sie dabei vor dem wegen ihrer Körperfülle zu befürchtenden Spott der Öffentlichkeit bewahren. Allerdings brachte sie es in dieser Fortbewegungsart, die bei ihr nur entfernt an Reiten erinnerte, auf dem Rücken des gutmütigen Tieres zu keiner nennenswerten Meisterschaft. Als sie sich letztlich bei einem ihrer unvermeidlichen Abstürze ziemlich weh tat, gab sie ihr Vorhaben zu unser aller Erleichterung endgültig auf und begann wieder einmal eine ihrer erfolglosen Diäten. Sie ließ es sich aber nicht nehmen, das Pferd stets selbst zu füttern und zu pflegen. Nahezu täglich spannte sie es vor den eleganten Landauer, um zu jedweden Besorgungen in die nächstgelegenen Ortschaften zu kutschieren oder einfach nur spazieren zu fahren.

Ich dagegen konnte recht anständig reiten und mit dem Tier umgehen. Daher stand es mir an den Nachmittagen fast immer zur Verfügung. Bei jedem Wetter unternahm ich im Sattel thronend ausgedehnte Streifzüge mit meiner Fangausrüstung. Im Laufe der Zeit zierte eine beachtliche Anzahl von Schaukästen die Diele und das Dachzimmer. Nach zähen Verhandlungen erlaubten mir meine Eltern sogar, erst nach dem Dunkelwerden heimzukehren. Dieses Zugeständnis verknüpfte mein Vater natürlich mit strengen Auflagen. Erstens durfte ich mein Übungsprogramm nicht im geringsten vernachlässigen und zweitens musste ich spätestens um Mitternacht im Bett liegen. Jedenfalls

konnte ich nun meine Sammlung durch den Fang von Nachtfaltern bereichern.

Eines Abends ruderte ich mit unserem Angelkahn an einen entfernten Abschnitt des Seeufers, zu dem sonst kein Weg oder Steg führte. An Land konnte ich dort nur gelangen, indem ich das Boot so weit wie möglich ins Schilf gleiten ließ, um dann barfuß über den schlammigen Grund aufs Trockene zu waten. Am Wiesenhang unweit des Waldrandes stellte ich eine Stalllaterne auf einen Stein, um Nachtfalter anzulocken. Wenige Schritte entfernt machte ich es mir in einer Mulde bequem. Wegen der Mücken wickelte ich mich in eine Decke. Griffbereit neben mir lag mein selbstkonstruiertes Fanggerät; ein bettlakengroßes, zwischen zwei langen Holzleisten befestigtes Tüllnetz. Das konnte ich bei Bedarf über den Lichtköder werfen und brauchte dann meine Beute darunter nur noch einzusammeln.

Erschöpft von anderen Unternehmungen dieses Tages lehnte ich mich gegen den Rucksack zurück. Es war ein lauschiges Plätzchen, das ich da gefunden hatte. Nicht weit entfernt stand eine zerklüftete Pappel. Aus ihrer sonst dichtbelaubten Krone reckten sich auffällig einige kahle, schwarzverbrannte Äste empor wie knorrige Finger einer Riesenhand. Eine kleine Quelle plätscherte aus einem gespaltenen mit weißen Kletterrosen bewachsenen Felsen. Sie speiste ein klares Rinnsal, das sich im Schilfgürtel des Sees verlor. Es dunkelte. Ein paar Motten umrundeten als Vorboten interessanterer Beutestücke die Laterne. Frösche quackerten vor sich hin. Grillen sangen mit gedämpften Stimmen ein einschläferndes Liedchen…

Ich erwachte durch einen flirrenden Luftzug, der über mein Gesicht huschte, so als pustete mir jemand ganz sacht zuerst gegen die Wange, dann auf das eine und das andere geschlossene Lid. Ich öffnete die Augen und hob witternd den Kopf. Mein Blick fiel zuerst auf die Laterne, in der die Flamme der niedergebrannten Kerze ihre letzten Zuckungen tat. Der fast volle Mond, der die Landschaft in ein silbriges Zwielicht tauchte, prangte schon hoch über dem See, in dessen unbewegtem Wasser er sich blank und klar spiegelte. Ich musste demnach mehrere Stunden geschlafen haben. Das war sehr ärgerlich. Es war allerhöchste Zeit aufzubrechen, um noch rechtzeitig nach Hause zu kommen. Doch da ließ mich ein Licht, das dicht vor mir aufblinkte und gleich wieder verschwand, erstaunt aufmerken. Lauernd blieb ich sitzen. Und plötzlich strahlte es derart hell, dass mir der Atem stockte. Was ich nun sah, erschien mir so unwirklich, dass ich im ersten Moment zu träumen glaubte: Auf meiner Schuhspitze stand der golden schimmernde Umriss eines Schmetterlings. Wundervoll, wie das Licht durch seine Flügel pulsierte, wie es erlosch, wenn er die Schwingen zusammenlegte, und wie es aufleuchtete, wenn er sie öffnete. Unwillkürlich tastete meine Hand nach dem Fangnetz. Sorgfältig darauf bedacht, jede ruckartige Bewegung zu vermeiden, hob ich es hoch und senkte es über den Falter. Deutlich sah ich das Leuchten durch die hauchdünnen Maschen, die über meinen Schuhspitzen lagen. Mein Gott, ich hatte ihn! Ein unbeschreibliches Glücksgefühl durchströmte mich. Es hätte nicht viel gefehlt, und ich hätte laut gejubelt. Nun erlosch das Licht jedoch. Ein Weilchen blieb ich vorgebeugt sitzen, da ich erwartete, es bei den zappelnden Befreiungsversuchen des Tieres wieder aufflackern zu sehen. Aber nichts geschah. Es blieb enttäuschend dunkel und ruhig. Vorsichtig zog ich meine Beine unter der Decke hervor und holte die Laterne. Doch als ich sie von ihrem Platz hob, zerfloss der letzte Wachsrest der Kerze. Die schwache Flamme sank endgültig zusammen. Hastig wühlte ich meine Taschenlampe aus dem Rucksack. Erwartungsvoll durchleuchtete ich die Stelle des Tüllnetzes, worunter ich den Falter vermutete. Dort ließ er sich aber nicht blicken. Ich dachte, dass er sich dann wohl in der zerknüllten Decke verbarg. Das erwies sich ebenfalls als Trugschluss. Schon etwas besorgt suchte ich vorsichtig den grasbewachsenen Boden unter dem Tüll ab. Als auch dies erfolglos blieb, begann ich wieder von vorn. Zwischendurch prüfte ich das Fanggerät sogar auf einen eventuellen Riss, durch den der Falter hätte entwischt sein können. Nein, er musste sich zweifellos unter dem Netz befinden, falls er nicht zu Staub zerfallen oder in Rauch aufgegangen war. Ich drehte buchstäblich jeden einzelnen Halm darunter um, wieder und immer wieder. Dabei schwitzte ich trotz der nächtlichen Kühle so stark, dass mir das Hemd am Leibe klebte. Allmählich begann ich, an meinen Sinnen zu zweifeln. War das, was ich gesehen hatte, etwa ein Spuk gewesen? Die Batterien der Lampe hauchten im Verlauf der verstreichenden Stunden ihren letzten Atem aus. Mit schwindender Hoffnung setzte ich meine verzweifelte Suche noch im jeweils kurz aufflackernden Schein von Zündhölzern fort, deren Schachtel sich jedoch schnell leerte. Am Himmel über dem See verblassten in der aufsteigenden Morgendämmerung die Sterne, als ich mich schließlich schweren Herzens entschloss, das Fangnetz aufzuheben. Nachdem ich die weite Strecke quer über den See zurückgerudert war, schlich ich ins Haus. Ich zitterte vor Kälte so sehr, dass es mir kaum gelang, mein Zähneklappern zu unterdrücken. Fast hätte ich es geschafft, unbemerkt in mein Zimmer zu gelangen, doch fatalerweise stolperte ich im dunklen Korridor über den dösenden Dackel, der zu meiner größten Bestürzung einen Heidenspektakel veranstaltete. Natürlich schilderte ich meinen Eltern am Frühstückstisch mein Abenteuer in allen

Einzelheiten und versuchte ihnen die wissenschaftliche Sensation zu erklären, einen leuchtenden Falter gesichtet zu haben. Ich führte ihnen mit überschwänglicher Begeisterung vor Augen, dass der Fang dieses Tieres ein nicht weniger weltbewegendes Ereignis wäre wie die Sichtung eines lebenden Mammuts oder das Aufspüren des legendären Yetis. Die Bedeutsamkeit meiner Entdeckung würde aber noch dadurch aufgewertet, dass sie nicht irgendwo in der Abgeschiedenheit eines tropischen Regenwaldes oder der sibirischen Tundra, sondern im weitgehend als erforscht geltenden Mitteleuropa erfolgt wäre. Mein Vater brach plötzlich in ein verächtliches Lachen aus.

„Wirklich sensationell, was du uns für Geschichten auftischst, damit du dein nächtliches Treiben fortführen kannst“, meinte er. „Aber damit ist jetzt Schluss!“
Ich fiel aus allen Wolken.

„Glaubt ihr mir etwa nicht?“

„Und das nächste Mal erzählst du uns, du hättest eine fliegende Kuh mit leuchtenden Hörnern gesehen“, spottete er.

„Aber es war so!“, beharrte ich auf meiner Darstellung. „Er hat geleuchtet!“

„Komm, iss dein Müsli“, mahnte mich meine Mutter sanft.

„Aber wenn ich es doch gesehen habe!“, wurde ich allmählich lauter. „Ich habe einen leuchtenden Falter gesehen!“

„So was muss ich mir in meinem Hause nicht anhören!“, erhob mein Vater seine Stimme. „Der Bengel lügt ja, dass sich die Balken biegen!“

„Aber...“, setzte ich zu erwidern an.

„Halt den Mund!“, brüllte mein Vater so laut, dass meine Schwester vor Schreck zu plärren anfing. Meine Mutter, die den Kopf meiner schluchzenden Schwester an ihre Brust drückte, sprach beschwichtigend auf mich ein: „Reg’ Papa bitte nicht so auf. Es kann manchmal vorkommen, dass man Dinge sieht, die es in Wirklichkeit gar nicht gibt. Das nennt man Halluzinationen. Wenn man zum Beispiel unter Medikamenteneinfluss steht oder wenn man viel zu wenig schläft so wie du in der letzten Zeit, dann..."

In mir brach eine Welt zusammen. Ich hatte das allergroßartigste Erlebnis meines bisherigen Lebens mit meinen Eltern teilen wollen, und sie hielten mich für einen Spinner! Mir wurde heiß vor Wut. Ich hielt es nicht mehr aus und schlug mit beiden Fäusten zugleich auf den Tisch.

„Ich hab' ihn gesehen!", schrie ich. „Ich hab' ihn gesehen! Ich hab' ihn gesehen!"

Ich schrie es immer und immer wieder und schlug jedes Mal so heftig auf den Tisch, dass Geschirr und Besteck darauf klirrend emporsprangen. Ich sah die flache Hand meines Vaters an seinem ausgestreckten Arm fast wie in Zeitlupe auf mein Gesicht zukommen, doch ich war nicht imstande, ihr auszuweichen. Ich empfing den furchtbaren Schlag, spürte ihn jedoch kaum, denn der Schmerz in meinem Inneren war ungleich größer.

„Ich hab' ihn gesehen!", schrie ich so laut, dass ich fast meinte, mir würde der Schädel platzen. Dabei versprudelte ich den blutvermischten Rotz, der mir aus der Nase rann, und besudelte damit meinen Frühstücksteller und meine Kleidung. Weit ausholend hieb ich auf den Tisch. Ich war nicht mehr Herr meines Handelns. Selbst wenn ich damit hätte aufhören wollen, ich hätte es nicht gekonnt. Ich sah das helle Entsetzen in den Augen meiner Mutter und den greinend breitgezogenen Mund meiner Schwester.

„Ich hab' ihn gesehen!", schrie ich allmählich heiser werdend. Ich hörte auch nicht auf zu schreien, als mich die Fäuste meines Vaters vom Stuhl rissen und mit roher Gewalt nach draußen schleiften. Der Dackel flüchtete vor uns hinaus ins Freie. Mein Vater drehte mir einen Arm auf den Rücken, griff mir von hinten in die Haare und stieß meinen Kopf in die volle Regentonne. Was danach geschah, weiß ich nicht mehr. Meine Erinnerung setzt erst Stunden später wieder ein. Ich lag zusammengekrümmt im Dachzimmer und presste mein Gesicht in eine Zimmerecke. Dabei knetete ich ein dickes Haarbüschel in den Händen, das ich mir selbst ausgerissen hatte.

Allmählich kehrte mein Verstand wieder in einen gebrauchsfähigen Zustand zurück und ich konnte meine Situation mit distanzierter Gelassenheit überblicken. Die Reaktion meiner Eltern auf meine wahrheitsgemäße Schilderung führte mich zu folgendem Schluss: Je stärker der allgemeine Unglauben an meine spektakuläre Sichtung, umso größer das öffentliche Aufsehen, wenn ich erst ihren Beweis erbrächte. Ich war überzeugt, dass mein Leben durch den Fang dieses Falters einen anderen als den von meinen Eltern vorbestimmten Verlauf nehmen würde. Durch meine dadurch entstehende Popularität könnten sie mir das ersehnte Biologiestudium nicht verbieten. Dann wäre ich Gott sei Dank nicht mehr dazu verdammt, Abend für Abend vor einem größtenteils unverständigen Publikum, das gewöhnlich an den falschen Stellen applaudiert, meine widerwillig erarbeiteten Geigenkünste vorzuführen. Ich träumte davon, Falter in allen Regionen der Erde zu fangen, in Urwäldern, Savannen, Tundren und Gebirgen, um der staunenden Menschheit eines Tages die größte Schmetterlingssammlung der Welt in einem eigens dafür erbauten Museum zu präsentieren.

Es gelang weder dem väterlichen Verbot noch einer aufkommenden fiebrigen Erkältung, mich aufzuhalten. Ersteres zwang mich lediglich dazu, heimlich das Haus zu verlassen. Allerdings war meine Zeit arg beschnitten, denn ich musste die halben Nächte warten, um sicherzugehen, dass meine Eltern schliefen. Dann erst kletterte ich am Nussbaum herab, dessen trittfestes Geäst bis an mein Dachstubenfenster reichte. So verbrachte ich also den Rest mancher Nacht draußen auf der anderen Seeseite. Doch der andauernde Misserfolg dieser Expeditionen und das andauernde Fieber zehrten merklich an meinen Kräften. Infolge des fehlenden Schlafes entwickelte sich bei mir eine katastrophale Tagesmüdigkeit, die mich vornehmlich während der Violinenstunden überwältigte. Sie verursachte bei meinem Spiel durch mein ständiges Einnicken und Aufschrecken die fragwürdigsten Taktwechsel. Mein geplagter Vater raufte sich verzweifelt seine Dirigentenmähne. Indes fand meine Mutter verständnisvolle Worte, mit denen sie ihm in aller Vorsicht zu bedenken gab, dass er mich angesichts meiner angegriffenen Gesundheit offensichtlich überforderte. Er jedoch widersprach heftig und machte ihr klar, was Mozart, Liszt, Schumann und nicht zuletzt er selbst bereits in jugendlichem Alter und unter jeder Art von Beeinträchtigung zu leisten imstande gewesen waren. So ein bisschen Husten und Schnupfen wären im späteren Berufsleben eines Musikers absolut kein hinreichender Grund, eine Probe, geschweige denn ein Konzert zu versäumen. Und außerdem könnten sich die über Jahre im Voraus angesetzten Spielpläne der Konzert- und Opernhäuser schließlich nicht nach dem jeweiligen Gesundheitszustand der Solisten richten, da dieser ja wohl kaum vorauszuplanen sei. Es wäre in höchstem Grade unverantwortlich, wenn er seinen eigenen Sohn wegen solcher Lappalien einer beginnenden Verweichlichung aussetzen würde. Bei dieser Gelegenheit führte mein Vater wieder sein bewährtes Argument ins Gefecht, dass er einmal mit vierzig Grad Fieber begonnen habe, den „Lohengrin“ zu dirigieren und dass er nach viereinhalb Stunden schweißtreibender Schwerstarbeit kerngesund gewesen sei. Ich fabrizierte bei diesem ganzen Hin und Her genau jenen Ausdruck von Todesbetrübnis auf mein Antlitz, der meine Mutter erfahrungsgemäß stets dazu veranlasste, mich zu verteidigen. Letzteres führte diesmal zu einer zweitägigen zwischenelterlichen Auseinandersetzung, in deren Verlauf die gemeinsamen Mahlzeiten in eisigem Schweigen eingenommen wurden. Schlussendlich setzte meine Mutter durch, dass sich meine tägliche Übungszeit bis zu meiner vollständigen Genesung auf eine halbe Stunde Klavier und eine Stunde Violine reduzierte, womit ich durchaus zufrieden war. Mein Schnupfen verging recht bald, aber dafür wollte der schwere, röchelnde Husten einfach nicht nachlassen.

Das Ganze ging solange gut, bis ich etwa eine Woche später im Dämmer eines verregneten Morgens von meiner nächtlichen Pirsch zurückkehrte. Vor Müdigkeit taumelnd vertäute ich das Boot am Steg. Als ich mich umwandte, wäre ich fast mit meinem urplötzlich vor mir stehenden Vater zusammengeprallt. Ich erschrak so heftig, dass ich zurückstolperte und der Länge nach ins Uferwasser stürzte. Benommen rappelte ich mich auf. Er sah mich undurchdringlich Miene an. Triefend und zitternd stand ich da.

„Wir sprechen uns nach dem Frühstück“, sagte er endlich und ging ins Haus.

Die folgenden Maßregeln waren einfach nur grausam zu nennen. Jetzt entschied nicht mehr die angesetzte Stundenzahl über das Ende meiner Violinenübungen, sondern das Erreichen eines nach Takten bemessenen Pensums. Dieses erlegte mir mein Vater jeweils nach eigenem Gutdünken auf, um es mir nach dem Üben abzufordern. Wenn ich also meinte, die entsprechenden Passagen zu beherrschen, durfte ich ihn um Aufmerksamkeit für ein Vorspiel bitten. Daraufhin oblag die Entscheidung über den Beginn meiner Freizeit seinem willkürlichen Ermessen. Den schwachen Versuch eines mütterlichen Einwandes erstickte seine auf den Tisch donnernde Faust sogleich im Keime.

„Und noch eins", hielt er mich auf, als ich mich nach erfolgtem Urteilsspruch aus dem Zimmer entfernen wollte. „Bis spätestens zum Mittag sind diese widerlichen Guckkästen aus dem Haus verschwunden. Ich will dieses verdammte tote Ungeziefer nicht mehr sehen!"

Mir blieb nichts weiter übrig, als meine wertvollen Schaukästen von den Wänden zu nehmen. Tief betrübt deponierte ich sie im Werkzeugschuppen neben dem Pferdestall. Dabei tröstete ich mich mit der Hoffnung auf bessere Zeiten. Wenn ich mich künftig einigermaßen führte, würde mein Vater schon irgendwann wieder mit sich reden lassen.

In einer jener tatenlos verstreichenden Nächte hatte ich einen eindrucksvollen Traum: Ich bin draußen am gegenüberliegenden Seeufer. Es beginnt zu tagen. Ich blase die Kerze in der Laterne aus. Da erblicke ich einen tanzenden Ball, der von glitzernden Goldfünkchen umspielt wird, vom Himmel herab auf mich zukommen. Ich erkenne den *Alienus alifer*. Ich strecke die Hand nach ihm aus und er setzt sich ohne zu zögern auf ihre Innenfläche. Glücklich betrachte ich ihn. Er dreht und wendet sich wie auf dem Laufsteg einer Modenschau. Seine strahlenden Flügelränder beleuchten meine Finger. Auf einmal überkommt mich die Befürchtung, er könnte mir entwischen. Diese Furcht legt sich wie ein eiserner Ring um meinen Hals, der sich immer enger zusammenzieht und mich zu ersticken droht. Ruckartig schließe ich meine Hand. Erleichtert spüre ich, wie sich der Falter darin regt. Er fühlt sich kalt an wie ein Eiswürfel. Ich kann wieder atmen. Aber als ich die Hand über dem Schraubdeckelglas öffne, rieseln nur schwarzgraue Ascheflöckchen auf die Watte. Verwundert starre ich in das Glas. Und in meiner Handfläche entdecke ich eine qualmende Brandwunde, ein Loch mit den Umrissen des Falters. Ich schreie, bis meine Lunge vollkommen luftleer ist.

Völlig verwirrt erwachte ich, als meine Mutter die Fenstervorhänge öffnete. Geblendet zog ich mir die Decke übers Gesicht.

„Schon halb neun durch“, sagte sie. „Komm frühstücken. Der Regen hat aufgehört. Wir wollen nachher zum Einkaufen fahren.“

„Muss ich da unbedingt mit?“, murrte ich. „Wenn ich danach noch üben muss, ist der Tag um.“

„Vater hat einen Anruf bekommen“, berichtete sie. „Er soll einen erkrankten Kollegen vertreten. Er kommt erst in drei Tagen wieder.“
Erfreut sprang ich aus dem Bett.

Nachher durfte ich kutschieren, wobei ich allein vorn auf dem Bock thronte. Mutter, Schwester und Dackel saßen bei offenem Verdeck hinten im Landauer. Den restlichen Platz darin füllten Einkaufskörbe, in denen beim Holpern leere Getränkeflaschen klirrten. Der Hohlweg hatte sich nach einem heftigen Unwetter am Vortag und dem anhaltenden Regen der vergangenen Nacht streckenweise in eine Schlammsuhle verwandelt. Vor uns lag eine schauklige Fahrt durch tiefe Pfützenmulden. Konzentriert war ich darauf bedacht, den Schimmel so zu lenken, dass er nicht ständig in sie hineinstolperte. Da bemerkte ich, wie das Tier schnaubend seinen Kopf schüttelte, so dass sein Speichelschaum flockenartig umherflog. Offenbar scheute es vor einem Schmetterling, der sich seinen Augen genähert hatte. Ich wusste, dass Pferde so etwas nicht mögen.

Was den Falter betraf, tippte ich zunächst auf einen *Aporia crataegi*, einen Baumweißling. Wie sehr ich mich irrte, schwante mir erst, als er überraschend auf mich zu schoss und gegen meine Stirn patschte. Anstatt nun das Weite zu suchen, flatterte er dicht vor meinen Augen hin und her. Er tat es wieder und wieder. Ich haschte mit der Hand nach ihm. Er wich zurück, doch nur so weit als nötig, um sich meiner Reichweite zu entziehen. Dann setzte er sein vorheriges Flattern fort. Dabei flog er in einer auffallend exakten Linie. Er tat es auf eine Art, die durch ihre andauernde Gleichförmigkeit beinahe den Eindruck eines intelligenten Willens erzeugte, so dass es mich fast schauderte. Vor Verblüffung war ich wie gelähmt. Ein solches Flugverhalten war nie und nimmer typisch für einen gewöhnlichen Weißling. – Da sah ich ein goldenes Aufblitzen seiner flatternden Flügel im Sonnenlicht. Ich fühlte, wie mein ganzer Körper von einer Gänsehaut überzogen wurde. Es war mein seit Jahren ersehnter *Alienus alifer,* der mir vor der Nase herumtänzelte. Und ich saß wie hypnotisiert auf dem Kutschbock und gaffte! Ich musste den Falter haben! Ich musste ihn fangen! Nur wusste ich nicht, wie ich das beim Kutschieren bewerkstelligen sollte, das gerade jetzt alle Geschicklichkeit meiner beiden Hände beanspruchte. Es kam mir so vor, als wollte er mich verspotten, als wäre ihm meine unglückliche Lage klar, als sähe er, dass ich die Zügel jetzt unter keinen Umständen loslassen durfte. Er benahm sich wie die Katze, die den Hofhund zur Weißglut bringt, wenn sie dicht vor ihm entlangstreicht, während ihn die angespannte Kette abzuwürgen droht. Irgendetwas musste geschehen, und zwar gleich. In schnellem Entschluss riss ich mir das Hemd vom Leib. Es war nicht zu vermeiden, dass mir dabei die Zügel entglitten. Sie fielen auf die Gabeldeichsel herab. Ihre Enden schleiften nun auf dem morastigen Boden.

„Lass den Schmetterling, hörst du!“, rief meine Mutter. „Wo sind die Zügel?!“

Ich richtete mich hoch auf und schlug mit dem Hemd nach dem Falter. Blitzschnell wich er aus. Dabei prallte er hinter mir an den Kopf meiner Schwester und verfing sich in ihrem Haar. Nun überschlugen sich die Ereignisse. Das Schwenken des Hemdes hatte das Pferd erschreckt. Es begann zu laufen. Die ruckartige Beschleunigung warf mich hart auf den Sitz zurück. Der Weg führte in eine abschüssige Kurve. Es ging immer rasender bergab. Die Kutsche rüttelte so unsäglich in der holprigen Spur, dass wir uns kaum noch darin halten konnten. Meine Schwester kreischte. Meine Mutter schimpfte. Der Dackel bellte. Die Flaschen klirrten. Das alles trieb den Schimmel immer mehr an, bis er galoppierte. Ohne die Zügel war er nicht daran zu hindern. Ich warf meiner Schwester das Hemd über den Kopf. Deutlich spürte ich ein Zappeln unter dem Stoff. Trotz der fürchterlichen Rüttelei gelang es mir, das Hemd behutsam um den Falter zu knäulen. Mit beiden Händen drückte ich es an mich. Mochte nun kommen, was wollte! Am Fuße des Hügels schlingerten wir in eine überschwemmte Mulde. Schlammiges Wasser wallte wie die Bugwelle eines Schiffes hoch empor und rauschte auf uns nieder. Das Pferd stürzte, die Deichsel zerbrach, die Kutsche kippte und schleuderte ihren Inhalt katapultartig hangabwärts. Ich flog durch ein Gebüsch, schlug auf, wirbelte herum und kam auf den Rücken zu liegen. Zwischen kratzigen Sträuchern und tropfnassen Brennnesseln fand ich mich wieder. Das Hemd war weg! Entsetzt richtete ich mich auf. Gleich darauf erblickte ich es. Ein Zweig hatte es mir beim Sturz aus den Händen gefetzt. Ausgebreitet wie eine Fahne hing es an einem Busch. Verzweifelt schlug ich mir die Fäuste an die Schläfen.

„Siehst du, was du angerichtet hast!“, hörte ich meine Mutter schreien. Verstört wandte ich mich um. Sie sah arg zerschunden aus. Ihr Kleid war zerrissen. Ihre Beine hatten tiefe Schrammen. Und das Gesicht meiner Schwester, die wimmernd am Boden lag, war blutüberströmt. Meine Mutter geriet darüber fast außer sich. Sie nahm das Mädchen auf ihre Arme und hastete ohne sich noch einmal nach mir umzudrehen durch das abschüssige Waldstück in Richtung Landstraße. Wie ich später erfuhr, gelang es ihr, ein Auto anzuhalten, das sie zur nächsten Arztpraxis fuhr.

Damit war unser Landurlaub beendet. Wir reisten nach Hause zurück. Meine Schwester musste in einer speziellen Klinik behandelt werden. Beim Sturz ins Gesträuch hatten Dornen ihr ein Augenlid zerschlitzt. Auch die durch Glasscherben verletzten Beine meiner Mutter bedurften ärztlicher Behandlung. Nur mein eigener Zustand erwies sich keiner Sorge wert.

Unser Dackel wurde drei Tage lang vermisst. Wir glaubten, er hätte, verschreckt wie er wohl war, nach Hause zurückkehren wollen und sich dabei verlaufen. Doch als man die umgestürzte Kutsche aufrichtete, um sie abzutransportieren, entdeckte man ihn darunter mit zerquetschtem Schädel.

Von meinem Vater bezog ich damals eine furchtbare Tracht Prügel. Zum ersten Mal erlebte ich, dass meine Mutter eine derart schwere Züchtigung tatenlos geschehen ließ. Fortan fand ich auch in ihr eine konsequente Gegnerin meiner Schmetterlingsleidenschaft. Sie unternahm nicht den geringsten Versuch eines Einwandes, als mir mein Vater pathetisch kundtat: „Wenn ich dich noch ein einziges Mal dabei erwische, dass du hier irgendwelches Insektenviehzeug anschleppst, wirst du in meinem Hause deines Lebens nicht mehr froh!“

Meine Schwester behielt durch ihre Verletzung einen bedauerlichen Makel zurück; ihr linkes Auge öffnete sich wegen des zusammengeflickten Lides nun stets etwas weiter als das rechte. Daran konnten auch spätere Operationen nicht viel ändern. Für ihre vorbestimmte Bühnenkarriere als Opernsängerin war das natürlich alles andere als vorteilhaft. Außerdem ängstigte sie sich seitdem maßlos vor Schmetterlingen. Sie brach immer in hysterische Schreikrämpfe aus, wenn sich ihr einer näherte.

Der Schimmel hatte sich erst am Tag nach dem Unglück in der Nähe seines heimischen Gehöftes eingefunden. Er war mit der ausgebrochenen Vorderachse des Landauers, die er im Schlepp hatte, in einem Weidezaun hängen geblieben. Leider hatte er sich an einer Hinterhand eine schlimme Verstauchung zugezogen. Zwar heilte die Schwellung an seinem Gelenk wieder ab, jedoch hörte er nicht mehr auf zu hinken, was letztlich zu seiner vorzeitigen Schlachtung führen sollte. Der Nachhall der von mir verschuldeten Katastrophe schien sehr lange nicht verstummen zu wollen.

IV. Das Medaillon

Entgegen meiner sonstigen Gewohnheit sehnte ich diesmal den Schuljahresbeginn mit Ungeduld herbei, denn er bedeutete das Ende des über mich verhängten Hausarrestes. Die doppelte

Strenge meines Vaters, die ständigen Vorwürfe meiner Mutter und der jammervolle Blick aus dem versehrten Auge meiner Schwester, die den Tod ihres Dackels nicht verwandt, machten mir das Zuhausesein unerträglich. Nie im Leben verbrachte ich jemals wieder so viel Zeit mit meiner Violine, wie in jenen Wochen. Ich geigte ganze Tage lang in meinem Zimmer auf ihr herum, als wäre dadurch etwas gut zu machen. Meinen Probenfleiß, den mein Vater niemals gelobt, sondern stets bemängelt und beargwöhnt hatte, entwickelte ich nun in einem fragwürdigen Übermaß. Gleich morgens nach dem Frühstück begann ich zu spielen, ich hörte bis zum Mittag nicht auf und geigte dann bis in den späten Abend hinein weiter. Ich ließ mich nicht einmal dadurch aufhalten, dass sich meine Fingerkuppen entzündeten, dass die Sehnen an den Handgelenken schmerzten und mich in den Armen ein böser Muskelkater plagte. Was ich bei diesem Geigenmarathon an Tönen fabrizierte, war gewiss alles andere als schön, denn ich geigte wie ein Arbeiter, der am Fließband schuftet, ich geigte mit der Kraftanstrengung eines Bergsteigers am Steilhang, ich spielte so seelenlos wie nur eine Maschine sich drehen kann. Die Töne, die ich erzeugte, verbanden sich zu einem einzigen Hilfeschrei, der wie aus einem tiefen Atemzug hervorgepresst durch das Haus dröhnte, aber von niemandem gehört werden wollte. Als meine Mutter eines Abends ins Zimmer kam, um mich etwas zu fragen, verstärkte ich mein Gefiedel und ließ sie dadurch nicht zu Wort kommen. Schließlich schlug sie entrüstet die Tür hinter sich zu. Einmal hörte ich bis nach Mitternacht nicht auf. Da endlich stürmte mein Vater im Schlafanzug herein und brüllte: „Schluss! Schluss jetzt mit dem verdammten Theater!“

Ich würdigte ihn keines Blickes und geigte unbeirrt weiter. Wutentbrannt entriss er mir die Violine und schlug mir ins Gesicht. Als ich strauchelte, fiel mir der Bogen aus der Hand und ich trat mehr oder minder versehentlich darauf, so dass er zerbrach. Sein lautes Knacken unter meinem Fuß war das angenehmste Geräusch, das ich seit langem vernommen hatte.

Meine Schaukästen hatte ich längst vorsorglich von der Wand genommen und sie in Schränken und Nischen vor den Blicken meiner Eltern verborgen. Nur wenn ich alleine im Haus war, manchmal aber auch spätnachts, wenn alles schlief, wagte ich, sie hervorzuholen. Ich plante, den Goldrandfalter im darauffolgenden Jahr zu fangen, wenn sich hoffentlich genügend Staub über die Tragödie gelegt hatte. Dann wollte ich mit wesentlich professionelleren Methoden an die Sache herangehen. Ich belas mich in Fachbüchern über die Anwendung spezieller Lockmittel, deren betäubende Zusatzstoffe jedoch schwierig zu beschaffen waren. Die damit zu befüllende Schmetterlingsfalle hatte ich bereits provisorisch zusammengebastelt und testweise an einem verborgenen Platz im Garten aufgestellt. Darin fing ich in dieser Spätsommerzeit aber nur eine Unmenge wertlosen Viehzeugs, meist kleinere Nachtfalter, die in der ungiftigen Duftlösung zappelten und teilweise wieder entkamen.

In dieser Zeit war ich besonders in den Nächten aktiv, weil ich mich entsetzlich vor dem Einschlafen fürchtete. Meine Albträume quälten mich bis zur völligen Erschöpfung. Es kam vor, dass ich mehrmals in einer Nacht den gleichen Traum hatte: Ich liege in meinem Bett und habe einen gliederlosen Körper. Meine Arme und Beine sind gewissermaßen eingeschmolzen. Die Luft im Zimmer ist verbraucht. Ich drohe zu ersticken und atme hechelnd wie ein Hund. Es ist sehr anstrengend. Um zu überleben, muss ich das Fenster öffnen, doch wie soll ich das anstellen? Ich spüre, dass sich in meiner Brust und im Bauch ein ganzes Bündel von Gliedmaßen regt, die dort eng zusammengefaltet nur darauf warten, dass ich sie ausstrecke. Doch ich fürchte mich unsäglich vor dem Schmerz, den ich erleiden müsste, wenn ich sie von innen durch meine Haut nach außen stieße, die sich bereits pulsierend ausbeult. Und ich verwende das letzte bisschen Luft in meiner Lunge, um zu schreien…

Meine Mutter befand das Aussehen meines blassen Gesichts mit den tiefdunkel umschatteten Augen so besorgniserregend, dass sie mich trotz meines heftigen Widerstandes wieder einmal zu diesem Arzt schleppte, der sich schweigend und nickend und auf die Uhr blickend ihre Schilderungen anhörte. Er murmelte, nachdem er meinen Hals betastet und mir kurz mit einem Lämpchen in die Augen geleuchtet hatte, etwas von einer pubertären Krise und verschrieb mir ein zusätzliches Medikament. Als unser Apotheker erstmals den Preis dieses Medikamentes nannte, das er extra bestellen musste, bemerkte ich, dass meine Mutter unwillkürlich die Stirn runzelte.

Inzwischen war die sommerliche Wärme der milden Frische des Frühherbstes gewichen. Das Erntedankfest war gekommen. Aus diesem Anlass waren die Kirchenbänke verhältnismäßig zahlreich besetzt. Auch meine Familie saß inmitten der sattgefrühstückten Gemeinde, die in andächtiger Schläfrigkeit der sanft dahinplätschernden Predigt lauschte. Der Pfarrer sprach über den Kampf des Bösen gegen unsere Nahrung, die allzeit durch Unwetter, Krankheit und Ungeziefer bedroht sei. Und gerade in dem Moment, als die Rede auf das Ungeziefer kam, ging ein verhaltenes Gelächter durch den Raum. Ich blickte auf. Ein weißer Schmetterling flatterte so dicht über dem Kopf des Pfarrers, als wollte er sich gleich darauf niedersetzen. Die Unruhe unter der Zuhörerschaft schien den Geistlichen zu irritieren. Im Weiterreden suchte er über den Rand seiner Brille hinwegblickend vergeblich nach dem Grund der aufgekommenen Heiterkeit. Da tauchte noch ein zweiter Falter auf, der den ersten lebhaft umschwirrte. Nun trug einer der beiden Messdiener in seinem Bemühen, den angemessenen Ernst des Augenblicks zu wahren, zu erneuter Belustigung bei. Er brachte aus einer Nische einen langstieligen Staubwedel hervor und fuchtelte damit über dem priesterlichen Haupt herum. Die Schmetterlinge wichen aus. Infolge des spürbaren Luftzugs wandte sich der Pfarrer um. Er bedachte den Messdiener, der den Wedel eilig wieder verschwinden ließ, mit einem verständnislosen Blick. Ich verfolgte gespannt, wie sich die Falter nun weiter verhielten. Der eine blieb ruhig auf dem Hochaltar unterhalb des großen Kruzifixes sitzen. Der andere umkreiste die Kerzenleuchter. Dabei kam er ihnen bedenklich nahe. In ihrem Lichtschein strahlten seine Flügel goldene Fünkchen ab...

Meine Beinmuskeln spannten sich in dem unwillkürlichen Impuls, sofort aufzuspringen. Zugleich krallten sich meine Hände an den Rand der Sitzbank und hielten mich so krampfhaft fest, dass mir beinahe die Fingernägel brachen. Ich sah, wie sehr sich der *Alienus alifer* von den Kerzenflammen angezogen fühlte. Er wollte sich doch nicht etwa genauso verbrennen wie dieses lebensmüde Exemplar in unserem Garten! Beinahe hätte ich laut aufgeschrien.

„Was ist denn mit dir?“, wisperte meine Mutter unwillig. „Nimm dich zusammen, Herrgott nochmal!“

Meine innere Anspannung hatte mich offenbar dazu gebracht, unbewusst keuchend zu atmen und meine Fingernägel hatten an der Sitzbank gekratzt. Mir war, als hätte man mir eine glühend heiße, eiserne Faust in den Magen geschlagen und sie dort stecken lassen. Der Schweiß brach mir aus allen Poren.

Eiskalt rann er zwischen den Schulterblättern den Rücken hinab. Ich wischte über meine nasse Stirn. Nun zog der Qualm aus dem Weihrauchkessel direkt über den Altar. Die beiden Falter flatterten auf. Ich hoffte, dass sie weiter ins Kirchenschiff vordringen würden, damit sie sich möglichst weit von den verdammten Leuchtern entfernten. Vielleicht ergäbe sich dann ja doch noch eine Gelegenheit für mich? Aber sie flüchteten geradewegs durch die Tür neben der Kanzel, die zur Sakristei führte. Zu quälender Untätigkeit verurteilt erwartete ich das erlösende Ende der Veranstaltung. Ein ärgerlicher Seitenstüber meiner Mutter forderte mich auf, das Scharren meiner Füße zu unterdrücken. Die Schmetterlinge waren noch nicht wieder aus der Sakristei hervorgekommen. In mir keimte Hoffnung. Beim Schlussakkord der Orgel hielt mich nichts mehr auf dem Platz. Ich überhörte die zischenden Rufe meiner Eltern. Hastig eilte ich nach vorn und drängte mich durch die Menschen, die gemächlich zum Ausgang strebten. Dabei blieb es nicht aus, dass ich einige anrempelte. Sehr hart prallte ich mit einer alten Dame zusammen. Die zierliche Frau strauchelte gegen eine Bank und sank schmerzgekrümmt zu Boden. Erschrocken blickte ich zurück. Leute beugten sich über sie und murmelten erregt. Ich hastete weiter.

„Ungeheuerlich so was!“, rief jemand. Der Pfarrer runzelte kopfschüttelnd die Stirn. Augenblicke später stand ich in der Sakristei. Das Fenster war sperrangelweit geöffnet. In dem spärlich möblierten und daher gut überschaubaren Raum befanden sich keine Schmetterlinge mehr. Laut fluchend sprang ich vom Fensterbrett in den Kirchgarten. Und während ich die umliegenden Gebüsche absuchte, kamen auf einmal wieder diese Zweifel in mir auf. War ich etwa schon wieder einem Trugbild meiner eigenen Phantasie aufgesessen?

In Erwartung des sicheren, väterlichen Donnerwetters kehrte ich erst gegen Mittag heim. Ich hoffte, mich still in mein Zimmer schleichen zu können, während die Familie bei Tisch saß. Doch mein Vater lauerte mir direkt an der Haustür auf. Sein zornrotes Gesicht verhieß Unheil. Mit eisernen Händen packte er zu und presste mich gegen die Wand.

„Was hast du wieder angerichtet, gottverdammter Taugenichts!“, schrie er. „Man hat die alte Frau mit dem Krankentransport abgeholt!“

Mein Vater rüttelte und zerrte so heftig an mir herum, dass mir die Jacke zerriss. Vorbei am schweigenden Rest der Familie trieb er mich durch den Korridor. Dabei keuchte er: „Wenn sie jetzt stirbt, wird es heißen: Der missratene Sohn vom Chefdirigenten hat sie auf dem Gewissen! Dann kann ich meinen Posten an den Nagel hängen! Du machst uns alle noch brotlos!“

Er riss die Tür zu meinem Zimmer auf. Grob stieß er mich hinein. Er atmete röchelnd. Mit zitternder Hand deutete er an die Wand über mein Bett, wo vordem die Schaukästen hingen.

„Wo sind sie!?“

Er rang nach Luft. Weil ich nicht sofort reagierte, brüllte er: „Ich frag dich, wo sie sind!“

Angesichts seines überschäumenden Zornes zog ich die Kästen aus ihren Verstecken hervor und legte sie, Böses ahnend, einen nach dem anderen, auf den Tisch.

„Sind das alle?“, fragte mein Vater. Ich nickte. Was er dann tat, war so unglaublich, dass ich einige Sekunden lang meinen Sinnen nicht traute: Er ergriff den großen, schmiedeeisernen Kerzenständer aus der Fensterecke und hieb damit weit ausholend mit aller Kraft in den Stapel hinein. Glas und Sperrholz barsten krachend auseinander. Mit allem möglichen hatte ich gerechnet, doch nicht damit. Ich hatte gedacht, er würde mir die

Kästen eine Zeitlang wegnehmen oder mich anweisen, sie aus dem Haus zu schaffen. Aber so etwas Furchtbares hätte ich ihm nicht zugetraut. Was in mir vorging, als der Ertrag meiner jahrelangen Mühen, die Ernte zahlloser strapaziöser Jagdexpeditionen und tausendstündiger Präparationsarbeiten in einem einzigen Augenblick in Trümmer gelegt wurde, ist kaum zu beschreiben. Es war, als hätte man mein zuckendes Herz auf einen Amboss geworfen und es mit einem Hammer bearbeitet. Mit aller Kraft warf ich mich der Wut meines Vaters in den Weg und griff nach dem Schlagwerkzeug, das er aus dem Haufen aus Sperrholzsplittern, Glasscherben und Schmetterlingsflügeln zerren wollte, um einen weiteren Vernichtungsschlag zu führen. Er versuchte, den Kerzenständer an sich zu reißen, doch ich hielt ungeachtet der stechenden, schneidenden Scherben verbissen fest. Es entstand ein wildes Gezerre, bei dem die Verzweiflung eine ungeahnte Energie in mir freisetzte. Offenbar sah sich mein Vater wegen meines hervorschießenden Blutes endlich zum Loslassen genötigt. Atemlos standen wir uns gegenüber. Und plötzlich geschah etwas mit mir, etwas, das ich mir selbst in meinen kühnsten Träumen niemals zugetraut hätte: Ich hob den meinem Vater entrissenen Kerzenständer in die Höhe und machte einen Schritt auf ihn zu. Er wich zurück. Und in diesem kurzen Moment entdeckte ich Angst in seinen Augen, die ich noch nie so weit geöffnet gesehen hatte. Ich sah die Pupillen als dunkle Punkte vom rotgeäderten Weiß seiner hervorquellenden Augäpfel umgeben. Für zwei oder drei Sekunden durchströmte mich ein unendlich triumphales Gefühl. Doch obwohl ich dieses herrliche Gefühl der Überlegenheit allzu gern bis zur Neige ausgekostet hätte, fehlte mir der Mut zu einem zweiten Schritt nach vorn, geschweige denn zu einem Schlag mit dem Eisenständer. Ich spürte, wie mir das Blut an den erhobenen Armen herabfloss. Ich begann zu zittern. Ich hatte keine Kraft mehr, den Kerzenständer zu halten. Er polterte vor meine Füße und schlug dabei eine Delle in den Boden. Meine Arme sanken herab. Ich taumelte. Blut sprudelte aus den Ärmeln meiner zerrissenen Jacke auf den Teppichbelag. Meine Mutter erschien in der Tür und schlug entsetzt die Hände vors Gesicht. Mir wurde schwarz vor Augen. Erst im Krankenwagen kam ich wieder zu mir. Meine Hände waren dick verbunden. Zwei Tage lag ich in der Klinik. Nach Auskunft der Ärzte hatte ich noch einmal Glück gehabt. Die Verletzung der Schlagader am Handgelenk sei sehr gefährlich gewesen, so sagten sie, und es wären mir beinahe einige Fingersehnen durchtrennt worden.

Als man mich nach Hause brachte, blitzte mein Zimmer vor Sauberkeit, so dass man kaum an die entsetzliche Auseinandersetzung glauben mochte, die hier stattgefunden hatte. Die Schaukästen waren fort. Ich wagte nicht, danach zu fragen. Mein Vater vermied es, mir zu begegnen. Meine Mutter brachte mir das Essen aufs Zimmer. Wir sprachen kaum miteinander. Ich gab nur einsilbige Antworten. Wegen des Blutverlustes sollte ich Ruhe halten und Anstrengungen meiden. Tröstlich dabei war, dass ich zum ersten Mal seit Jahren davon verschont blieb, mich mit meiner Violine herumquälen zu müssen. Nach etwa einer Woche, die ich gewissermaßen in Einzelhaft zugebracht hatte, öffnete sich heftig die Tür. Herein trat mein Vater.

„Du wirst dich morgen bei der alten Dame entschuldigen“, befahl er, wobei er einen beträchtlichen Geldschein und einen Zettel auf den Tisch warf. „Dafür kaufst du Blumen und einen Kasten Pralinen. Und hier ist die Adresse aufgeschrieben.“ Schon war er wieder draußen.

Unter der Last meines schlechten Gewissens stieg ich die pompöse Freitreppe der herrschaftlichen Villa wie eine Galgenleiter empor. Ein Dienstmädchen ließ mich ein und führte mich in den Salon. Die alte Dame, die mir von meinen Kirchenbesuchen her flüchtig bekannt war, lag auf einer Ottomane mit einem Stapel Kissen im Rücken. Sie lächelte versöhnlich, als ich das schwere Blumengebinde vor ihr abstellte.

„Lass nur“, unterbrach sie meine auswendig daher gestammelte Entschuldigungsrede. „Eine alte Frau wie ich fällt eben beim kleinsten Schubs um. So ist das nun mal, wenn man nicht mehr so gut auf den Beinen ist.“

Meiner peinlichen Pflicht entledigt, wollte ich mich rasch entfernen. Doch die Frau nötigte mich, auf einem Stuhl bei ihr Platz zu nehmen.

„Dein Vater hat mir am Telefon erzählt, dass du einmal in seine Fußstapfen treten willst“, berichtete sie, „und dass du ganz versessen darauf bist, ein großer Künstler zu werden. Eigentlich sollte ich darauf bestehen, dass du mir was vorspielst.“

Ich verwies bedauernd, doch mit innerer Erleichterung, auf meine verletzten Hände. Auf ihre Frage, was mir passiert sei, murmelte ich etwas von einem Sturz in einen Scherbenhaufen. Dann wollte sie wissen, was mich denn in der Kirche zu dieser brachialen Eile getrieben hatte. Wegen ihrer liebenswürdigen Art erzählte ich es ihr ganz ohne Scheu. Und weil sie so interessiert zuhörte, sprach ich weiter über Schmetterlinge. Unversehens geriet ich darüber ins Schwärmen und merkte gar nicht, wie die Zeit verstrich. Schließlich erklärte ich, dass es mein Ziel sei, die Existenz des Leuchtflügelfalters wissenschaftlich zu beweisen.

„Ich weiß, dass es solche Schmetterlinge gibt“, flocht die Frau ein. „Vor vielen Jahren hab’ ich selbst so einen gesehen.“

Ich fühlte, wie mir die Gesichtszüge entgleisten. Ich hustete, weil ich mich an meinem Speichel verschluckt hatte und musste erst ein paarmal heftig schlucken, bevor ich mit heiserer Stimme hervorbrachte: „Ist das wahr?“

Die Frau nickte.

„Wann war das?“, stotterte ich. „Und wo?“

„Ich war damals noch sehr jung“, sagte sie. „An einem Sommerabend saß ich mit meinem Verlobten auf einer Bank im Sternwartenpark. Auf einmal sahen wir diesen Schmetterling in einem Holunderstrauch. Wenn er seine Flügel öffnete, leuchteten sie strahlend hell. Unvergesslich schön. – Gib mir doch bitte mal diese Schatulle dort.“

Ich reichte der alten Dame das verzierte Kästchen vom Kaminsims hinüber. Behutsam entnahm sie ihm ein gleißend glitzerndes Schmuckstück.

„Mein Verlobter“, sprach sie weiter, „war bei einem Goldschmied in der Lehre. Damals suchte er gerade nach einem Motiv für sein Gesellenstück.“

Sie gab mir das an einer Halskette befestigte Medaillon in die Hand. Ich war so ungeheuer beeindruckt, dass ich fast das Atmen vergaß. Das Schmuckstück zeigte das Relief eines Schmetterlings, der wirklich und wahrhaftig alle typischen Merkmale des Goldrandfalters aufwies. Deutlich erkannte ich den schlanken Leib mit den langen Fühlern und den eigenartig schön geformten Schwingen wieder. Am meisten beeindruckten mich die goldgelben Edelsteine, die kunstvoll in seine Flügelränder eingepasst waren. Als das durch die hohen Fenster einfallende Sonnenlicht sich in ihnen brach, glitzerten sie in genau dem selben Farbton, den der Falter in jener Nacht am See abgestrahlt hatte. Ich war für eine geraume Weile im wahrsten Sinne des Wortes vollkommen sprachlos. Und ich empfand ein ungeheures Glücksgefühl, denn ich hielt nun den unwiderleglichen Beweis in der Hand, dass ich nicht einem Spuk, einem Trugbild, einer Halluzination aufgesessen war. Es gab ihn wirklich, meinen *Alienus Alifer!*

„Als mein Verlobter den Falter fing", fuhr die Frau fort, „sperrte er ihn in eine Bonbonschachtel, die gerade zur Hand war. Dabei passierte etwas sehr Bedauerliches. Beim Schließen der scharfkantigen Blechschachtel klemmte er dem armen Tierchen versehentlich zwei Beine und ein Stück seines Hinterleibes ab. Tags darauf war es leider tot. – Damals war Krieg. Mein Liebster wurde zu den Fliegern eingezogen. Bald erhielt ich die Nachricht, dass man sein Flugzeug über Feindesland abgeschossen hatte. Und weil jahrelang kein Lebenszeichen von ihm kam, musste ich glauben, dass er dabei umgekommen war. Nach dem Krieg blieb ich manchmal lange vor dem Schaufenster des Goldschmieds stehen, in dem dieses Medaillon lag. Dabei fiel ich dem Juniorchef auf, der sich in mich verliebte. Bei unserer Heirat legte er mir buchstäblich einen Teppich von Edelsteinen, Perlen und Schmuck zu Füßen, unter anderem diesen Goldfalter, das Gesellenstück meines unvergessenen Liebsten."

Die Frau schwieg eine Weile und schloss dann: „Erst viel später erfuhr ich, dass er lebte, aber sehr schwer verwundet worden war. Stell dir vor, er hat sich einfach nicht mehr bei mir gemeldet. Er meinte, dass ich ihn nicht mehr lieben würde, nur weil er keine Beine mehr hatte. Ach, dieser dumme Junge!"

Als ich der alten Dame das Medaillon zurückreichte, wehrte sie ab: „Behalte es. Mir hat es leider kein Glück gebracht. Ich hoffe, bei dir ist es anders."

Ich trug das Schmuckstück fortan stets unter meiner Kleidung um den Hals. Als meine Eltern es dann doch in meinem offenen Hemdkragen entdeckten, fragten sie natürlich nach seiner Her-

kunft. Mein Vater verlangte es mir ab und ging damit zu einem Juwelier, um es schätzen zu lassen. Zurückgekehrt erklärte er: „Dieses Ding ist aus purem Weißgold und die Steine sind gelbe Brillanten, unbezahlbar wertvoll! Wir müssen es sofort zurückgeben. So was kann nur jemand verschenken, der nicht ganz richtig ist im Kopf."
Er diktierte mir einen langen Brief, in dem ich mich ausführlich für meine Unbedachtheit entschuldigte, ein solches Geschenk unverdient angenommen zu haben, und schickte das Medaillon durch einen Boten an die alte Dame zurück.

Wenige Tage danach war ich erstmals nach längerer Zeit wieder auf dem alten Fabrikgelände mit meinen Kumpanen zusammen. Wir hockten in unserem Baumhaus. Eben wollte ich mit meinen verbundenen Fingern nach der Kippe fassen, die wir gemeinsam rauchten, da traf es mich wie der Blitz aus heiterem Himmel. – Ich sah einen *Alienus alifer* auf einem der Wildäpfel sitzen, die an den Zweigen im Wind schaukelten. Seine Flügelränder strahlten in der Sonne. Ich verbrachte eine Weile in starrer Verwunderung über diesen unerhörten Zufall, bis ich mir sicher war, dass mich meine Sinne nicht täuschten. Für einen Moment tauchte tatsächlich die Frage in mir auf, wer hier eigentlich wen verfolgte – ich ihn oder er mich? Wie konnte es sein, dass er schon wieder genau da erschien, wo ich gerade war? Ging das noch mit rechten Dingen zu? Den Blick wie gebannt auf den Falter gerichtet zog ich dem neben mir Sitzenden die Mütze vom Kopf und kletterte ins Geäst.

„Ach, unser Schmetterlingsprofessor", frotzelte einer. Man lachte spöttisch hinter mir. Jemand riss einen Apfel ab und schleuderte ihn mutwillig in die Zweige. Der Falter flatterte auf und verschwand.

„Du Idiot!“, brüllte ich. Mit schmerzenden Händen hangelte ich mich zum Boden hinunter und suchte die Baumkrone mit den Augen ab. Ich fühlte, dass das Tier noch in der Nähe war.

„Glotzt nicht, helft mir lieber!“, rief ich den anderen zu. Gemächlich stiegen sie vom Baum.

„Da“, sagte einer und zeigte auf die Wand hinter mir. Der Falter prangte weiß schimmernd auf dem Sims eines zugemauerten Fensters. Doch als wir nähertraten, kroch er in ein Loch, wo ein Ziegelstein fehlte. Weg war er. Enttäuscht stand ich da. Die anderen wollten schon wieder umkehren. Es gab ja keinen Zugang in diesen Gebäudetrakt. Allerdings war *er* jetzt da drin. Er saß also gewissermaßen in der Falle. Vorsorglich verstopfte ich sein Schlupfloch mit Knüllpapier. Ich überredete meine Kumpane, gewaltsam einen Durchbruch zu schaffen. Wir begannen, mit einem Eisenrohr gegen das vermauerte Fenster anzurennen. Es ging leichter als vermutet. Nach vier-fünf-sechs kräftigen Stößen polterten die ersten Ziegel ins Innere. Ich blickte in den vom einfallenden Tageslicht schwach erhellten Raum. Es war eine hohe Halle, vollgestellt mit rostigen Maschinenteilen und sonderbaren Gefäßen. In einer Ecke erhob sich auf einem Podest eine Art gewaltiger Sudkessel, über dem an starken Ketten sein stählerner Deckel hing. Auf großflächigen Tischen verzweigten sich Anordnungen von Stativen mit Gläsern, Röhren und Schläuchen. Überall standen oder lagen gläserne und metallene Behältnisse verschiedener Formen und Größen umher. An der offenen Tür eines mannshohen Panzerschrankes war ein Totenkopfsymbol zu sehen. Unser Gepolter hatte einige Fledermäuse aufgescheucht. Lautlos umschwirrten sie uns, als wir nacheinander auf den Boden des muffig riechenden Raumes sprangen. Zunächst verhängte ich das Mauerloch mit einer alten Decke, damit der Falter nicht entwischen konnte. Dadurch wurde es fast vollständig dunkel. Einer brachte eine Handvoll Kerzenstummel aus dem Baumhaus. Wir verteilten sie auf den Wandregalen. Die kleinen Flämmchen ließen uns jedoch nur das Notwendigste erkennen. Während sich die anderen nur für die geheimnisvollen Apparaturen interessierten, hielt ich nach dem Falter Ausschau. Irgendwo hier drinnen musste er sich ganz sicher befinden. Das schwächliche Kerzenlicht warf die flirrenden Schatten der Fledermäuse an die bröckligen Wände. Und auf einmal entdeckte ich ihn! Lichtblitze aussendend strich er dicht unter der Gewölbedecke entlang, die davon flackernd erhellt wurde.

„Da, seht ihr denn nicht!“, rief ich. Jetzt mussten zwangsläufig auch meine Freunde erkennen, dass es sich hier um ein ganz außergewöhnliches Tier handelte. Als sich der Schmetterling mit gefalteten Flügeln und daher erloschenem Licht an die Decke hängte, war er fast unsichtbar. Ich musste ihn dazu bringen, die unerreichbare Höhe zu verlassen. So ergriff ich eine herumstehende Metallflasche und schleuderte sie wie eine Keule zu ihm hinauf. Der Wurf löste große Stücke des brüchigen Putzes. Staubend prasselte er herab. Hunderte Fledermäuse veranstalteten nun ein flatterndes Inferno. Der Falter flog blitzartig im Zickzack zu dem Sudkessel. Er verbarg sich unter der Wölbung des hängenden Deckels. Auch dort konnte ich ihn nicht erreichen. Es wäre viel zu waghalsig, ihm da hinauf zu folgen. Also warf ich eine schwere Blechdose nach dem Deckel. Ihr Aufprall klang wie ein Glockenschlag. Doch der Falter kam nicht hervor. Er selbst war nicht zu sehen, aber der Lichtschein seiner Flügel beleuchtete die untere Deckelwölbung wie einen Lampenschirm. Ein zweiter Treffer blieb ebenfalls wirkungslos. Jetzt begannen auch meine Freunde zu werfen. Es entstand ein regelrechter Wettstreit. Ganze Salven von Bolzen, Winkeleisen und allen möglichen Gerümpelteilen ließen den Deckel erzittern. Unter dem heftigen Bombardement hörte sein Dröhnen gar nicht mehr auf, bis wir schließlich ermüdeten. Der Falter hatte sich jedoch nicht von der Stelle gerührt, als wüsste er genau, wie wenig ihm die Wurfgeschosse dort anhaben konnten. Was sollte ich tun? Abwarten, bis er sich endlich von allein zeigte? Das könnte Stunden dauern. Verschwitzt und ratlos starrte ich zu ihm hinauf. Und sein lockendes Leuchten ließ mich alle Vorsicht vergessen. Ich begann, den Sudkessel zu erklettern. Ich musste den Falter haben. Alles andere war mir egal. Ich achtete nicht darauf, dass ich meine gute Schulkleidung dabei durch Staub und Rost verdarb. Ich bedachte auch nicht die gefährliche Höhe, in die ich steigen musste. Hartnäckig Verbiss ich mir die Schmerzen in meinen Händen. Die Wunden brachen wieder auf. Sie bluteten durch die dreckstarrenden Verbände und hinterließen dort, wo ich hinfasste, feuchtdunkle Flecken. Als ich mit der Mütze zwischen den Zähnen an Ablasshähnen und Armaturen Halt und Tritt suchte, ließen die rostzerfressenen Aufhängungen des Kessels ein bedenkliches Knirschen hören. Ich trat auf einen Hebel, der unvermutet umklappte. Mein Fuß rutschte von ihm ab. Ein polternder Ruck ging durch die ganze Apparatur. Meine Hände klammerten sich irgendwo fest. Mit baumelnden Beinen hing ich an dem stählernen Koloss.

„Hör auf mit dem Blödsinn!“, hörte ich einen besorgten Warnruf. Doch ich fühlte mich dem Ziel schon viel zu nahe, um jetzt noch umzukehren. Mit aller Kraft zog ich mich hinauf. Und auf einmal hatte ich den Falter in einer Entfernung von kaum einer Armeslänge vor Augen! Blendend hell kam er unter dem Deckel hervorgekrochen. Jetzt hätte ich mit der Mütze nach ihm schlagen müssen, aber ich vermochte keine Hand zu lösen, weil meine beiden Füße keinen Halt fanden. Es war, als sähe mir der Falter direkt ins Gesicht. Er machte keinerlei Anstalten, vor mir zu fliehen, als wäre ihm bewusst, dass ich ihm jetzt nichts tun konnte. Mit einer übermenschlichen Anstrengung hievte ich meinen linken Arm über den Kesselrand, der nun schmerzhaft in meine Achsel drückte. Endlich konnte ich mit der rechten Hand die Mütze ergreifen. Ich hielt sie wie einen Kescher. Laut knackend brach eine durchrostete Halterung aus dem morschen Mauerwerk. Es gab einen heftigen Ruck. Um nicht abzurutschen, musste ich erneut mit der rechten Hand zufassen. Die Mütze trudelte in die Tiefe. Unten schrien meine Gefährten entsetzt durcheinander. Der Kessel geriet in Bewegung. Es knirschte. Der Abstand zwischen mir und dem Falter vergrößerte sich. Der tonnenschwere Behälter neigte sich so weit, dass ich mit den Füßen nicht mehr an ihn heranreichte. Ich konnte mich mit meinen verletzten Händen nicht länger festkrampfen. Meine Finger lösten sich aus ihrem Klammergriff. Der Kessel kippte. Ich fiel. Hart stürzte ich auf den Boden, mitten in einen Haufen scharfkantiger Behälter, gegen die ich mit der Stirn prallte...

Unsägliche Schmerzen brachten mich wieder zum Bewusstsein. Es war dunkel. Ich begriff, dass sich der Sudkessel über mich gestülpt hatte. Wie aus weiter Ferne hörte ich die Rufe meiner Freunde. Ich stützte mich auf meine Ellenbogen, aber ich konnte mich nicht fortbewegen. Mein rechtes Bein war eingequetscht. Ich spürte, wie der Boden von irgendeiner Flüssigkeit überspült wurde, die dem Geräusch nach zu urteilen aus einem Kanister blubberte. Ein beißender Geruch drang mir in Nase und Mund und machte mir das Atmen zur Qual. Weil ich die Luft aber nicht anhalten konnte, floss der ätzende Dunst als brennender Schmerz in meine Lungen. Meine Kräfte versiegten wie Wasser im Sand. Ich hatte das sonderbare Empfinden, zu fliegen, zu fallen, zu stürzen, jedoch nicht in einen Abgrund, sondern in eine unbeschreibliche Tiefe, die sich in mir selbst auftat. Der furchtbare Schmerz zerfloss dabei. Es war, als würde ich mit rasender Geschwindigkeit zusammenstürzen und dabei unentwegt kleiner und kleiner werden. Und obwohl ich schon so unvorstellbar winzig war, stürzte ich immer schneller, bis ich letztendlich verlosch wie ein fliegendes Fünkchen in einer unglaublich tiefschwarzen Nacht.

V. Ein Albtraum

Es war stockfinster um mich her, und ich hatte den Eindruck, als würde ich kopfüber hängend sanft schaukeln. Ich empfand eine wohlige Wärme. So verstrich die Zeit...

Irgendwann fiel mir auf, dass ich überhaupt nicht atmete, was jedoch keinerlei Beschwerden verursachte. Ich begann zu ahnen, dass ich wahrscheinlich gestorben sei. Aber das hatte absolut nichts Beunruhigendes an sich. Ich musste daran denken, dass meine Violine nun nie mehr meinem erzwungenen Bemühen ausgesetzt wäre. Das gefiel mir. Es war, als könnte ich diesen Gedanken wie einen Gegenstand von einem bequemen Sessel aus zurückgelehnt sitzend in Ruhe von allen Seiten betrachten.

Dass ich doch nicht ganz tot war, schlussfolgerte ich aus dem stetigen, zarten Ticken, das allmählich aus einer unbestimmbaren Quelle irgendwo tief in meinem Innern immer deutlicher spürbar wurde, so als hätte ich meine Armbanduhr verschluckt. Dabei vermochte ich mich absolut nicht zu rühren

– keinen Finger, keinen Zeh, keinen Ellenbogen. Es fiel mir einfach nicht ein, was ich tun müsste, um mich zu bewegen. Angestrengt dachte ich darüber nach, doch ich hatte es völlig vergessen. Mein Körper schien zwar noch da zu sein, aber ich wusste nicht, an welcher Stelle *ich mich in ihm* befand. Seine einzelnen Teile waren nicht mehr dort, wo sie eigentlich hingehörten. Ich glaubte, eines meiner Augenlider wäre überdimensional groß und befände sich an meinem linken Knie. Ein Fuß saß mir auf der Schulter, der andere ragte aus meiner Brust. Ein Auge blinzelte aus dem Bauchnabel hervor, der wie ein Blütenkelch auf der Kuppe meines linken Zeigefingers saß. Endlos lange suchte ich nach meinem Kopf. Ich fand eine Hälfte meines Gesichts in der Luftblase einer öligen Flüssigkeit, die langsam in meinem Oberschenkel emporstieg. Es vergingen Sekunden, Minuten, Stunden, Tage, Wochen, Monate, vielleicht... Jahre? – Ich weiß es nicht. Das eigenartige Ticken verstärkte sich. Mich überkam ein heftiger Bewegungsdrang, doch irgendetwas engte mich ein, so dass es meine durcheinandergewürfelten Gliedmaßen förmlich zusammenpresste. Eine unerträgliche Hitze spülte wie eine schäumende Welle aus Feuerflammen durch mich hindurch und verrauschte. Doch sie kehrte zurück und verbrühte mich abermals und dann tat sie es wieder und wieder, immer heißer und heißer. Um ihr zu entgehen versuchte ich, mich zu recken und zu strecken. Und da schienen die mich umschließenden Fesseln ein winziges Stück nachzugeben. Noch einmal nahm ich alle Kraft zusammen. Knirschend riss etwas über meiner Stirn entzwei. Oder war es meine Stirn, die gerissen war? Gewaltsam stieß ich den Kopf durch ein zäh nachgebendes Hindernis. Endlich wieder Licht! Ich konnte etwas sehen! Und mein ganzes Selbst wandelte sich innerhalb einer knappen Sekunde zu einem einzigen, unbändigen Staunen.

Die sonderbare Hülle, die mich umschloss, klebte an einem sehr langen Ast, der mit der Gemächlichkeit eines riesigen Baukranes hin und her schwankte. Von diesem Ast gingen keine Zweige ab, sondern es schaukelten mächtige Blätter an ihm, größer als ich selbst. Mir fiel ein daran hängendes, grünschimmerndes Gebilde auf, das aussah wie ein mannsgroßer Apfel. Wie mochte ich nur hierher gelangt sein? Und wie, um alles in der Welt, sollte ich von hier fortkommen? Mich begann zu beunruhigen, dass diese Hülle noch weiter aufreißen und ich hinausfallen könnte. Unwillkürlich fasste ich nach ihrem zerschlissenen Rand, um mich daran festzuhalten, doch… Großer Gott! Wie unvorstellbar schauderhaft! Ich erstarrte. Eine geraume Zeit versuchte ich zu begreifen, was ich nun sah und fühlte. Was ich eben hervorgebracht hatte, waren keine Arme und Hände! Fassungslos betrachtete ich einmal diese, einmal jene der stockdürren Gliedmaßen. Als ich meine Finger zu bewegen versuchte, krümmten sich die grauenhaften Haken an den Enden dieser Extremitäten. Ich wollte die Augen schließen, um das alles verschwinden zu lassen, aber das gelang mir nicht. Ich glaubte weinen zu müssen, doch mir war die Kehle wie zugeschnürt. Ich wollte schreien. Auch das funktionierte nicht. Ich war einfach nicht in der Lage, den Mund zu öffnen. Ich musste unbedingt Luft holen – unmöglich. Ich wand mich in quälender Erstickungsnot, doch vergebens. Ich geriet in Panik. Mich überkam Todesangst. Da wurde mir bewusst, dass ich ja träumte. Natürlich träumte ich, denn was ich hier erlebte, *konnte* nicht wahr sein. Die Realität sah schließlich ganz anders aus. Ich klammerte mich an diesen Gedanken wie an einen Rettungsanker. Augenblicklich beruhigte ich mich.

‚So ein verrückter Traum!‘, dachte ich erheitert. ‚Aber ich muss jetzt unbedingt aufwachen, sonst ersticke ich!‘

Die anhaltende Luftnot peinigte mich unsäglich. Meine Heiterkeit verflog wieder. Auf einmal zweifelte ich daran, dass ich träumte. Der Rettungsanker-Gedanke entglitt mir. Nahe daran, das Bewusstsein zu verlieren, fiel mir endlich ein, dass Schmetterlinge durch den Hinterleib atmen. Mit letzter Kraft zerrte ich, ich weiß nicht mehr wie, den Rest meines feuchtwarmen Körpergebildes aus der schmierigen Hülle und setzte es dem lauen Wind dieses trüben Tages aus. Erfrischende Atemluft strömte durch schlitzartige Öffnungen in mich hinein. Unsicher im Gebrauch der Insektenbeine hangelte ich den schwankenden Riesenzweig empor und blieb dann unter einem dieser gewaltigen Blätter hängen. Die Glieder zitterten stark. Ich spürte die ziehende Last irgendwelcher grauweißer Fetzen, die mir wie ein nasser Mantel am Rücken baumelten.

‚Aufwachen! Aufwachen!‘, dachte ich immer wieder. ‚Warum wache ich denn nicht endlich auf?‘

Ich weiß nicht, ob es Minuten oder Stunden waren, die ich so zubrachte. Ich weiß nur, dass ich die ganze Zeit auf das Ende dieses Traumes gewartet hatte. Doch das kam einfach nicht. Irgendwann war die Feuchtigkeit aus den vermeintlichen Stofffetzen gewichen. Ihr Gewicht spürte ich kaum noch. Sie hatten sich straff als Flügel entfaltet. Ihre Oberflächen zeigten ein silbriges Weiß, ihre oberen Ränder ein blinkendes Gold. Mir kam in den Sinn, dass ich möglicherweise fliegen könnte. Eigentlich wollte ich es nur ganz vorsichtig probieren, doch diese steifen Schwingen schlugen gleich ein paarmal so heftig auf und nieder, dass ich Mühe hatte, mich an der bröckligen Rinde festzukrallen. Ich fürchtete mich zu sehr davor, mich von dem Zweig zu lösen.

‚Ich brauche keine Angst zu haben‘, redete ich mir ein. ‚Mir kann gar nichts passieren. Ich träume das alles nur.‘

Doch vorsichtshalber unterließ ich weitere Flatterversuche und verstärkte den Griff der Klammerhaken. Das Festhalten fiel mir auffallend leicht. Es kostete in der Tat nicht mehr Anstrengung, als auf einem weichen Sofa zu liegen.

Etwas schien mit meinen Augen nicht in Ordnung zu sein. Die nähere Umgebung im Umkreis von wenigen Metern erkannte ich zwar ausgesprochen deutlich, nahezu mit mikroskopischer Klarheit, doch was sich in weiterer Entfernung befand, sah ich nur nebelhaft verschwommen. Die grauen Wolken am Himmel ließen sich bloß erahnen, der dunkle Streifen über dem Grün der Wiese war vermutlich ein Wald und die hell bewegte Fläche am Fuße des Hanges musste wohl ein Gewässer sein. Um zu sehen, was hinter mir geschah, brauchte ich mich nicht umzuwenden. Es genügte, die Aufmerksamkeit in die gewünschte Richtung zu lenken. Mein Kopf schien aus einem Material zu bestehen, das durchsichtiger war als Glas.

Die leere Hülle unter mir knisterte leise, während sie allmählich austrocknete. Dabei verlor sie ihren intensiven Geruch, der mich irgendwie an warme Milch erinnerte. Für einen Moment bedauerte ich, dass ich nicht mehr in sie zurückkehren konnte. Ich hatte wunderbar in ihr geruht. Bevor mich diese Hitzewallungen aus ihr vertrieben hatten, war eine so friedliche Wärme darin gewesen, wie in einem wiegenden Schoß. Mein Gliederzittern legte sich allmählich. Mir fielen die letzten Augenblicke in der Fabrikhalle ein – wie ich unter dem Kessel lag, wie die ätzende Flüssigkeit ausströmte, wie ich qualvoll erstickte wie ein Falter im Giftglas. Aber was war danach geschehen? Warum nur konnte ich mich nicht daran erinnern?

Urplötzlich stieß irgendetwas so heftig an den Zweig, dass es mich wie eine reife Frucht herunterschüttelte. War es ein großer

Vogel gewesen oder ein herabfallender Ast? Jedenfalls stürzte ich trudelnd in die Tiefe. Ich drehte mich, ich wirbelte immer schneller in schwindelerregendem Tempo um mich selbst. Dennoch wurde mir nicht schwindlig. Hilflos zappelte ich mit den Beinen. Im nächsten Augenblick erwartete ich den wuchtigen Aufschlag auf den Boden. Ich hatte eine irrsinnige Angst davor. Wieder überkam mich das Bedürfnis, die Augen zu schließen. Es blitzte der Gedanke in mir auf, dass ich möglicherweise von dem Aufprall erwachen würde. Doch ich fiel ungeahnt lange, wobei ich mehrfach sanft abfedernd an Blätter und Zweige stieß. Da besann ich mich meiner Flügel. Ich begann zuerst zaghaft, dann hastig mit ihnen zu schlagen. Und ich flog! Ich hatte den wirbelnden Sturz abgefangen. Ich konnte fliegen, wie man eben nur in einem Traum fliegen kann. Ich tat es, ohne zu begreifen, wie ich es überhaupt anstellte. Anfangs glich das vermutlich der waghalsigen Vorführung eines Kunstflugpiloten. Ich Schoss steil nach oben, stand in der Luft still, sank wieder herab und schraubte mich kopfüber schräg ansteigend empor. Schnell merkte ich, dass ich mich nur auf die Richtung zu konzentrieren brauchte, die ich einschlagen wollte, und es gelang mir ganz gut. Wegen einer aufkommenden Höhenangst kreuzte ich in Bodennähe knapp über den Spitzen riesiger Grashalme umher. Noch recht ungeschickt und abrupt wich ich Krautgewächsen und Blumen aus, deren gewaltige Größe mich erstaunte. Auf einmal tauchte der zerklüftete Stamm des Baumes vor mir auf, aus dessen Krone ich gestürzt war. Beeindruckt von seiner Riesenhaftigkeit umkreiste ich ihn und strich dann weiter über die abschüssige Wiese hinweg. Ich hörte ein gleichmäßiges Plätschern und überflog im nächsten Moment einen Wasserfall, der einem gespaltenen, von mächtigen, weißen Kletterrosen überwachsenen Felsen entquoll. Von dem darunter wogenden Teich schlängelte sich ein klarer Fluss durch den kräuternen Urwald. Als ich mich ein wenig sicherer fühlte, wagte ich mich weiter in die Höhe. Das brachte mir aber wegen der leidigen Kurzsichtigkeit nicht den erhofften Rundblick, um festzustellen, in was für einer Traumlandschaft ich mich hier eigentlich befand. Ich stieg noch weiter auf. Über den Baumwipfeln kam es mir vor, als wäre ich in einen bunten Nebel geraten, in dem die außergewöhnlich leuchtenden Farben des Himmels, der Wiese, des Waldes und des Gewässers ineinander verschmolzen. Als ich tiefer gleitend die Gräser, Kräuter und Blumen wieder scharf erkannte, strebte ich der Wasserfläche zu, die ich deutlich roch. Überhaupt wehten hier äußerst klare Düfte umher, von denen ich allerdings nur die wenigsten zu identifizieren vermochte und die ständig abrupt wechselten. Ich durchstieß sie gewissermaßen wie Schichten aus papierenen Wänden. Doch ich stellte fest, dass ich mich in einem Duft auch länger aufhalten konnte, wenn ich ihm folgte, bis er sich in imaginäre Streifen teilte und zerfloss. Es war unvorstellbar verblüffend, mit den Fühlerspitzen zu riechen, durch die ich ja gar nicht atmete. Es wäre für einen Menschen ungefähr damit zu vergleichen, einen Geruch mit den Fingerspitzen zu ertasten. Ich wunderte mich, wie tragfähig und wie zäh ich die Luft empfand, in der ich durch all diese Gerüche schwebte. Unversehens erhob sich ein dichter Wald von Schilfhalmen vor mir. In dem rauschenden Wind rieben sich die biegsamen Stämme mit einem Geräusch aneinander, das ich noch nie vernommen hatte und das in meinem Gehör auf unerklärliche Weise wie eine Warnung klang. Weil ich darum vermeiden wollte, zwischen die Halme zu geraten, flog ich über sie hinweg. Kurz darauf sah ich unter mir das verschwommene Spiegelbild eines flatternden Schmetterlings. Nahe beim Schilf lagen Seerosenblätter wie grüne Riesenteller auf dem Wasser. Bei meinem viel zu steilen Landeanflug fiel ich tollpatschig aufs Gesicht. Ich empfand den Schmerz des Aufpralls. Und ich wachte trotzdem nicht auf! Diese ungeheuerliche Deutlichkeit des Traumes stimmte mich bedenklich. Ernüchtert rappelte ich mich auf. Nachdem ich mich ein bisschen erholt hatte, kroch ich an den Blattrand und beugte mich über den Wasserspiegel. Ich erschauerte. Ein grässlicher Kopf mit übergroßen, starren Augen! Aus seiner Stirn ragten zwei mit Riechkolben versehene Fühler. Etwa an der Stelle, wo bei einem Menschen die Nasenwurzel ist, befand sich ein eingerollter Saugrüssel. Darunter krümmten sich diese zangenartigen Geschmacksorgane, die sogenannten Palpen. Vollends verunstaltet wurde das Antlitz durch widerliche Borsten, die starr aus ihm hervorsprossen. Ich versuchte, die Fühler zu krümmen. Das monströse Spiegelbild machte die Bewegung mit. Mir wurde es unheimlich zumute. War das denn wirklich nur ein Traum? Ich hatte genug! Schluss! Ende! Mir reichte es! Ich wollte endlich aufwachen! Ich hatte wirklich keine Lust mehr, noch länger in der Gestalt dieses grässlichen Geschöpfes zu stecken. Eines meiner Vorderbeine hob sich nun und fuhr mit einer heftigen Bewegung durch das Wasser. Ich wollte das Traumbild zerstören, es verwischen, es zerrinnen lassen... Doch es blieb, wo es war. Es zitterte nur ein wenig. Ich konnte mit den dürren Gliedern, die nahezu widerstandslos durch die Flüssigkeit glitten, keine Wellen erzeugen. Ich zuckte zurück, als drei, vier, fünf kapitale Wasserläufer an mir vorbeihuschten. Ihre schnellen Schritte hörten sich an, als würde jemand mit aufgeblasenen Backen und einem Schluck Flüssigkeit im Mund heftig den Kopf schütteln. Ich kauerte mich in die Mitte des Blattes und blieb dort sitzen, so starr wie nur Insekten dasitzen können, bewegungslos wie tot. Auch meine Gedanken lagen in tödlicher Starre, als wagten sie nicht, sich zu regen wie Würmer in der Erde, wenn sie über sich das Krächzen der Krähen hören. Ein kleines Tier mit knittriger, bräunlicher Lederhaut, ein Körper wie eine schlaffe mit Schleim gefüllte Blase, hievte sich mit gliederlosen Beinen über den Blattrand und kroch ruckweise auf mich zu. Vermutlich war das eine Milbe. Angeekelt versetzte ich ihr einen Tritt, der sie unsanft ins Wasser zurückbeförderte. Sie gab einen empörten Piepser von sich. War es tatsächlich möglich, so etwas zu träumen? Mein Verstand verharrte hilflos in einem Kreis von unbeantwortbaren Fragen, die sich wie ein Karussell um mich drehten: Weshalb wache ich nicht auf? Was kann ich tun? Wann klingelt endlich der Wecker?

Irgendwie kam es mir so vor, als würde mein Seerosenblatt aufschaukeln. Dieses kaum spürbare Wackeln unter meinen empfindsamen Klammerhaken war wie ein Achtungszeichen für mich. Meine sechs Beine spannten sich ganz unwillkürlich zum Sprung. Ohne mich zu bewegen ließ ich meinen Blick suchend in die Runde schweifen. Da erblickte ich hinter mir knapp über dem Blattrand zwei gelbgrüne Glubschaugen mit schwarzen Pupillenspalten, die mich – wer weiß, wie lange schon? – regungslos fixierten. Plötzlich wusste ich, dass gleich etwas passieren würde. Einer Stahlfeder gleich schnipste ich in die Höhe. Gleichzeitig Schoss etwas blitzartig wie eine Gummischlange aus einem weit aufgesperrten Rachen hervor. Klebriger, scharf riechender Schleim spritzte mir auf Leib und Flügel. Das Ding hatte mich nur knapp verfehlt. Hastig strebte ich aufwärts. Von oben sah ich, wie ein gewaltiger Frosch seine überlange Zunge schmatzend in seinem Schlund verstaute. Schwerfällig platschend zog er sich ins Schilf zurück. Ich spürte mein Herz rasen. Mir wurde klar, dass eben eine Tausendstelsekunde zu meinen Gunsten entschieden hatte.

‚Was wäre passiert', überlegte ich, ‚wenn mich dieses Vieh erwischt hätte? Vielleicht wäre ich aufgewacht, wenn ich von dieser Kleisterzunge in seinen Schlund gezerrt worden wäre und die Magensäure mich zu zerfressen begonnen hätte. Der Schmerz wäre viel zu stark gewesen, um einfach weiterzuschlafen!'
Vorsichtshalber kehrte ich dem gefährlichen See den Rücken.

Auf der Hangwiese erhob sich ein mächtiges Gewächs, das ich aus meiner Perspektive in seiner Gesamtheit kaum überschauen konnte. Als ich es in einer aufsteigenden Spirale umkreiste, erkannte ich, dass es eine zerklüftete, knorrige Pappel war. Einige verkohlte Äste, die einen schwach brandigen Geruch verströmten, ragten kahl aus der sonst dichtbelaubten Krone. Ich ließ mich auf dem dunklen Holz nieder, weil ich den Platz für übersichtlich hielt. Hier konnte sich vermutlich keine ungebetene Gesellschaft verbergen. Doch kaum hatte ich an der senkrechten Fläche einen Halt gefunden, rauschte etwas an mir vorbei. Unwillkürlich klappte ich meine Fühler ab. Ein Falter, ein *Parnassius apollo*, ebenso groß wie ich! Er blieb flatternd in der Luft stehen und wandte mir sein abscheuliches Antlitz zu. Ich flüchtete entsetzt. Am Boden verkroch ich mich unter dem abgeknickten Blatt einer Staude, deren Duft entfernt an kalte Kohlsuppe erinnerte. Möglicherweise war es Sauerampfer. Ich blieb sehr lange dort sitzen. Mitunter huschten irgendwelche Wesen, die ich meist nicht identifizieren konnte, durch die umstehenden Grasstämme. Ganze Kolonnen von Blattläusen wanderten an den Halmen auf und ab. Mehrere Rudel Ameisen trappelten nicht weit entfernt vorüber. Sie schleppten längliche Gegenstände, die größer und offenbar schwerer waren als sie selbst und von denen einer so aussah wie der andere. Ich musste ziemlich lange überlegen, bis ich darauf kam, worum es sich dabei handelte; es waren riesige Tannennadeln. Mir fiel auf, dass die Tiere stets in der annähernd gleichen Spur blieben. Wenn Hindernisse im Weg lagen, überkletterten sie diese ungeachtet ihrer unhandlichen Last, selbst wenn es wesentlich bequemer gewesen wäre, sie einfach zu umgehen. Ein schwarzgepanzerter Käfer bewegte sich schnüffelnd vorüber, ähnlich einem Hund, der eine Spur wittert. Als er mich bemerkte, hob er kurz den Kopf und setzte seinen Weg fort. Die gesamte grobkörnige Erde um mich herum schien von raschelndem Leben erfüllt zu sein. Obwohl es mir auch an diesem Platz nicht geheuer war, brachte ich dort wohl etliche Stunden zu. Plötzlich umgab mich ein dröhnendes Rasseln, so ohrenbetäubend laut, als stünde ich mitten in einem ganzen Orchester von extatischen Schellenschlägern und Schnarrendrehern. Ich sah den vibrierenden Körper einer riesigen Grille neben mir, die anscheinend vom Himmel gefallen sein musste. In heillosem Schrecken floh ich auf und davon.

Der Abend dämmerte. Und es gab keinerlei Anzeichen für ein baldiges Ende dieses fürchterlichen Traumes. Ich musste mich also wohl oder übel darauf einrichten, in dieser unwirklichen Landschaft im Freien zu übernachten. Im dichten Blattwerk eines Schlehdornbusches suchte ich Schutz. In der zunehmenden Dunkelheit bemerkte ich, dass meine Flügelränder zu leuchten begannen. Anfangs war es mir recht, nicht im Finstern hocken zu müssen, doch der Gedanke, dass ich dadurch für jedwedes Raubgezücht eine weithin sichtbare Beute abgab, ließ mich die Schwingen dann doch zusammenpressen, so dass das Licht nur noch schwach durch ihr Geäder schimmerte. Furchtsam lauschte ich dem Knistern und Wispern der anbrechenden Nacht. Zuweilen glaubte ich, von irgendwoher Stimmen zu hören, ja sogar einzelne Wortfetzen zu verstehen, doch schrieb ich das meinen überreizten Sinnen zu. Ich war furchtbar erschöpft und wurde bald sehr, sehr müde.

Auf einmal ist alles anders. Ich bin in einem erleuchteten Raum. Ich liege in einem weißbezogenen Bett. Fremde Menschen. Gesichter, die sich über mich beugen. Gedämpftes Sprechen. Ich spüre mein Herz in der Brust wummern wie ein galoppierendes Pferd. Ich wundere mich, dass es mit jedem Schlag ein Piepsen ertönen lässt. Dann sind die fremden Menschen fort. Nur meine Mutter ist noch da, die meine Hand hält.

„Mama", flüstere ich kraftlos, „ich hab' keine Lust mehr auf diesen Traum."

Da hört das taktmäßige Piepsen auf und weicht einem langgezogenen Ton. Ich vernehme alarmierende Rufe, hastendes Rennen, hektische Betriebsamkeit, als befände sich jemand in höchster Gefahr.

Im Aufwachen wollte ich mir mit den Händen die Augen reiben und glitt dabei mit den kratzigen Vorderbeinen über das harte Insektengesicht. Verwirrt fand ich mich im Gezweig dieses Strauches wieder. Hatte ich das eben geträumt? Kann man denn in einem Traum träumen? Oder war ich im Gegenteil etwa für einen kurzen Moment wach? Der langgezogene Ton zerrte meine Gedanken in die Wirklichkeit zurück. Der war noch immer da. Er kam aus dem oberen Blättergewirr und klang wie ein Hilfeschrei in allerhöchster Not. Beunruhigt öffnete ich meine Schwingen und spähte bei ihrem Schein durch die Zweige. Erstaunt bemerkte ich über mir ein Geflecht aus glitzernden Seilen, das vorhin noch nicht dort gewesen war; ein Spinnennetz. Eine Fliege hatte sich darin verfangen. Verzweifelt mühte sie sich, die klebrigen Schnüre abzustreifen. Da hastete auch schon eine abscheuliche Spinne aus ihrem Versteck hervor. Die Fliege schrie derart entsetzlich, dass das Gezweig ringsumher vibrierte. Die Spinne zeigte sich davon unbeeindruckt. Ihre Bewegungen verrieten im Gegenteil eine freudige Erregung. In Windeseile packte sie zu und umwand das arme Fliegentier mit einer nicht enden wollenden Schnur, die sie mit einem Geräusch, das dem Quietschen einer Tür glich, aus ihrem borstigen Hinterteil hervorzog. Es dauerte eine Weile, bis die Gliedmaßen ihrer Beute so gefesselt waren, dass sie sich nicht mehr bewegen konnten. Erschauernd sah ich, wie die Spinne dem nun völlig wehrlosen Opfer unversehens ihre stahlharten Fresszangen in den Rücken schlug, dass es knirschte. Blut perlte über ihr achtäugiges Antlitz. Mit einer unbändigen Gier presste sie die eingerollte Fliege an sich und begann schlürfend zu saugen. Dass ich sie dabei anleuchtete und mich somit als Zeuge dieser Mordtat zu erkennen gab, schien sie nicht im mindesten zu kümmern. Das Schreien der Fliege verebbte. Die kleinen Facetten ihrer Augen stülpten sich ein und verloschen gewissermaßen wie ein Wald aus tausend Laternen, denen einzeln der Strom abgedreht wird. Ihr Rüssel zuckte noch ein paarmal, dann erschlaffte er und baumelte kraftlos herab. Mir wurde übel. Ich hastete durch das Blattwerk nach draußen und flatterte in die Dunkelheit.

Zuerst konnte ich so gut wie gar nichts erkennen. Ich bemerkte lediglich schräg oben einen verschwommenen Schein, bei dem es sich vermutlich um den Mond handelte. Doch auf einmal stellte ich fest, dass mich irgendetwas in meinem Kopf Dinge wahrnehmen ließ, die sich sogar in recht weiter Entfernung befanden. Deutlich konnte ich die Umrisse und Strukturen von Bäumen, Sträuchern, Gräsern und Steinen… nein, nicht sehen, doch auf unerklärliche Weise *empfinden*, so ähnlich, als würde man mit verbundenen Augen ein sich stetig wandelndes Relief ertasten. Und mir fiel ein, dass sich manche Nachtfalter mittels Ultraschall orientieren.

Ich wollte mich erst einmal irgendwo niedersetzen, um mich vom Schock des grauenhaften Erlebnisses zu erholen. Doch ich stutzte, als mir eine Lichtquelle auffiel, die sich in allernächster Nähe befand. Interessiert bewegte ich mich darauf zu und erstaunte. Es war eine gewaltige Stalllaterne, die auf einem Felsgipfel stand. Durch ihre von Schmutz und Rauch getrübten Scheiben sah ich, dass die darin flackernde Kerze fast niedergebrannt war. Ein Schwarm unterschiedlich großer Motten wirbelte brausend um sie herum. Mit einer von ihnen wäre ich fast zusammengestoßen. Sie hielt genau auf die Kerzenflamme zu. Mit lautem Klicken prallte sie frontal gegen das Glas. Betäubt und mit einem gebrochenen Fühler stürzte sie auf den Felsen und rollte von dort ins Gras. Die anderen blieben von diesem schlimmen Unfall völlig unbeeindruckt. Die Tiere schienen von einer starken Erregung gepackt und daher verwirrt zu sein. Ich hielt es für besser, ein wenig Abstand von ihnen zu halten. Mir kam der Gedanke: Wo eine brennende Laterne ist, können Menschen nicht weit sein. Ich folgte einem in zerfließenden Wellen wahrnehmbaren Duft. Bald darauf stellte ich fest, dass dies die Witterung eines atmenden Wesens war. Zunächst wagte ich nicht, mich ihm zu nähern. Mein lichtflakkernder Flug würde unweigerlich seine Aufmerksamkeit erregen. Womöglich könnte es sich erschrecken und nach mir schlagen. So flatterte ich in sicherem Abstand ein wenig hin und her und auf und ab, um erst einmal festzustellen, ob es mich bemerkt hatte und was es in diesem Fall tun würde. Es passierte jedoch nichts. Vorsichtig schwebte nah heran. Der Mensch lag, den Kopf gegen ein Bündel aus grobem Stoff gelehnt, in einer Talmulde und schien zu schlafen. Ich überflog sein Gesicht, das ich wegen seiner Größe nur abschnittsweise erkennen konnte. Im Flackerschein meiner Flügel, der zuckende Schatten darauf warf, betrachtete ich seine geschlossenen Augenlider, aus denen ein dichter Zaun von Wimpernhaaren hervorspross. Ich sah die grobschlächtig zerklüftete Haut seiner Wangen, die gewaltige Nase und den Mund mit den breiten, leicht geöffneten Lippen.

Ob ich mich diesem Burschen vielleicht durch Lichtzeichen verständlich machen könnte? Ich hockte mich auf die Spitze eines Schuhes, der unter einer Decke hervorlugte. Da spürte ich ein Rascheln unter dem dicken Leder, als hätte er im Schlaf mit seinen Zehen daran geschabt. Mich überkam das unbestimmte Gefühl, als würde mich jemand anstarren. Vorsichtshalber klappte ich meine Leuchtflügel zusammen. Da! Eine schnelle Bewegung! Ein Geräusch, als würde sich ein Vogelschwarm nähern! Aufspringend flatterte ich los. Zu spät! Ein engmaschiges Netz senkte sich über mich und drückte meine Flügel nieder. Schlagartig wurde mir klar, dass mich hier nichts Gutes erwartete. Unverzüglich trat ich den einzigen Fluchtweg an, der mir blieb; ich krabbelte in eines der Hosenbeine und krallte mich an der Socke fest. Meine Vermutung bestätigte sich. Der Mensch zog seine Beine unter dem Fangnetz hervor und richtete sich auf. Augenblicklich ließ ich mich ins Gras fallen. Als er zur Laterne stapfte, schwirrte ich in entgegengesetzter Richtung davon.

Ich tauchte ins duftende Gezweig des Wildapfelbaumes ein, wo ich mich endlich von all den erlebten Schrecken erholen konnte und todmüde an ein Blatt gekrallt einschlief.

VI. Angst und Schrecken

Das Morgengrauen weckte mich mit seinem frischen, feuchtkühlen Hauch. Die Hoffnung, in meinem warmen, weichen Bett zu erwachen, hatte sich leider nicht erfüllt. Wider meinen Willen drängte sich die bitterböse Traumszenerie, in der ich schon so ungewöhnlich lange weilte, in mein Bewusstsein und erzeugte in mir ein Gefühl wie beim Schlucken einer abscheulich schmeckenden Medizin. Fröstelnd blickte ich mich um. Mächtige Tautropfen wabbelten an den Blattspitzen, die im Wind zitterten. Einen Moment lang wunderte ich mich darüber, welche Kraft das Wasser in diese Kugelform zwang und weshalb es nicht einfach zu Boden floss. Die Flügel auf meinem Rücken fühlten sich klamm und schwer an. Ich reckte meine dürren Glieder, um ihre Beweglichkeit zu prüfen. Unsicher flatterte ich aus der Baumkrone hinaus. Zunächst schaute ich nach diesem Menschen, der mich zu fangen versucht hatte, aber der war nicht mehr da. An dem bewussten Platz am Hang war eine ziemlich große Grasfläche völlig niedergedrückt und zertrampelt worden. Ich fand eine Menge abgebrannter, balkendicker Zündhölzer und deren geleerte Transportkiste. Auf dem Stein wo die Laterne gestanden hatte, pappten dicke Spritzer von Kerzenwachs. Also hatte ich die nächtliche Begegnung nicht geträumt. Oder doch?

Ich blieb auf dem Stein sitzen und dachte lange nach. Auch wenn ich dabei zu keiner befriedigenden Klarheit gelangte, wurde mir bewusst, dass irgendetwas mit diesem Traum nicht stimmen konnte. Was ist das für ein Traum, in dem man träumt, dass man einschläft, in dem man träumt, dass man erwacht, in dem man Angst, Abscheu und Schmerz empfindet, ohne *wirklich* aufzuwachen? Ich nahm mir vor, mich auf alle Fälle so zu verhalten, als wäre das, was ich nun erlebte, die Wirklichkeit. Und wenn ich es recht besah, dann glich dieses Erleben auf bedenkliche Weise immer weniger einem Traum. Es unterschied sich im Wesentlichen von meinem menschlichen Dasein lediglich durch die geänderte Perspektive, durch den Blickwinkel meiner Kleinheit, aus dem heraus ich nun in die Welt blickte. Und ich entschied mich endlich dazu, diesen anbrechenden Tag nicht wie den gestrigen in irgendwelchen Sträuchern oder unter Blättern hockend zu vertrödeln, sondern mich auf die Suche nach meinem Zuhause zu machen. Denn wenn ich es fände, so redete ich mir ein, würde mich die vertraute Umgebung, würde mich die durch das Fenster meines Zimmers scheinende Morgensonne, würde mich das Weckerklingeln oder spätestens die singende Stimme meiner Mutter mit ihrem üblichen „Aufstehen, Langschläfer!“ garantiert aufwecken. Ja, das war die Lösung: Ich musste nach Hause! Was sonst? Obwohl ich nicht wusste wohin ich mich wenden sollte, brach ich entschlossen auf.

Nachdem ich die Wiese hinter mir gelassen und ein Waldstück überflogen hatte, sah ich unter mir ein blassgrünes Wogen, das sich in der Ferne und im Nebel meiner Kurzsichtigkeit verlor – ein windbewegtes Getreidefeld. Heftige Böen warfen mich fortwährend aus der geraden Flugbahn und erschwerten es mir, den eingeschlagenen Kurs zu halten. Verbissen mit den Flügeln schlagend strebte ich weiter und immer weiter vorwärts. Ein Schatten huschte in hohem Bogen über mich hinweg. Ich erschauerte, als ich erkannte, was es war. Eine mächtige Schwalbe! Sie wendete und Schoss rasend schnell auf mich zu. Großer Gott! Ich hatte nur den Bruchteil einer Sekunde Zeit, um zu begreifen, dass sie es auf mich abgesehen hatte. Meine Flügel reagierten nahezu automatisch. Sie klappten sich zusammen. Ich stürzte kopfüber ins Getreide. Ich wirbelte herum, trudelte abwärts, stieß unsanft gegen die Halme und prallte endlich auf den grob zerklüfteten Erdboden. Noch ganz benommen sah ich, wie die Schwalbe aus dem Standflug zu mir herunterspähte. Doch sie schätzte wohl ab, dass die Getreidehalme zu eng für sie standen und schwang sich schließlich davon.

Am Feldrain traf ich auf einen Sandweg. Ich folgte ihm in der Annahme, dass er zu einer befestigten Straße mit Schildern und Wegweisern führte. Der Weg verlief zunächst am Feld entlang. Dann jedoch wurde er immer weniger klar erkennbar und setzte sich bald nur noch in der Reifenspur eines Traktors fort, die schließlich in zahlreichen Windungen auf einem unüberschaubar weiten Acker verebbte. Spätestens hier verlor ich mein letztes Quäntchen Orientierung, die sich ohnehin nur auf die ungefähre Richtung beschränkte, in die ich mich bewegte. Ich überquerte eine sumpfige Wiese. Ich flatterte über einen Pflanzenteppich, der ein stilles Gewässer bedeckte. Ich folgte dem schnurgeraden Lauf eines künstlich angelegten Wassergrabens, der in den dunklen Tunnel einer Betonröhre mündete. Ich floh in heillosem Schrecken vor monströsen Insekten, wahrscheinlich Libellen, die meinen Weg kreuzten. Und immer wieder zwangen mich plötzlich auftauchende Vögel ins nächstbeste Gesträuch zu huschen, wo ich oft lange verharrte, um sicherzugehen, dass sie mir nicht auflauerten. Ich flog einen Waldweg entlang. In einem Gebüsch sah ich ein achtlos hingeworfenes Fahrrad liegen. Ich setzte mich auf seine Klingelglocke und überlegte, ob ich vielleicht warten sollte, bis sein Besitzer käme. Dann könnte ich mich unbemerkt an den Rücken dieses Menschen heften, um so in ein Dorf oder eine Stadt zu gelangen. Doch die krümeligen Rostflecken, die das Metall bedeckten, und das Kraut, das die Speichenräder umwucherte, ließen mich erkennen, dass dieses Fahrrad schon lange nicht mehr benutzt worden war.

Der Waldweg führte in eine dichte Tannenschonung hinein und ging dort in einen schmalen Fußpfad über, welchem zu folgen mir nicht mehr lohnend erschien. Lange, sehr lange irrte ich in dem Wald umher, wo ich einige Male in letzter Sekunde den überall aufgespannten Spinnennetzen auswich, die in dem schattigen Dämmerlicht kaum zu erkennen waren. Ich versuchte mit dem Wind in gerader Linie über den Baumwipfeln zu segeln, aber es kreisten da in der Höhe zu viele Vögel umher. So tauchte ich wieder ins Gewirr der Äste und Zweige herab, die ich umkurven musste, was auf Dauer ziemlich ermüdend war und wobei ich mir wie auf einer nicht enden wollenden Achterbahnfahrt vorkam. Als ich einmal auf einer Tannenspitze saß, um kurz auszuruhen, sah ich die Sonne durch einen Wolkenriss blinken. Verwundert stellte ich fest, dass sie den Zenit bereits überschritten hatte. Die Zeit schien doppelt so schnell dahinzufliegen wie ich selbst. Unversehens lichtete sich der Wald vor mir. Ich erblickte einen Bahndamm, Schienen, zwei parallele Straßen aus Eisen, die mir nun endlich meine Richtung wiesen. Mit neuer Kraft flatterte ich voran. Schwelle um Schwelle zog unter mir vorbei wie ein flimmernder Film, wie Treppenstufen, auf denen ich meinem Ziel entgegenstieg. In der Monotonie meiner Bewegungen verschwamm mein Zeitgefühl. Das Heimweh trieb mich an, wie ein laufender Motor. Auf einmal erhob sich ein anschwellendes Sirren. Eine drückende Spannung lag in der Luft, als würde sie zusammengepresst. Die Schienen begannen zu vibrieren, als würde elektrischer Strom in sie eingeleitet.

‚Ein Zug!', Schoss es mir mit freudigem Schreck durch den Sinn. Jetzt könnte ich auf bequemste Art weiterreisen, so dachte ich. Am besten ich würde mich oben auf die Lokomotive setzen. Die Landschaft würde sanft und schnell an mir vorübergleiten. Ich würde meine Flügel wie Fahnen im Fahrtwind wehen lassen. Oder ich könnte mich auch an ein Fenster klammern. Vielleicht würde ich Menschen durch die Scheibe sehen? Vielleicht könnte ich ihnen mit den Flügeln zuwinken? Und sie würden auf den mitreisenden Schmetterling deuten und mich mit freundlichen Gesichtern betrachten. Vielleicht wäre mir ja schon der nächste Bahnhof bekannt, so dass ich dort absteigen und mit dem nächsten Zug weiterfahren könnte? Flatternd wandte ich mich um. Die Schienen knisterten und knackten lauter und lauter, doch der Zug war immer noch nicht zu sehen. Ein heftiges Rauschen überrollte wie eine Ozeanwoge jedes andere Geräusch. Plötzlich erhob sich etwas wie eine dunkle Wand vor meinen Augen. Ich stob zur Seite. Ein grollender Sturmwirbel warf mich herum, schlug mich nieder, schleuderte mich in die Höhe, knüllte mich förmlich zusammen, riss mich mit sich, ließ mich fallen und presste mich schließlich zu Boden auf kantige Schottersteine, die wie bei einem Erdbeben zitterten. Dann war es vorbei. Halbbetäubt blieb ich auf dem Rücken liegen. Ich sah meine sechs Beine ins Himmelsblau aufragen. Das Sirren in den Schienen wurde leiser und leiser bis es verklang. Resigniert richtete ich mich auf. Meine Glieder schmerzten, als ich den Staub von ihnen abschüttelte. Taumelig flatterte ich in den Wald.

Unter dem Blätterdach der Bäume kündigte die hereinbrechende Dämmerung das nahe Ende dieses unglücklichen Tages an. Ich verspürte das starke Bedürfnis nach Ruhe. Unter einem Baumpilz, der an einem Birkenstamm in Bodennähe ein halbkreisförmiges Dach bildete, suchte ich Schutz. Meine Klammerhaken hefteten sich fest unter seinen rauen Überhang. Es war, als hätte ich mich nach einer langen Wanderung endlich auf eine bequeme Parkbank gesetzt. Da hörte ich ein kratzendes Geräusch neben mir. Um zu sehen, was es verursacht hatte, öffnete ich meine Leuchtflügel.

„Pass doch auf!"

Erschrocken fuhr ich herum. Was war das?! Eben hatte ich tatsächlich Worte vernommen, wobei ich mir nicht sicher war, ob sie jemand *gesagt* hatte, denn ich war mir nicht im Klaren darüber, sie *gehört* zu haben. Aber sie waren mit eindringlicher Deutlichkeit irgendwie in mein Bewusstsein gelangt. Und sie waren aus allernächster Nähe gekommen. Jetzt bemerkte ich die dürre Mücke, der ich versehentlich eine Schwinge über den Rücken gehauen hatte. Verunsichert starrte ich sie an. Sie ordnete ärgerlich ruckend und zuckend ihre Flügel. Hinter mir gab es ein Geräusch, als hätte man den Kolben einer Luftpumpe einmal ausgezogen und wieder eingestoßen. Es war wie ein tiefes Seufzen. Ein Borkenkäfer hing unter dem Pilzdach. Jetzt kamen noch zwei erschöpft aussehende Waldameisen den Baumstamm herauf. Ich vernahm wieder etwas; Worte, die sich anhörten wie: „Was wollt ihr denn hier?"

Es klang beinahe, als ob die Neuankömmlinge an diesem Platz nicht eben willkommen wären. Ich war mir sicher, dass die Mücke gesprochen hatte. Jetzt stand für mich endgültig fest, dass ich mich in einem Traum befand. So etwas konnte ja nur in Träumen möglich sein. Die eine der beiden Ameisen erwiderte etwas. Ich brauchte einen Moment, um mich in ihren etwas schleppenden Dialekt hineinzuhören. Was sie sagten, verstand ich ungefähr so: Da wäre ein Hindernis auf dem Weg gewesen, welches sie mit ihren schweren Traglasten umgehen mussten. Deshalb seien sie von der Dunkelheit überrascht worden, bevor sie ihre Burg erreichen konnten.

Ich folgte dem Bericht mit einiger Verblüffung. Es war faszinierend, zu welchen Ausuferungen meine Traumphantasie imstande war – Insekten, die miteinander redeten! Ich lauschte gespannt weiter.

„Mein Weibchen ist verschwunden“, vernahm ich ein knurriges Tönen in meinem Kopf, das wahrscheinlich von dem Käfer kam. An der Art wie er seine Fühler krümmte, erkannte ich seine bekümmerte Gemütsverfassung. Er habe überall nach seinem Weibchen gesucht, fügte er hinzu, und er habe die Suche abbrechen müssen, weil das Fliegen im Dunkeln zu gefährlich für ihn sei.

Der Lichtschein meiner Flügel warf die bizarren Schatten der Insekten an den Überhang. Ich fragte mich, wie es zugehen konnte, dass ich sie verstand. Ihre Sprache funktionierte auf rätselhafte Weise ohne eine hörbare Lautäußerung. Allenfalls konnte ich nur sehr leise Begleittöne wahrnehmen, womöglich einen Ultraschall, mit dem die Wörter ausgesendet wurden. Nein, Wörter waren das nicht, denn wie hätte ich sie verstehen können, ohne sie erlernt zu haben? Es waren Gedanken, die ich empfing und deren Bedeutung mir aus einem unerfindlichen Grund bildhaft klar wurde. Sollte das Telepathie sein?

„Warum bist du hier?“, wollte jemand wissen. Niemand antwortete.

„Warum bist du hier?“, wiederholte die Mücke, wobei sie mit ihrem Körper wippte, um auf sich aufmerksam zu machen. Mit ein paar Trippelschritten ihrer fadendünnen Beinchen hangelte sie sich näher zu mir heran und blickte mir prüfend ins Antlitz. Ich begriff endlich, dass sie mich meinte. Doch ich konnte nur hilflos mit den Flügeln zucken. Plötzlich fühlte ich mich von allen angestarrt. Ja, ich fühlte es im wahrsten Sinn des Wortes etwa ebenso deutlich wie man als Mensch eine

Hand auf seiner Schulter fühlt. Und ich fühlte mich zu einer Antwort verpflichtet. Ich atmete tief ein, um mit der ausströmenden Luft einen Ton zu erzeugen, doch dabei erreichte ich nur ein leise puffendes Pulsieren meines Hinterleibes. Ich versuchte die Luft durch meinen Rüssel zu blasen, doch der schien mit meinen Atmungsorganen in keiner Verbindung zu stehen. Ich bewegte die Palpen an meiner unteren Gesichtshälfte, die eine entfernte Analogie zu menschlichen Lippen bildeten, aber ein Geräusch machte das ebenfalls nicht. Die Mücke, der Borkenkäfer und die Ameisen beobachteten sichtlich verwundert, wie ich alle möglichen Verrenkungen vornahm, zu denen ein Schmetterlingskörper fähig ist. Endlich gelang es mir – ich weiß nicht wie – irgendwo in meiner Brust etwas anzuregen, das eine kaum spürbare Vibration erzeugte. Es wäre etwa mit der Stelle zu vergleichen, wo bei einem Menschen das Zwerchfell sitzt. Ich fühlte, dass diese Vibration von den anderen Insekten empfangen wurde wie Funkwellen. Und nun, während also mein Sender gewissermaßen eingeschaltet war, brauchte ich nur noch zu denken, was ich zum Ausdruck bringen wollte. Und meine Fühler strahlten die Gedanken wie Antennenstäbe ab. Das erste, was ich in dieser Weise noch etwas stockend hervorbrachte, war: „Ich bin – eigentlich – kein Schmetterling.“

Ich war mir zuerst nicht sicher, ob mich die Tiere verstanden hatten. Eine geraume Weile rührte sich nichts. Doch dann allmählich spreizte die Mücke ihre Fühler, was aussah wie ein belustigtes Grinsen.

„Ach so?“, vernahm ich ihre sirrende Stimme. „Dann bist du wohl ein verkrüppelter Vogel?“

Auf einmal ließen die Insekten alle erdenklichen Anzeichen von Heiterkeit erkennen. Sie warfen die Köpfe zurück, trommelten mit den Vorderbeinen und piepsten in einem heftigen

Stakkato. Das Ganze wirkte auf mich wie ein Spottgelächter. Ich ärgerte mich.

„Und euch gibt es überhaupt nicht!“, rief ich plötzlich aus. „Ich träume euch nur! In Wirklichkeit bin ich nämlich… ein Mensch!“

Die Tiere hörten zu lachen auf und blickten mich an, als hätte ich mich eben in eine Raupe zurückverwandelt. Da empfand ich, wie unsinnig ihnen mein Ausruf vorkommen musste, der wohl so ähnlich geklungen haben musste wie: Ich bin was viel Besseres als ihr! – Mir war das auf einmal peinlich.

„Es ist wahr“ sagte ich trotzig. „Normalerweise hab' ich einen Körper mit zwei Armen, zwei Beinen und einer weichen Haut. Außerdem bin ich dann viel größer als jetzt.“

Ich war überrascht, wie fließend ich mich bereits ausdrücken konnte.

„Ein Mensch“, brummelte der Borkenkäfer und wandte sich ab. Obwohl er sich bemühte, sehr leise zu sein, konnte ich ihn deutlich empfangen.

„Es muss ihn wohl ziemlich erwischt haben“, sagte er zu den anderen und tippte sich mit einem Vorderbein an den Kopf. Verstohlen blickte er in meine Richtung und setzte erklärend hinzu: „So was ähnliches hab ich schon mal erlebt. Eine Bekannte von meinem Weibchen hatte geträumt, sie wäre eine Eintagsfliege. Am nächsten Abend war sie plötzlich tot.“

„Ich bin nicht verrückt!“, stellte ich nachdrücklich klar. „Ich hatte nämlich einen Unfall.“

Die Blicke der Anwesenden waren abschätzend auf mich gerichtet. Die eine Ameise murmelte: „Ob so was ansteckend ist?“

Es war zu spüren, wie ein Schreck durch die Gesellschaft fuhr. Man wich gemeinschaftlich ein Stück zurück. Mir wurde klar, dass ich mich da in ziemlich heikle Behauptungen verstrickt hatte. Vielleicht sollte ich wenigstens die Sache mit dem Traum nicht wieder erwähnen, denn weshalb sollten diese Tiere überhaupt mit mir reden, wenn sie meinerseits nicht einmal für existent gehalten wurden? Ich wollte versuchen, die aufgekommene Verwirrung zu ordnen.

„Vielleicht wirke ich nur nicht ganz normal, weil ich erst gestern geboren bin“, versuchte ich mich zu rechtfertigen. „Ich kann ja an meinem zweiten Lebenstag noch nicht vollkommen perfekt sein. Oder?“

Die Tiere tauschten verstohlene Blicke.

„Und wieso nicht?“, fragte der Borkenkäfer. Konnte oder wollte er mich nicht begreifen?

„Ja aber...“, erwiderte ich hilflos mit den Fühlern fuchtelnd, „wie soll ich mich so plötzlich als Schmetterling zurechtfinden können, wo ich doch jahrelang als Mensch...? Versteht ihr denn nicht?“

Ich verstummte, weil ich spürte, dass mich die Insekten tatsächlich für ziemlich tüdelütü hielten. Der Borkenkäfer sah sich fragend nach den anderen um. Die Ameisen senkten betreten ihre Fühler. Nur der Mücke schien etwas dazu eingefallen zu sein. Sie stellte, oder treffender gesagt: sie hängte sich in Positur, als setzte sie zu einer längeren Rede an. Was ich gesagt hatte, so meinte sie, sei absolut bezeichnend für die Denkungsart der „zweibeinigen Weichhäuter“, wie sie die Menschen nannte. Sie habe schon aus mehreren von denen getrunken. Das sei jedes Mal ausgesprochen interessant gewesen, denn im Blut eines jeden Wesens seien immer Reste von Gedanken enthalten.

„Wenn dieses Blut in mir pulsiert“, erklärte die Mücke, „dann spuken menschliche Gedankenfetzen in meinem Kopf herum. Manchmal kann ich deswegen nachts nicht schlafen. Ich hab' dadurch aber eine Menge über die Weichhäuter erfahren, zum Beispiel, dass sie überhaupt nichts wissen und können, wenn sie auf die Welt kommen."

Die Ameisen und der Borkenkäfer schüttelten ungläubig die Fühler.

„Aber so ist es", beharrte die Mücke. „Weichhäuter sind nach dem Schlüpfen erst einmal völlig hilflos. Die müssen tatsächlich erst alles lernen: das Krabbeln, das Fressen, das Sprechen, die Fortpflanzung und alles."

Die Mücke blickte bedeutungsvoll zu mir herüber und fuhr dann fort: „Aber allmählich im Laufe ihres Daseins entwickeln sie unglaubliche Fähigkeiten: Wenn sie wollen, können sie Licht erzeugen und die Nacht zum Tage machen. Sie sind imstande, über unvorstellbare Entfernungen miteinander zu sprechen. Sie haben Kästen, in denen sie Dinge in weiter Ferne sehen. Sie bauen gewaltige Gefäße, mit denen sie über unendliche Gewässer fahren. Weil sie selber keine Flügel haben, erdachten sie sich geflügelte Röhren, mit denen sie an jeden Ort der Welt fliegen können. Und wenn wir uns in der herbstlichen Kälte aus diesem Leben verabschieden müssen, erzeugen sie die Wärme des Sommers in ihren Behausungen. Das alles gelingt ihnen aber nur, weil sie auf nichts und niemand Rücksicht nehmen, nicht einmal auf ihre eigenen Artgenossen. Stellt euch vor: Von Zeit zu Zeit zerstören sie aus lauter Unzufriedenheit all diese Herrlichkeiten wieder und vernichten sich zu Abertausenden gegenseitig. Verrückt, nicht wahr?"

Der Borkenkäfer flocht ein, sein Weibchen wäre einmal beinahe von einem dieser lärmenden Gehäuse überrollt worden, mit denen die Weichhäuter hier manchmal durch die Gegend brausten. Er habe sich lange nicht von diesem furchtbaren Schreck erholen können. Erneut ergriff die Mücke das Wort und meinte, dass die meisten Tiere, von denen sie trinke, sich nur schüttelten. Oder sie gäben ihr allenfalls mit einer Schwanzbewegung zu verstehen, dass sie gelegentlich unerwünscht sei. Die zweibeinigen Weichhäuter jedoch schlügen ohne jede Vorwarnung zu, um die Mücken brutal zu zermalmen wegen des Schlückchen Körpersaftes, das die von ihnen wollten.

In mir regte sich allmählich Widerstand gegen diese bösen Anschuldigungen. So ließ ich mich zu der Bemerkung hinreißen: „Du solltest lieber mal ein bisschen Verständnis für die Menschen aufbringen.“

„*Was* soll ich?!“, ereiferte sich die Mücke.

„Natürlich!“, hielt ich dagegen. „Du hast ja keine Ahnung, wie ein Mückenstich auf der Menschenhaut juckt.“

Die Mücke sah plötzlich so wütend aus, als wollte sie sich gleich auf mich stürzen. Vor Erregung lösten sich ihre Klammerhäkchen. Sie fiel jedoch nur wenige Zentimeter und kam gleich wieder heraufgesummt.

„Du fändest es gerecht“, herrschte sie mich an, „wenn ich sterben würde, bloß weil es den Weichhäutern juckt?!“

„Ich mag keine Blutsauger!“, gab ich ihr energisch zu verstehen. „Ich mag auch keine Ameisen auf meinem Frühstücksteller! Und keinen Käfer unter meiner Bettdecke!“

Ich merkte sofort, dass ich mir mit dieser Art von Rundumschlag keinen Gefallen getan hatte. Die Insekten fixierten mich mit drohend vorgestreckten Fühlern. Die Ameisen richteten sich auf und wetzten ihre säuregefüllten Hinterleibe. Der Borkenkäfer scharrte so heftig an der Baumpilzrinde, dass Sägemehl vom Überhang rieselte. Vorsichtshalber wich ich zurück. Ich hielt es für dringend ratsam, jetzt zu schweigen.

„Menschenfreund!“, rief mir die Mücke zu. Der Ausdruck galt hier offenbar als ein schlimmes Schimpfwort. Mit demonstrativer Einmütigkeit drehten mir die Insekten ihre Hinterteile zu. Ich erkannte darin ein eindeutiges Zeichen von Verachtung. Abgewendet tuschelten sie miteinander, wobei sie abwechselnd mit eingekrümmten Fühlern in meine Richtung blickten. Doch dabei schienen sie es glücklicherweise bewenden zu lassen. Allmählich beruhigten sie sich auch wieder. Es sah jedenfalls nicht mehr danach aus, dass es zu irgendwelchen Tätlichkeiten kommen würde. Ich beobachtete, wie eines nach dem anderen seine Schlafstellung einnahm. Meine Erwägung, mir eventuell einen anderen Übernachtungsplatz zu suchen, schien sich damit zu erübrigen.

Obwohl ich mich innerlich dagegen sträubte, musste ich nun fortwährend daran denken, mit welch gleichgültiger Beiläufigkeit ich früher Tausende Leben ausgelöscht hatte. Auf Mücken hatte ich es besonders abgesehen. Ich stellte mir vor, mit was für einer tödlichen Wucht meine riesige Hand auf die friedlich trinkenden Tiere geschmettert war. Und Käfer? Ja, es hatte auch einen Schaukasten mit Käfern in meiner Sammlung gegeben. Ich blickte zu den beiden Ameisen, die sich eng in eine Rindenspalte schmiegten. Mein Gott, wie viele von ihnen mochten es wohl gewesen sein, denen ich aus lauter Gedankenlosigkeit das Leben genommen hatte? Mich schauderte es plötzlich vor mir selbst. Und auf einmal stand wie eine steinerne Wand die Erkenntnis vor mir, dass ich jetzt und hier in dieser abscheulichen Gestalt zur Buße verurteilt war. Die Endgültigkeit meiner Taten, die fehlende Möglichkeit, sie rückgängig machen zu können, begann mich in einem nie gekannten Ausmaß zu quälen. Das Elend meiner entsetzlichen Gewissenslast war mir in diesem Augenblick so klar geworden, dass mir der Atem stockte. Ich wurde von einer unendlichen Traurigkeit über mein verwirktes Leben erfüllt, wie ich sie noch nie empfunden hatte. Ich fühlte mich hilflos und allein. Meine Fühler fingen heftig an zu zittern. Diese Regung war so stark, dass ich sie nicht unterdrücken konnte. Ich wusste nicht, was ich davon halten sollte. Wie ich die Fühler auch stellte, nach vorn, nach hinten oder seitwärts, das Zittern wollte nicht vergehen.

„Was plärrst du?“, brummte der Käfer gereizt herüber.

„Wieso? Wer plärrt denn hier?“, fragte ich unwirsch.

„Unser Menschenfreund wird wohl allen Grund dazu haben“, stichelte die Mücke. Ich versuchte, die Fühler unter meine Vorderbeine zu klemmen. Doch sie machten sich wie von selbst wieder los und bebten weiter. Da kam mir in den Sinn, dass dies vermutlich die Art war, in der Schmetterlinge weinen. Beschämt wandte ich mich ab. Erst nach einer geraumen Weile ging es allmählich vorbei. Ich war müde geworden.

„Bist schon eine komische Leuchte“, knurrte der Borkenkäfer. Eingeschüchtert klappte ich meine Flügel zusammen. Nun war es dunkel unter dem Baumpilz. Für eine Zeit blieb es still, als sei damit ein allseits akzeptiertes Zeichen für den Beginn der Nachtruhe gegeben worden. Doch schon bald darauf wurde der Käfer wieder hörbar. Er rumorte brummelnd umher.

„Besser, wenn ich mein Weibchen suche“, murmelte er vor sich hin.

„Was soll der Unsinn!“, ereiferte sich die Mücke. „Gib endlich Ruhe! Wenn du dein Weibchen morgen nicht findest, begegnet dir übermorgen ein anderes.“

„Du weißt ja nicht, was du da sagst!“, erwiderte der Käfer heftig. Er pumpte sich auf. Die Mücke stichelte: „Sie muss ja was ganz besonderes sein, wenn sie durch keine andere zu ersetzen ist.“

„So ist es“, bestätigte der Borkenkäfer, indem er sein Pumpen unterbrach, und fügte mit weicher Stimme hinzu: „Sie hat die allerschönsten Beine, die ich je gesehen habe – so herrlich krumm, so stachlig behaart. Ihr Gang so tapsig! Ihre Stimme so brummig! Ihr Rücken so wunderbar bucklig…!“

„Das muss ja eine außergewöhnliche Schönheit sein“, bemerkte die Mücke sarkastisch. Der Käfer hangelte sich an den Rand des Überhanges. Er pumpte weiter.

„Du willst doch nicht wirklich losfliegen?“, ließen sich die Ameisen vernehmen. Da wirbelten die abgespreizten Flügel des Käfers los. Sein kraftvolles Surren verlor sich alsbald in der Dunkelheit.

„Er wird sich das Genick brechen, der Idiot“, meinte die Mücke, „wegen einer buckligen Käferin mit krummen, haarigen Beinen.“

Sacht tastete die nächtliche Kühle nach meinem Herzen, hüllte es ein und ließ es gemächlicher schlagen. Ich spürte, wie meine Glieder sich entspannten und meine Fühler erschlafften...

VII. Hunger

Ein gellender Schrei ließ mich aufschrecken. Einen Moment lang wusste ich nicht, wo ich mich befand. Mein Herz begann zu rasen. War ich nicht eben erst eingeschlafen? Ich wunderte mich, dass die Nacht bereits vorüber war. Es dämmerte. Ich hörte Flügelschläge vorbeihuschen. Ihr Luftzug verwirbelte an der zerklüfteten Baumrinde und rüttelte an meinen Flügeln. Unwillkürlich klammerte ich mich fester an den Überhang. Ringsherum im Wald schien auf einmal der Teufel los zu sein. Ein wilder Aufruhr war losgebrochen. Abermals kamen pfeifende, zischende Flattergeräusche in bedrohliche Nähe und entfernten sich wieder. Nichts auf der Welt hätte mich jetzt dazu bringen können, meinen geschützten Platz zu verlassen. Das Vogelgekreisch schwoll zu einem ohrenbetäubenden Lärm an. Dessen ungeachtet schickten sich die Ameisen an, das Schutzdach des Baumpilzes zu verlassen.

„Ihr müsst bescheuert sein, jetzt aufzubrechen“, redete die Mücke nachdrücklich auf sie ein und fügte pathetisch hinzu: „Sie werden euch in ihre Nester schleppen. Die hungrige Brut hat schon die Schnäbel für euch aufgesperrt!“

„Wir müssen zu unserer Burg. Haben viel Arbeit“, erklärten die Ameisen kurzangebunden. Unbeirrt kletterten sie den Baumstamm hinunter, wobei sie Deckung in seinen Rindenspalten suchten.

„Dann lasst euch doch meinetwegen fressen!“, machte die Mücke ihrem Ärger über die Ignoranz der beiden Frühaufsteherinnen Luft und rief ihnen nach: „Wenn ich zukünftig einen Haufen Vogelmist sehe, werde ich an euch denken! Dann werde ich sagen: Hallo Ameisen, was ist denn aus euch geworden! Hättet ihr damals nur auf mich gehö...!“

Weiter kam sie nicht. Oben war irgendetwas über das Pilzdach gekratzt. Plötzlich hatte sich der gewaltige Kopf eines Zeisigs unter dem Überhang gezeigt und die Mücke blitzschnell von ihrem Platz gepflückt. Ihre Klammerhäkchen wären beinahe abgerissen bei dem vergeblichen Versuch, sich festzuhalten. Ihr Zappeln hörte auf, als der Schnabel ihr die Luft abdrückte. Ihr Antlitz erstarrte in einem Ausdruck unendlicher Verwunderung. Der prüfende Blick des Vogels verharrte eine Sekunde lang auf mir, so als überlegte er, seine Beute im Austausch gegen den größeren Bissen wieder loszulassen. Eine lähmende Todesangst befiel mich. Es würde den Vogel nur die Zeit eines Wimpernschlages kosten, die Mücke beiseite zu schleudern und mich an sich zu reißen. Ich hätte keine Chance gehabt, ihm zu entkommen. Doch er besann sich, pfiff ein lockendes Signal durch seine spaltbreit geöffneten Schnabelhälften und verschwand. Der heftige Windstoß seiner Flügel fegte mich fast aus meinem Halt. Irgendwie ahnte ich, dass mein Versteck verraten war. Ich hielt es nun doch für besser, mich davonzumachen – ein guter Entschluss. Um ein Haar wäre ich mit einer Meise zusammengeprallt, die vermutlich auf den Ruf des Zeisigs herangeeilt war. Ich schwirrte so schnell davon, dass meine Flügel fast wie bei einer Biene summten. Die Meise raste hinter mir her! Sie holte unglaublich rasch auf...! Mit einer abrupten Wendung entkam ich äußerst knapp ihrem Schnabel, der mit einem widerlichen Geräusch hinter mir ins Leere klackte. Glücklicherweise ließ es der Vogel bei diesem einen Fehlversuch bewenden und bog mit einem ärgerlichen Pfeifton ab, der wie ein Fluchen klang. Wenn er mich nur etwas länger verfolgt hätte, wäre die Sache wohl nicht so glimpflich für mich ausgegangen. Ich war auf einmal zu Tode erschöpft, was wohl weniger der plötzlichen Kraftanstrengung, als wohl mehr dem Schreck und der Angst zuzuschreiben war, die ich ausgestanden hatte.

Ich verbarg mich zwischen den dichten Wedeln einer Farnkrautstaude, bis ich aus dem allmählichen Verebben des Vogelgekreisches darauf schloss, dass die gefährlichen Tiere für's erste ihren morgendlichen Heißhunger gestillt hatten. Erst dann wagte ich aufzubrechen und wandte mich in die Richtung, in der ich den Bahndamm vermutete. Doch die wilde Flucht vor dem Vogel hatte wohl meiner Orientierung geschadet. Bei meinem irrenden Flug durch das Waldgestrüpp hörte ich auf einmal eine brummige Insektenstimme: „Sieh da, ein alter Bekannter!“ Obwohl es mir unmöglich schien, dass mich in meiner jetzigen Gestalt jemand zu Recht als „alten Bekannten“ bezeichnen könnte, wusste ich, dass ich der Angesprochene war. Die telepathische Kommunikationsweise ließ daran überhaupt keinen Zweifel aufkommen. Wer mochte sich da nur so in mir getäuscht haben? War ich etwa jemandem zum Verwechseln ähnlich? Ich drehte mich im Standflug suchend um mich selbst.

„Hier bin ich!“, tönte die Stimme aus nächster Nähe. Da erst entdeckte ich den Rufer. An einem Spinnenfaden hing ein gefesseltes Insekt. Es schaukelte im Luftzug genau über einem zerwühlten Schlammloch, vermutlich einer Wildschweinsuhle. Ich sah, wie eines seiner krummen Beine winkend aus dem Schnurknäuel hervorzuckte.

„Du bist das!“, wunderte ich mich.

„Hatte mich in einem Netz verstrickt“, sagte der Borkenkäfer.

„Hast du die ganze Nacht hier zugebracht?“, fragte ich bestürzt. Der Borkenkäfer drehte sich an dem schwingenden Faden, während er berichtete: „Hab’ lange mit der Spinne gekämpft. Sie hat mich gefesselt. Wollte mich beißen. Aber ich bin ein zu harter Brocken für sie.“

„Und was jetzt?“, fragte ich.

Der Borkenkäfer holte so tief Luft, dass die Fesseln knarrten und gab mir zu verstehen: „Ich werde mein Weibchen nicht mehr wiedersehen. Da ist mir alles andere egal. Hoffentlich kommt bald ein Vogel vorbei, dann hat es ein Ende mit mir.“

Mit seinem beweglichen Bein machte er eine resignierte Geste, vergleichbar einem menschlichen Abwinken. Dennoch wirkte er eigentlich recht gefasst. Ich erinnerte mich, wie ich seinerzeit auch so manchen Käfer gefangen hatte. Dabei war ich stets davon beeindruckt gewesen, mit welchem scheinbaren Gleichmut sich die meisten in ihr Schicksal ergaben. Damals schaute ich eben nicht auf ihre Fühler. Doch nun bemerkte ich, wie sie

beim Borkenkäfer zu zittern begannen. Betroffen starrte ich ihn an. Der arme Kerl! Er tat mir furchtbar leid.
„Ich bin gleich wieder da!“, rief ich ihm zu, wobei ich abwärts schwirrte. Ich hatte eine Idee. Suchend überflog ich den Waldboden und fand auch bald was ich brauchte; einen trockenen Schachtelhalm. Als ich damit zurückkehrte, blickte der Gefesselte interessiert auf. Ich presste den Halm mit allen sechs Beinen fest unter meinen Leib und schlug mit dem Schwung meines Anfluges gegen den klebrigen Spinnenfaden. Kräftig flatternd zerrte ich daran herum, so dass es den Käfer wie an einem Gummiband hin und her warf. Meine Rechnung ging auf; er riss ab und patschte in die Schlammsuhle. Mit seinem freien Bein wühlte er sich vorwärts. Ich warf den Halm bei ihm ab, so dass er sich daran aufs Trockene ziehen konnte. Rasch half ich ihm, sich aus dem Fadengewirr zu befreien. Endlich stand er wieder auf festem Boden. Sichtlich erleichtert wandte er sich mir zu und sah mich nachdenklich an.

„Nein, du bist kein Menschenfreund“, hörte ich ihn sanft brummen. „Menschen hätten deine Freundschaft nicht verdient. Danke, lieber Kamerad. Und viel Glück!“
Dann spreizte er seine Deckflügel auf und erhob sich surrend in die Luft.

Der Himmel öffnete der Sonne seinen Wolkenvorhang. Die Bäume und Büsche dampften förmlich in der aufkommenden Hitze. Ich stieg in die Höhe und ließ mich leicht im Winde treiben. Wenn ich auf den Bahndamm stieß, so plante ich, wollte ich ihn in derselben Richtung wie am Vortag weiterverfolgen. Natürlich würde ich diesmal vorsichtiger sein, um nicht wieder in den Sog eines Schnellzuges zu geraten. Ich flog ungeahnt lange. Irgendwann merkte ich, dass ich die falsche Richtung ge-

wählt hatte. So kehrte ich um, wobei ich mich allerdings mühsam gegen den Wind stemmen musste.

Ich dachte darüber nach, was geschehen würde, wenn dies alles nun doch kein Traum wäre. Ob mich meine Eltern wohl suchten? Bestimmt würden sie das tun. Aber sie würden ja nach mir, ihrem Sohn suchen, und nicht nach einem Schmetterling. Wie würde es sein, wenn ich tatsächlich daheim ankäme? Irgendwie könnte ich schon ins Haus gelangen, das wäre kein Problem. Aber dann? Meine Eltern würden mich doch gar nicht erkennen. Ob sie es wohl verstünden, wenn ich zum Beispiel ihre Köpfe umflatterte und mich dann immer wieder auf das Foto an der Wand im Musikzimmer setzen würde, das mich als Vierjährigen beim Violine spielen zeigte? Oder ich könnte in der Küche auf das Regal zu meiner Tasse mit den Schmetterlingsmotiven fliegen. Wenn ich immer wieder die Dinge berühren würde, die auf einen Zusammenhang mit meiner ehemaligen menschlichen Persönlichkeit schließen ließen, dann müsste das doch auffallen. Ich könnte auf meinem Geigenkasten herumkrabbeln oder auf meinen Hausschuhen, die neben der Flurgarderobe standen. Vielleicht hing dort ja noch meine Jacke? Ich könnte mich auch auf die Lehne meines Stuhles am Esstisch setzen oder auf meinen angestammten Platz auf dem Sofa vor dem Fernseher oder an die Tür zu meinem Zimmer.

Während ich ausschließlich die Heimkehr in mein menschliches Leben im Sinn hatte, waren die meisten anderen Tiere mit ihrer Nahrungsaufnahme beschäftigt, wie ich beiläufig im Vorbeiflug beobachtete. Ich sah eine Heuschrecke, die ein Blatt in mundgerechte Happen zerteilte. Ein Marienkäfer verspeiste mit augenscheinlichem Genuss eine jämmerlich quiekende Milbe. Hummeln brummten von Blüte zu Blüte. Vögel trugen teilweise noch lebende Beute im Schnabel davon. Die Gefangenen boten im Bewusstsein ihrer bevorstehenden Hinrichtung einen bedauernswerten Anblick. Doch mit der Zeit schien mein diesbezügliches Mitleid abzustumpfen. Ich stellte fest, dass ich ein zappelndes Insekt oder eine sich windende Raupe in einem Schnabel sogar mit einer gewissen Genugtuung registrierte, weil ich merkte, dass ich mich dann nicht vor diesem Vogel zu fürchten brauchte.

Ein bohrendes Gefühl in meinem Inneren, das sich immer nachdrücklicher in mein Bewusstsein drängte, stellte mich unversehens vor die Frage, wovon ich mich überhaupt ernähren sollte. Zwar besaß ich ein recht detailliertes Wissen über die sehr unterschiedlichen Ernährungsweisen von Schmetterlingen, doch bezog sich dieses ja nur auf die erforschten Arten. Die meisten trinken Blütennektar oder auch Baumsaft, manche mögen angefaulte Früchte und wieder andere haben es auf die Verdauungsrückstände von Säugetieren abgesehen. Die einzige Möglichkeit, die zu meiner Art gehörige Nahrung zu finden, bestand darin, alle möglichen Sachen zu probieren. Mir fiel ein, dass es auch Schmetterlinge gibt, die überhaupt nichts zu sich nehmen, weil sie ausschließlich von dem zehren, was sie sich als Raupe vor ihrer Verpuppung anfressen. Solche Vertreter leben nicht lange, meist nur ein paar Tage. Dieser Gedanke wirkte nicht gerade tröstlich auf mich.

Ich legte eine Verschnaufpause auf der schwankenden Blütendolde eines Holunderstrauches ein. Suchend stocherte ich mit dem Rüssel in ihren muffig riechenden Kelchen, bis es mir gelang, etwas Flüssigkeit aufzusaugen. Es schmeckte so widerlich, dass ich zurückzuckte. Eine Kamille gab nur abgestandenes Tauwasser her, das sich in ihr angesammelt hatte. Wahllos probierte ich noch einige andere Blütengewächse. Ich bekam dabei die denkbar ekelhaftesten Geschmäcker zu kosten. Die heftigen Kopfschmerzen, die mich anschließend befielen, waren möglicherweise Anzeichen einer Vergiftung. Dass ich bei der Nahrungssuche nicht zum Erfolg kam, während mein Hungergefühl sich stetig verstärkte, bereitete mir allmählich Sorgen.

Was hätte ich darum gegeben, alles das wiederzuhaben, wovor ich noch vor kurzem am liebsten geflohen wäre: die Spötteleien meiner Klassenkameraden: „He, Schmetterlingsprofessor! Hasch mich, ich bin eine Motte!“ – Das Geschimpfe meines Vaters: „Das ist ein Geigenbogen und keine Schrotsäge, mein Gott! Vielleicht solltest du doch besser ein Holzfäller werden!“ – Die nervende Stimme meiner Mutter: „Er will ja nur dein Bestes.“

Ich setzte mich auf eine windbewegte Kornrade, deren rotviolette Blüten mir verlockend zugewinkt hatten. Aus einem ihrer Kelche schaute der wackelnde Hinterleib einer Hummel heraus. Er wackelte und wackelte, verschwand fast ganz in dem Kelch, tauchte wieder auf und wackelte erneut wie der Hintern einer pummeligen Oma in einer Regentonne. Es sah so ulkig aus, dass ich fast gelacht hätte, doch dazu war ich an diesem Tage ganz und gar nicht aufgelegt. Endlich kam die Hummel hervorgekrochen, Körper und Beine mit mattglänzendem Pollenstaub bedeckt. Sie zuckte erschrocken zusammen, als sie mich erblickte.

„Was willst du?!“, vernahm ich ihr feindseliges Grollen. Kampfbereit richtete sie sich auf. Beeindruckt wich ich zurück. Vermutlich hatte ich unabsichtlich eine gewisse Distanz überschritten, so dass ihr meine Nähe bedrohlich erschien. Ich hatte bereits begriffen, dass es unter Insekten eine Geste der Friedfertigkeit ist, wenn man sich mit gesenkten Schwingen etwas seitlich zu seinem Gegenüber stellt. Das tat ich nun, woraufhin sich die Hummel augenblicklich entspannte. Was mich denn so an ihr interessiere, wollte sie wissen.

„Ach, nichts Besonderes“, stotterte ich verlegen. „Es ist nur weil... Ich habe nur so einen fürchterlichen Hunger.“

Eigentlich hatte ich das gar nicht sagen wollen, doch ich beherrschte die telepathische Sprache wohl noch nicht so sicher, dass ich etwas, das ich dachte, auch für mich behalten konnte. Es war mir jedenfalls versehentlich herausgerutscht. Und es war mir im selben Augenblick peinlich. Die Hummel sah mich eine Weile erstaunt an. Dann streifte sie einen Batzen Pollen von ihren haarigen Gliedmaßen, pappte ihn vor mir auf ein Blatt und summte ohne ein weiteres Wort davon. Beschämt sah ich ihr nach. Ich kam mir vor wie ein Bettler. Ratlos stocherte ich in dem krümeligen Klumpen herum, der zwar recht appetitlich roch, mit dem ich aber nichts anfangen konnte, weil ich nicht wusste, wie ich ihn verzehren sollte.

Als ich einem Feldweg folgte, hatte bereits aus größerer Entfernung ein strenger Geruch vom Vorhandensein dessen gekündet, was dort von einer munteren Fliegenmeute umwirbelt wurde. Ich ließ mich in einem gehörigen Abstand davon nieder. Angewidert verfolgte ich das ausgelassene Treiben dieses makabren Festschmauses. Fröhlich beschmierten sich die Fliegen gegenseitig Gesichter und Flügel und jagten einander im Spaß über den Klüften der reichlichen Mahlzeit hin und her. Mich überkam ein heftiger Ekel bei der Vorstellung, dass sich auch einige Schmetterlingsarten von dieser Substanz ernährten, die sich dort gefällig auftürmte und deren seitlich geneigter Gipfel meine aufgerichteten Flügel weit überragte. Und obwohl ich inzwischen sehr unter meinem Hunger litt, hoffte ich inständig, nicht zu diesen Schmetterlingen zu gehören. Zu keinem Entschluss bereit saß ich lange reglos vor mich hin gaffend da,

wobei eine heftige Übelkeit in mir aufstieg. Auf einmal bildete sich am Fuße dieses Hügels eine Ausstülpung, aus der ein Mondhornkäfer ins Tageslicht trat. Er wischte sich die verklebten Augen, sah mich und rief mir mit großzügiger Geste zu: „Komm her! Es ist ganz frisch! Genug für alle!"
Mein überhasteter Senkrechtstart wirbelte eine Staubwolke auf dem Weg empor.

Nach einem Flug am Feldrain entlang rastete ich auf einem bemoosten Weidezaunpfahl, in dessen Nähe sich ein stachelbärtiger Falter an einer Distelstaude zu schaffen machte. Er naschte aus ihren eng beieinander stehenden Kelchen, indem er schwungvoll einmal zu der einen, einmal zu der anderen Blüte huschte, deren bitterscharfer Geruch bis zu mir herüberwehte. Obwohl er meine Anwesenheit bemerken musste, schien er keinerlei Notiz von mir zu nehmen. Sein biegsamer Rüssel straffte sich beim Einsaugen der Blütenflüssigkeit und seine Fühler bogen sich dabei genüsslich zurück. Ich sah, dass sich im Moment des höchsten Genusses, wenn der Trank im Rüssel aufsteigend seinen Schlund durchströmte, seine Klammerhaken fester in die Blüte krallten und dass er danach eine Sekunde lang völlig gelöst und wie berauscht verharrte, um den herrlichen Geschmack bis zur Neige auszukosten. Es war diese selbstvergessene Hingabe zum Genuss, die man manchmal bei kleinen Kindern beobachten kann, wenn sie auf einem Treppenabsatz in der Sonne sitzend mit verschmierten Mündern ein Waffeleis verzehren. Der Hunger in meinen Eingeweiden schien sich auszustrecken wie eine erwachende Katze in einem verschnürten Sack. Ich bekam einen unsäglichen Appetit. In plötzlichem Entschluss flatterte ich auf und setzte mich zu dem Distelfalter. Heißhungrig stieß ich meinen Rüssel in den Blütenkelch, den er gerade umklammert hielt. Mit einem spürbaren

Ruck wandte er sich mir zu und verharrte einen Augenblick reglos. Dann richtete er sich empört auf, hob eines seiner Vorderbeine und gab mir einen groben Stüber zwischen die Augen. Erschrocken strauchelte ich zurück. Ich starrte ihn an. Mir dämmerte, dass ich wohl etwas sehr Ungehöriges getan hatte. Unter Menschen verstößt es schließlich auch gegen die guten Sitten, wenn man im Restaurant mit seiner Gabel auf dem Teller des Nachbarn herumstochert.

„Verzeihung", stammelte ich ernüchtert. „Ich hatte heute noch nichts Vernünftiges in den Magen gekriegt, und da dachte ich, ich... äh..."
Ich verstummte, weil ich mir auf einmal ziemlich blöd vorkam.

„Unverschämtheit!", knurrte der Distelfalter. „Was hast du überhaupt hier zu suchen, du Süßsaftschlucker!"
Beschämt zog ich mich zurück. „Süßsaftschlucker" hatte er mich genannt. Doch ein aufkeimendes Trotzgefühl hielt mich wie ein Gummiband fest und hinderte mich daran, ganz und gar von diesem Platz zu verschwinden. Ich hatte keine Lust, diesem arroganten Borstenkopf die Genugtuung meiner völligen Kapitulation zu verschaffen. Unter seinen lauernden Blicken umkreiste ich die Distelstaude und hockte mich dann recht provokant auf eine andere Blüte ganz in seiner Nähe. Mit der lässigen Routine eines Kohlenträgers, der sein feierabendliches Bierglas packt, hieb ich meine Klammerhaken um den Kelch und tauchte meinen Rüssel hinein. Es kostete mich einige Überwindung, an meiner Absicht festzuhalten, denn der Geruch, der mir daraus entgegenschlug, war ausgesprochen ätzend. Der Distelfalter beobachtete mich mit unbewegter Miene. Ich wollte jetzt auf keinen Fall einen Rückzieher machen und mir vor ihm die Blöße geben. Meine Rüsselspitze ertastete die kühle Neige einer breiigen Flüssigkeit. Angewidert sog ich etwas davon ein und

tat einen Schluck und... Mein Kopf explodierte in tausend Stücke! Meine Speiseröhre verbrannte, als hätte jemand ein glühendes Eisen hineingestoßen. Mein spärlicher Mageninhalt schien zischend aufzukochen. Meine Fühler wollten sich vor Schmerz verknoten. Als ich wieder zu mir kam, baumelte ich nur noch am Klammerhaken eines Hinterbeines hängend an einem Blattrand und würgte ächzend und krächzend alles aus, was in mir war. Ganz allmählich begann ich wieder zu hören und zu sehen. Der Distelfalter schien sich köstlich zu amüsieren. Wahrscheinlich hatte der miese Kerl diese Reaktion von mir erwartet. In launig federndem Flug drehte er erst noch eine Runde über mir, bevor er sich in dem satten Bewusstsein seines Triumphes entfernte. Das höllische Brennen in meinem Rüssel war unerträglich. Selbst nach kräftigem Durchspülen mit Tauwasser war es noch stundenlang zu spüren.

Der Wind musste sich gedreht haben. Ich war lange gegen ihn angeflogen. Längst hätte ich den Bahndamm kreuzen müssen. Wieder einmal hatte ich mich verirrt. Ich kam mir vor wie eine Maus im Laufrad, als sei ich kaum von der Stelle gekommen. Resigniert gab ich es auf, dem Luftstrom entgegenzurudern. Ich ließ mich einfach treiben. Während ich im Tiefflug über einem Kornfeld dahinglitt, ging mir durch den Sinn, dass das Getreide zum Zeitpunkt meines Unfalls bereits abgeerntet war. Auch die Blumen, die jetzt den Frühsommer anzeigten, waren seinerzeit längst verblüht gewesen. Und plötzlich drängten sich ganz sonderbare Erinnerungen vor mein geistiges Auge, wie ich flach auf einem riesenhaften Blatt liege und an seinem knusprigen Rand knabbere. Ich habe einen gliederlosen, wulstigen Körper. Das Blatt, in das ich immer wieder lustvoll eindringe, duftet und schmeckt so köstlich, dass ich einfach nicht von ihm lassen kann. Ich entsann mich einer wunderbaren

Biegsamkeit meines Leibes. Da war auch ein gewaltiger Apfel, in den ich mich kopfüber ganz und gar hineinbohrte. Ich spüre den würzigen Geschmack seines feuchtkühlen Fruchtfleisches mit der gesamten Fläche meiner Haut; ein überwältigendes Gefühl.

Die Gedankenbilder traten zurück, als ich einen Schlehdornstrauch sichtete, der mir auf eine Art bekannt vorkam wie man ein Haus wiedererkennt, in dem man sich einmal aufgehalten hatte. Ich roch den See, dessen schilfbewachsener Uferstreifen bald vor mir auftauchte. Die halbverbrannte Pappel tönte in ihrem besonderen, nahezu vertraut anmutenden Rauschen. Die vielfältigen Düfte der Hangwiese, die ich in ihrer charakteristischen Zusammensetzung schon einmal gespürt hatte, strichen über meine Fühlerspitzen. Ich hörte das Plätschern der Quelle bei dem rosenumrankten Felsen. Und endlich fand ich mich im Gezweig des großen Wildapfelbaumes wieder, von dem aus ich am Morgen des Vortages so hoffnungsvoll und entschlossen aufgebrochen war. Erschöpft hängte ich mich unter eines seiner schützenden Blätter. Ich nahm wahr, wie das helle Tageslicht allmählich in einem gedämpften Rot zusammensank. In der eingetretenen Stille drängten sich mir abermals diese rätselhaften Erinnerungen mit beunruhigender Deutlichkeit auf. Es erschien mir unwahrscheinlich, dass sie nur eine Ausgeburt meiner Traumphantasie waren. Aber dann, so überlegte ich, bedeuteten sie doch, dass ich den vergangenen Winter und den Frühling als Ei, als Raupe und als Puppe verbracht haben musste. In Anbetracht dessen war es wohl ein vergebliches Hoffen, dass mein menschlicher Körper irgendwo in einem tiefen Schlaf lag. Vielleicht existierte er gar nicht mehr? Vielleicht hatte man ihn längst in einen Sarg gelegt und begraben? Und wenn es mir in meiner jetzigen Gestalt tatsächlich gelänge, nach Hause zu finden und mich meinen Eltern zu erkennen zu geben – wie sollten sie mir denn überhaupt helfen? Es gab doch schließlich keine medizinische Behandlung, keine Operation durch die man aus einem Schmetterling jemals wieder einen Menschen fabrizieren könnte. Wollte ich unter diesen Umständen wirklich noch nach Hause? Was würde ich dort anfangen? Mich in meinem Zimmer an die Fensterscheibe heften und nach draußen starren? Mich an die Wand neben der Pendeluhr hocken und die Stunden zählen? Mich im Esszimmer an die Deckenlampe hängen und der Familie bei den Mahlzeiten zuschauen? Würde so meine Zukunft aussehen? Hatte ich denn überhaupt noch so etwas wie eine Zukunft?

In dieser besinnlichen Stunde geschah es, dass ich aufhörte, mich gegen die bittere Einsicht zu wehren, wirklich und wahrhaftig zu einem Schmetterling geworden zu sein, und dass ich erstmals zaghaft in Erwägung zog, es für den Rest meines Lebens zu bleiben. Und wenn das Ganze doch nur ein Traum sein sollte, resümierte ich, dann würde ich irgendwann schon von allein daraus erwachen und brauchte mich nicht so sinnlos abzumühen bei der Suche nach einem Weg, der mich in mein menschliches Dasein zurückführte. Ich erinnere mich auch jetzt nach so vielen Jahren noch sehr genau daran, dass ich in diesem Augenblick plötzlich das Gefühl hatte, erwachsen zu sein.

Auch jetzt im Rückblick ist es mir kaum möglich, eine verständliche Erklärung für diesen bedeutsamen Moment zu finden. Erwachsen sein – was auch immer das damals für mich bedeutete; vielleicht war es das Empfinden, mehr von der Welt zu wissen als Andere, das Gefühl, mich von nun an auf einer Spur zu bewegen, die mich zu großartigen Erkenntnissen über die geheimnisvollen Zusammenhänge des Lebens leiten würde?

Ich ahnte wohl schon, dass sich in allem was mit mir geschah eine tiefere Bedeutung verbarg, die zu ergründen der Sinn meines Lebens sein würde. Der dreizehnjährige Menschenjunge war zu einem erwachsenen Falter geworden, der sich mit großen Erwartungen darauf einstellte, sich erfolgreich in einer neuen, einer unheimlich rätselhaften Welt zurechtzufinden.

Als die rötliche Dämmerung der Dunkelheit wich, hängte ich mich ins innere Gezweig des Baumes, wo der Wind sich in kleine Wirbel zerteilte, die mich sanft schaukelten. Kurz vor dem Einschlafen fiel mir im Schein meiner Flügel auf, dass schräg über mir eine Schmetterlingspuppe hing. Doch ich war viel zu müde, um mir darüber noch irgendwelche Gedanken zu machen. Ich löschte das Licht, indem ich die Schwingen schloss.

VIII. Der Duft und der Schmerz

Leicht und oberflächlich ist der Schlaf eines Schmetterlings. Man kann ihn eigentlich nur als entspannendes Dahindämmern bezeichnen. Jede ungewöhnliche Bewegung im Blickfeld der unverschließbaren Augen bewirkt ein sofortiges Hellwachsein. In unruhigen Nächten kann dies durchaus mehrmals passieren. Dann nimmt ein schneller Mechanismus seinen Lauf: Die Temperatur im Innern des Körpers erhöht sich so plötzlich wie der Glühfaden in einer elektrischen Lampe aufleuchtet. Das gemächlich pochende Herz beginnt übergangslos zu rasen, um Kraft in die erstarrten Glieder zu pumpen. Die Fühler straffen sich, die Beine setzen zum Absprung an und die gefalteten Schwingen könnten augenblicklich losschlagen, um einer nahenden Gefahr zu entfliehen.

Bis zum heutigen Tage denke ich mit unendlichem Bedauern daran, dass ich ein überaus bedeutsames Ereignis verschlief, das in dieser Nacht in meiner unmittelbaren Nähe stattfand. Wahrscheinlich war ich nur deshalb nicht aufgewacht, weil es keinerlei Bedrohung für mich darstellte. Dabei hätte ich zu gern einmal das Wunder einer Schmetterlingsgeburt beobachtet.

Das erste, was ich an diesem Morgen wahrnahm, war ein ungewöhnlicher Duft, der meine Fühlerspitzen zärtlich zu streicheln schien. Ich hätte schwören können, ihn nie zuvor gespürt zu haben, und dennoch gab er mir die unerklärliche Gewissheit, ausschließlich für mich bestimmt zu sein wie ein Parfüm, das auf rätselhafte Weise in jedem einzelnen Duftmolekül den Schriftzug meines Namens trug. Dieser Duft war überwältigend schön. Er war süß und bitter zugleich, und er war unbeschreiblich anziehend und erregend. Geradezu berauscht ließ ich meinen Blick durch das Blättergewirr des Baumes schweifen. Da fiel mir die bewusste Puppenhülle auf, die nun geöffnet und leer in dem leichten Windhauch zitterte. Dann sah ich *sie*, wie sie im Glanz der ersten zarten Sonnenstrahlen auf einem Zweig über mir entlangspazierte. Gebannt schaute ich hinauf, fasziniert vom türkisblauen Farbton ihrer Augen, tief beeindruckt von der Schönheit ihrer Körperformen, die mir als absolut vollkommen erschienen. Erstmals empfand ich so etwas wie Dankbarkeit dafür, ein Schmetterling zu sein, weil ich diesen wundervollen Anblick aus menschlicher Perspektive niemals hätte erleben können. Wie zierlich aufgerichtet sie ihre Fühler hielt, die eine schwanenhalsähnliche Biegung zeigten! Wie graziös gerollt sie den Rüssel trug! Erregend, wie sich ihr Hinterleib bei jedem Schritt ihrer elastischen Beine ein wenig mitbewegte! Wie strahlend weiß ihre brav gefalteten Schwingen leuchteten! Leider konnte ich nur die zart geäderten Unterseiten erkennen.

Auf einmal blieb sie stehen und wandte sich mir zu, als hätte sie meinen Blick gespürt. Ich zuckte zusammen, erschrocken, fluchtbereit wie ein ertappter Voyeur. Wir sahen uns an. Mich schwindelte, weil ich vermutlich das Atmen vergessen hatte. Dann allmählich löste sich unser beider Erstarrung. Sie spreizte, zuerst noch ein wenig zaghaft, ihre leicht aufwärts gebogenen Fühler. Ich konnte mich nicht erinnern, jemals zuvor ein so zauberhaftes Lächeln empfangen zu haben. Es war ein Lächeln, das man eigentlich nur jemandem schenkt, nach dem man sich unendlich lange gesehnt hat, ein Lächeln, das mindestens zehntausend Geigen in den Himmel hängt und die Worte ENDLICH BIST DU DA! mit großen Lettern darüber schreibt. Ich sah das alles, aber ich durfte meinen Augen nicht trauen, denn es konnte ja nicht mir, es musste einem anderen gelten. Es war ein bedauerlicher Irrtum, eine Verwechslung, die sich sicher gleich aufklären würde. Meine Glieder waren nahe daran einzuknicken, als hätte ich weiche Knie bekommen. Meine Fühlerspitzen hingen seitwärts herab; ein Ausdruck, der beim Menschen etwa einem weit offenstehenden Mund entspricht. Gottseidank hatte ich mich noch so weit unter Kontrolle, dass ich es bemerkte und meine Haltung rasch korrigierte. Doch es musste ziemlich lächerlich ausgesehen haben, vergleichbar einem Mann, der in bester Gesellschaft bemerkt, dass seine Hose offensteht und der sie nun hastig schließt. Aus irgendeinem Grund fühlte ich mich veranlasst, etwas zu sagen.

„Gu... guten... Morgen“, brachte ich stotternd hervor, als ich die Sprache wiedergefunden hatte. Etwas Originelleres war mir leider nicht eingefallen.

„Gu-guten... Morgen?“, wiederholte sie im gleichen, hakeligen Takt mit einer fragend erhobenen Stimme, die wie eine wundervolle Musik in meine Sinne drang. Sie schien ihren eigenen Worten nachzulauschen, die wohl die allerersten in ihrem soeben begonnenen Leben waren. Mich überkam eine Ahnung von der Bedeutung meiner Anwesenheit für dieses neugeborene Wesen; ich war der allererste Artgenosse, mit dem sie eine Unterhaltung führte. Und ich meinte, jetzt erst recht möglichst bedeutungsvolle Worte wählen zu müssen.

„Na? Du bist also gerade erst... geschlüpft, oder...?“, brachte ich mühsam heraus und machte eine Geste zu der aufgebrochenen Puppe hin. Mir wurde sofort klar, dass dieser völlig überflüssige Einwurf gewiss alles andere als geistreich war. Ich wäre jetzt bestimmt fürchterlich errötet, wenn es meinem gegenwärtigen Gesicht möglich gewesen wäre.

„Du hast ja so süß geschlafen“, wisperte sie mit einem Lächeln, dessen Tiefgründigkeit einen ganzen Schilderwald von Fragen vor mir aufstellte.

‚Du lieber Himmel!‘, dachte ich panisch auf der Stelle tretend. ‚Bestimmt hat mein Rüssel heruntergehangen und ich habe gesabbert!‘

Ich hätte mich vor Verlegenheit am liebsten in Luft aufgelöst. Weil ich es mir nicht anmerken lassen wollte, brachte ich überbetont lässig hervor: „Da bin ich jetzt wohl nicht mehr der einzige Kummervogel hier in diesem Revier, wie? Oder was?“

Das Verlöschen ihres Lächelns traf mich wie ein kühler Windhauch.

„Du bist bekümmert?“, fragte sie in einer Art von Anteilnahme, die in mir den Eindruck erweckte, sie würde im wahrsten Sinne des Wortes mit mir mitleiden. Und sie tat das dermaßen intensiv wie sonst allenfalls eine Mutter mit ihrem kranken Baby zu leiden imstande ist. Ihre ganze Erscheinung nahm auf einmal den Ausdruck einer so tiefen Besorgnis an, dass ich darüber erschrak.

„Na ja“, erwiderte ich abwiegelnd in munterem Tonfall, „denkst du vielleicht, es ist besonders spaßig, als sechsbeiniges Schreckgespenst durch die Gegend zu flattern?“

Sie senkte ihre Fühler und wiederholte leise das Wort Schreckgespenst, mit dem sie offenbar nichts anzufangen wusste. Ich hielt es für besser, das Thema zu wechseln.

„Und wer bist du in Wirklichkeit?“, fragte ich daher ganz unvermittelt. Sie horchte verwundert auf. Mit merklicher innerer Anspannung wich sie meinem forschenden Blick aus. Sie schien sehr ernsthaft über eine Antwort nachzudenken. Erwartungsvoll sah ich sie an. Doch sie wandte ihre Aufmerksamkeit ihren vorderen Klammerhäkchen zu, wie ein Mädchen, das sich seine Fingernägel betrachtet, und streifte beiläufig ein daran klebendes Krümchen von Baumrinde ab. Dann lächelte sie vor sich hin, was mir zu erkennen gab, dass sie es vorzog, meine Frage in Vergessenheit geraten zu lassen. Ich glaubte, ihr Verhalten zu verstehen. Schließlich hätte auch ich nicht jedem Unbekannten, der mich direkt nach dem Schlüpfen mit indiskreten Fragen belästigte, sofort meine ganze Menschenlebensgeschichte auf den Rüssel binden mögen. Ich rückte etwas näher an sie heran, wobei ich mich vorsorglich umblickte, und raunte ihr zu: „Hast du etwa auch... Schmetterlinge gejagt?“

Sie zuckte zusammen und wich ein Stück zurück. Ich glaubte, Anzeichen von Bestürzung bei ihr zu bemerken, die sie vor mir zu verbergen suchte. Hatte ich etwa die Wahrheit herausgefunden? Offenbar hatte sie genau das befürchtet.

„Vor mir brauchst du keine Angst zu haben“, beruhigte ich sie, indem ich meine Fühlerspitzen verständnisvoll zusammenführte. „Du kannst mir ruhig sagen, woher du kommst.“

Ich öffnete meine Flügel zu einem Ausdruck von Offenherzigkeit und verbog meine Fühler zu einem vertraulichen Grinsen.

„Ich bin ja schließlich auch...“, begann ich zu gestehen.

„Woher ich komme?“, unterbrach sie mich mit einem unschlüssigen Seitenblick zu der offenen Puppe. Ein tiefer Seufzer entrang sich ihr, der mir zeigte, wie schwer ihr die Antwort fiel. Ich wartete gespannt.

„Ich komme aus dem großen Feuer“, sagte sie endlich. „Aus dem Feuer, in dem die Welt geschlafen hat, bevor sie entstanden ist.“

Sie sagte das in einer Art, die deutlich ihre Verwunderung darüber zeigte, dass ich sie überhaupt nach einer solchen Selbstverständlichkeit befragte. Ich stutzte. - Aus dem großen Feuer? Was hatte es damit auf sich? Einer glücklichen Eingebung folgend unterließ ich es gerade noch rechtzeitig, ihr weitere dämliche Fragen zu stellen, denn es dämmerte mir, dass ich es in ihrer Person mit einem von Leib und Seele echten Schmetterling zu tun hatte. Mir wurde klar: Wenn ich jetzt so weitermachte, müsste sie mich für total bescheuert halten. Und wenn ich auch noch anfangen würde, ihr meine menschliche Herkunft zu erklären, würde sie vermutlich entweder schreiend davonflattern oder ohnmächtig von ihrem Zweig stürzen. Für eine Weile war ich so perplex, dass ich nicht wusste, wie ich meine Fühler halten sollte. In welche Stellung ich sie auch brachte, sie drückten ständig etwas aus, was ich nicht wollte. Ich kam mir beinah vor wie jemand, der unschlüssig von einem Fuß auf den anderen tritt, wie ein Tanzbär auf einer heißen Eisenplatte oder wie ein Grimassen schneidender Komiker, über den niemand lachen wollte. Es entstand ein äußerst peinliches Schweigen. Beschämt kratzte ich mir mit dem Rüssel den Hinterkopf. Ihr befremdlicher Blick folgte meiner Bewegung. Zu spät wurde mir bewusst, dass ich mich damit ebenso ungehobelt benahm wie jemand, der sich am Esstisch mit einer Gabel die Haare kämmt. Mir wurde klar, dass ich meinen Auftritt gründlich vergeigt hatte und stand nun vor ihr wie ein Pudel unter der Regentraufe. Sinnlos scheuerte ich meine hinteren Klammerhaken an der Rinde des Zweiges, wobei ich zu allem Überfluss auch noch strauchelte. Ich wusste nicht mehr, was ich tun sollte, um mich der Peinlichkeit dieser Situation zu entziehen. In plötzlichem Entschluss breitete ich meine Schwingen aus.

„Ja, dann werd' ich mal wieder...", stammelte ich, worauf sie mit sichtlichem Bedauern fragte: „Du willst fort?"

„Na ja, es wird Zeit für mich", antwortete ich wichtigtuerisch.

„Zeit?", wiederholte sie, als wäre ihr nicht klar, was das bedeutete. Sie sah auf einmal so traurig aus wie ein Kind, mit dem niemand spielen will. Ich hätte wirklich nichts auf der Welt lieber getan, als sie nach dem Grund ihrer Traurigkeit zu fragen und sie zu trösten. Doch ich war einfach nicht dazu in der Lage. Ich fühlte mich, als stünde ich mitten auf einem Platz, der mit lauter Fettnäpfen gepflastert war. So machte ich stumm eine bedauernde Geste und schwang mich in die Luft. Ich wollte nur noch abhauen.

‚Bloß weg hier!', dachte ich.

„Wann kommst du wieder!?", hörte ich sie mir nachrufen, als sei es die selbstverständlichste Sache der Welt, dass ich zurückkehren würde. Wollte sie mich damit verspotten?

„Keine Ahnung! Irgendwann vielleicht oder so…!", gab ich unbestimmt zur Antwort und Schoss davon. Dabei war ich fest entschlossen, künftig einen großen Bogen um diesen Platz zu machen.

Ich stieg in die Höhe und legte mich in den Wind, um möglichst schnell fortzukommen. Der kräftige Luftstrom blies mich auf den See hinaus. Ich verhielt mich wie ein geprügeltes Kamel, das kopflos in die Wüste flieht. Ich wollte einfach nur weg, egal wohin, erst einmal Abstand gewinnen vom Ort meines blamablen Auftritts. Mein Bedauern über die verpatzte Begegnung mit diesem wundervollen Wesen drückte wie ein schwerer Sandsack auf meinen leeren Magen. In Gedanken ließ ich das Gespräch immer wieder revuepassieren.

‚Gu... guten... Morgen. Du bist wohl gerade erst... geschlüpft?...'

War *ich* das gewesen, der so etwas Dämliches von sich gegeben hatte? Was mochte sie jetzt bloß von mir denken! Dabei hatte sie sich, wenn ich es recht interpretierte, durchaus weiter mit mir unterhalten wollen. War sie trotz allem nicht eigentlich sehr nett zu mir gewesen? Vermutlich hatte ich einen derart bemitleidenswerten Eindruck vermittelt, dass sie sich genötigt sah, mich besonders behutsam zu behandeln. Sicherlich hatte sie es aus den gleichen Erwägungen heraus getan, wie man jemanden untertänig mit Majestät anredet, der sich einem als Napoleon Bonaparte vorstellt, bevor man Gelegenheit findet, den ärztlichen Notdienst zu verständigen. Aber warum hatte sie mich dann gefragt, wann ich wiederkomme? Vermutlich lag das nur daran, dass sie die allerersten Stunden ihres Lebens nicht ganz allein verbringen wollte. Sie kannte außer mir ja niemanden und wusste also den Wert einer angenehmen Gesellschaft noch gar nicht einzuschätzen? Blieb nur zu hoffen, dass sie auf Grund dieser Unerfahrenheit gar nicht in der Lage gewesen war, einen vernünftigen Satz von einem hohlen Gewäsch zu unterscheiden? Womöglich aber hatte sie die Begegnung mit mir auch zu der Annahme geführt, es gäbe ausschließlich Idioten auf der Welt?

Du lieber Gott! Wie mochte ein solcher Tag erst enden, der so katastrophal begonnen hatte!

In diesen jammervollen Gedanken verloren strebte ich immer weiter voran. Allerdings begannen mich nun zwangsläufig die aufkommenden Probleme meines Fluges zu beschäftigen und zerrten mich gewaltsam auf den Boden der Tatsachen zurück. Mein Verstand glich allerdings einem gründlich verknoteten Schnürsenkel. Ich nahm mich zusammen und konzentrierte mich darauf, ihn zu entwirren. Was tat ich hier überhaupt? Wo war ich eigentlich? Unter mir sah ich nur Wasser und über mir den morgendlich dunstigen Himmel. Welcher Teufel hatte mich nur auf die Idee gebracht, völlig sinnlos auf ein Gewässer hinauszuflattern, das ich nicht überblicken konnte! Wohin sollte ich verschwinden, wenn jetzt ein Vogel käme? Unwillkürlich flog ich tiefer, so als wollte ich mich an die Wasseroberfläche ducken. Doch wenn ich es recht bedachte, war ich dadurch den scharfen Vogelaugen um keinen Deut weniger verborgen. Nachdem sich meinem Blick lange Zeit nichts Auffälligeres als mein eigenes, auf den Wellen tanzendes Spiegelbild gezeigt hatte, wurde mir ziemlich mulmig zumute. Wer mochte wissen, wie riesig groß dieser See war? Der Wind hatte mich inzwischen so weit hinausgetrieben, dass es mich bereits eine sehr lange andauernde Anstrengung kosten würde, gegen den Luftstrom ankämpfend zurückzukehren. Ich begriff, dass ich mich da in einen ziemlichen Schlamassel hineingeritten hatte. Wenn ich jetzt einfach weiter so vor mich hin flatterte und nicht bald ein Ufer vor mir auftauchte, würde mir womöglich die Kraft für den Rückflug fehlen, zumal ein erbarmungsloser Hunger schmerzhaft in meinen Eingeweiden kramte. Dabei wäre es durchaus möglich, dass das ersehnte Ufer keine hundert Meter vor mir lag und ich es mit meinen kurzsichtigen Augen nur nicht erkennen konnte. Panische Gedanken schossen mir durch den Kopf. Ich sah mich bereits total erschöpft auf einem Blatt oder einem Schilfhalm treibend auf den Wellen schaukeln wie ein Schiffbrüchiger im Ozean. Schließlich gab ich es auf, mit dem Schicksal Hasard zu spielen und entschloss mich wohl oder übel zur Umkehr.

Verbissen begann ich gegen den Wind zu kämpfen. Nach einer Weile stellte ich fest, dass es nichts gab, woran ich feststellen konnte, wie schnell oder ob ich überhaupt vorwärts kam. Nur diese kleinen Kräuselwellen schoben sich unter mir entlang, die mich aber anscheinend nur darüber hinwegtäuschen wollten, dass mich der Luftstrom auf der Stelle festhielt. Plötzlich rauschten kurz hintereinander zwei flirrende Schatten über mich hinweg. Auch das noch! Ich machte mich auf das Schlimmste gefasst. Mein Herz raste. Aus welcher Richtung würden sie angreifen? Da glitt in kurzer Entfernung etwas aufschäumend ins Wasser. Ich hörte behäbiges Entengeschnatter. Es war ein Blick der Erleichterung, den ich hinter mich warf, weil Enten keine Gefahr für mich darstellten, und... erstaunt bemerkte ich den nahen Uferstreifen. Die anstrengende Strampelei war umsonst gewesen; der Wind hatte mich unaufhörlich vor sich her geweht. Ich durfte mir an diesem Tage ein weiteres Mal wie ein Trottel vorkommen. Wenn das Ganze nicht so ärgerlich gewesen wäre, hätte ich einen Lachanfall gekriegt. Ich überquerte einen schiefen, von morschen Pfählen getragenen Steg aus lückenhaften Brettern und landete endlich auf einem kieloben im Ufergras liegenden Ruderboot, woran ich mich nach all den ausgestandenen Ängsten klammerte wie ein erschöpfter Schwimmer an einen Rettungsring. Ich musste erst einmal verschnaufen. Der Kahn schien lange nicht mehr benutzt worden zu sein. Gras und Kraut hatten ihn bereits überwuchert. Die hölzernen Spanten, die mit einer rissigen Teerschicht bedeckt waren, rochen modrig. Ob vielleicht ein Name

an das Boot geschrieben war? Neugierig kroch ich in Richtung Bug. Doch ein näherkommendes Vogelgezwitscher machte mir bewusst, dass meine weißen Flügel auf dem dunklen Untergrund weithin zu sehen sein mussten. Widerwillig erhob ich mich. Glücklicherweise durfte ich feststellen, dass die kurze Pause meine Kräfte einigermaßen erneuert hatte. Also begann ich sogleich, die Gegend nach Nahrung zu erkunden.

Mein Weiterflug führte mich in einen verwilderten Garten. Ich umkreiste einen Apfelbaum, der sich von dem Baum auf der Hangwiese am auffälligsten durch seinen viel schwächeren Duft unterschied. Auch ein großer Kirschbaum war da, der jedoch nur wenige unreife Früchte trug. Zwischen hohen Unkrautpflanzen entdeckte ich eine leuchtend rote Erdbeere. Sie roch so angenehm, dass ich einen ungeheuren Appetit auf sie bekam. Hungrig tastete ich sie mit meinen Fühlern ab. Wenn es mir nur gelänge, ihre feste Haut zu durchbohren! Mit einem geeigneten Werkzeug müsste das möglich sein. Ich dachte dabei an eine Stecknadel, eine Reißzwecke oder etwas Ähnliches. Vielleicht ließe sich in dem nahen Haus etwas Derartiges finden?

Gerade als ich mich in die Luft erheben wollte, begann in einiger Entfernung eine weittragende Menschenstimme zu singen. Horchend blieb ich sitzen. Es war die Stimme einer Frau. Der Gesang kam aus Richtung des Hauses. Es war kein Lied, das da gesungen wurde, es waren technische Gesangsübungen wie sie von ausgebildeten Sängern vorgenommen werden, um die Stimmbänder zu trainieren. Die Töne wurden auf einem Klavier angeschlagen und die Stimme folgte ihnen anschwellend nach. Ich flatterte auf und unterquerte meinem Gehör folgend die Krone eines bitter duftenden Nussbaumes, der seinen Schatten über eine Gartenterrasse breitete, von wo aus eine zweiflügelige Glastür ins Haus führte, die einen Spaltbreit geöffnet war. Lauschend heftete ich mich an die Türscheibe. Eine auffallend vergilbte, bodenlange Gardine verwehrte mir jedoch den Einblick. Die Sopranstimme – oder war es ein Mezzosopran? – schwang sich mit routiniertem Tremolo die Tonleiter auf und ab. Mit den obersten Tönen schien die Sängerin allerdings auf Kriegsfuß zu stehen, wie ich bald feststellte. Beim hohen C brach sie ein ums andere Mal jämmerlich weg. Doch hartnäckig setzte sie immer wieder von neuem an, bis es ihr schließlich gelang, den ersehnten Ton zu treffen, dem die Mühe, mit der er erreicht wurde, jedoch deutlich anzuhören war.

Ich machte mich auf, um an einer anderen Stelle zu versuchen, unbemerkt ins Haus zu gelangen. Unweit der bröckligen Eingangstreppe parkte ein Auto, ein weißes Cabriolet mit roten Ledersitzen. Auf seinen blitzenden Chromteilen konnte ich mein verzerrtes, mehrfaches Spiegelbild erkennen. Beeindruckt hockte ich mich auf das weiße Lenkrad. Mein Blick glitt an den Armaturen in der Konsole aus poliertem Wurzelholz entlang. Fahrzeugen wie diesem hatte ich schon immer bewundernd nachgeschaut. Ein kummervoller Seufzer entrang sich mir bei dem Gedanken, dass es mir als Schmetterling niemals vergönnt sein würde, einen so wunderbaren Wagen zu steuern. Auf einmal aber bemerkte ich erschauernd, dass an der Windschutzscheibe Leichenteile von Insekten klebten; abgerissene Gliedmaßen, der halbierte Kopf einer Libelle, zerplatzte Eingeweide, Stücke von Panzerhaut und angetrocknetes Blut. Angewidert flatterte ich davon.

Zusammengeduckt mit flachgelegten Schwingen krabbelte ich im Parterre des Wohnhauses durch einen Fensterspalt und befand mich in der Küche. Ich überflog einen Tisch mit darauf befindlichen Resten eines reichhaltigen Frühstücks. Wehmütig blickte ich auf den Wurstteller, die Käseplatte, den Brotkorb, die Butterdose, ein halb gegessenes Ei; lauter Dinge, mit denen ich leider nichts mehr anfangen konnte. Doch dort stand außerdem noch eine Glasschale mit... Apfelmus, dessen Duft verlockend über meine Fühlerspitzen strich. Mir wurde im selben Moment klar, dass ich endlich eine geeignete Nahrung gefunden hatte. Meine abrupte Landung auf dem Schalenrand ließ mich beinahe kopfüber hineinstürzen. Anfangs saugte ich so hastig, dass die nadeldünne Röhre meines Rüssels von Fruchtbröckchen zu verstopfen drohte. Mein glutheißer Hunger nahm mir jede Beherrschung. Mein Magen schien nahezu erlöst aufzuatmen. Das angenehm süßsauer schmeckende Mus schmiegte sich wohlig in ihn hinein wie in ein weiches Bett. Meine Klammerhaken krampften sich beinahe schmerzhaft an das Glasgefäß. Ich hatte den Eindruck, dass nichts auf der Welt, nicht einmal ein Vogelschnabel mich jetzt davon hätte losreißen können. Erst als ich das herrliche Gefühl der Sättigung empfand, das sich übrigens enttäuschend schnell einstellte, wurde ich wieder etwas ruhiger und hielt inne.

Mir fiel auf, dass der Gesang verstummt war. Jemand ging mit schweren Schritten über knarrende Dielen. Eine Tür quietschte. Irgendwo schaltete man ein Radio ein. Schlagermusik erklang. Darüber ließen sich zwei Stimmen unterscheiden, die recht laut miteinander sprachen. Mit der Kraft, die nun spürbar in meine Glieder einkehrte, erwachte auch meine Unternehmungslust wieder. Im Korridor führten halbgeöffnete Türen in die Zimmer, aus denen die menschlichen Worte drangen. Hinter der einen Tür, dort wo das Radio spielte, hörte ich die Frau, die vorhin gesungen hatte. In dem gegenüberliegenden Raum musste sich ein Mann befinden. Seine heisere Stimme klang angestrengt. Ich duckte mich zunächst in eine Ecke des

Türrahmens zur Linken und warf einen Blick ins Zimmer. Schnell flatterte ich hinein und ging hinter einem Stehlampenschirm in Deckung. Beißender Gestank schlug mir entgegen. Meine Fühler bogen sich angewidert zurück. Das Gesicht der Sängerin, das ich nur von der Seite sehen konnte, war mit einer grünlichen Masse bedeckt. Über ihrem tonnenförmigen Rücken spannte sich der seidig glänzende Stoff eines Morgenmantels. Lockenwickler baumelten an den Enden weißblonder Haarsträhnen und klirrten bei jeder Bewegung. Als Quelle des Gestankes erkannte ich den dunkelroten Lack, mit dem sie sich die Fußnägel bestrich. Mit sichtlicher Mühe wegen ihrer Leibesfülle beugte sie sich dabei über ihren Fuß, den sie auf eine Anrichte vor einen Spiegel gestellt hatte. Ihr enormes Hinterteil wulstete sich über die Sitzfläche eines fellbespannten Schemels.

„Er würde das Geld sowieso nur vertrinken, wenn er es in die Hand bekäme“, sagte sie laut. „Totsaufen würde er sich! Im Grunde tun wir ihm sogar was Gutes, wenn wir ihn davor bewahren.“

Aus dem anderen Zimmer vernahm ich die heisere Männerstimme: „Meinst du, er ist so dämlich, auf seine ganze Erbschaft zu verzichten?“

„Er war schon immer ein verträumter Spinner“, antwortete sie. „Wir müssen ihm nur genügend Alkohol einflößen. Wenn er betrunken ist, unterschreibt er dir sogar blanko ein Stück Klopapier, wenn du ihn freundlich drum bittest.“

Nach frischer Luft lechzend trat ich den Rückzug an. Dazu nutzte ich den günstigen Augenblick, als die Sängerin schwerfällig ihren anderen Fuß auf die Anrichte hievte. Ich durchquerte den Korridor und flatterte durch die angelehnte Tür in das gegenüberliegende Zimmer. Dort roch es zwar ganz anders, doch auch nicht viel angenehmer. Tabaksqualm wogte mir entgegen. Sein Verursacher verbarg sich hinter einer aufgeschlagenen Zeitung. Ich sah nur seine untere Körperhälfte. Der Mann war tief in einem Sessel mit brüchigem Lederbezug versunken. Der Fuß seines übergeschlagenen Beines wippte mit dem daran steckenden Hauslatschen, von dem ein käsiger Geruch aufstieg. Als ich den Rauch durchflogen hatte, blieb die Spur meines Flatterns als eine Kette von Kringeln für ein Weilchen darin sichtbar. Ich heftete mich an die Rückseite der Zeitung, die mich nicht nur vor dem dicksten Qualm, sondern auch vor der Entdeckung bewahrte.

„Und wenn er dahinterkommt, dass wir ihn übers Ohr gehauen haben?“, setzte der Mann das Gespräch fort.

„Wenn schon“, ließ sich die Frauenstimme hören. „Was kann einer wie er uns denn anhaben? – Ein abgerissener Bettelmusikant, der auf dem Bahnhof Geige spielt.“

„Aber wie wird deine Mutter auf die Sache reagieren?“, wollte der Mann wissen.

„Wegen meiner Mutter brauchst du dir keine Gedanken zu machen“ kam es zurück. „Wenn ich ihr klarmache, dass wir sie bei uns wohnen lassen könnten, wenn wir das *ganze* Geld kriegen, wird sie garantiert den Mund halten.“

„Sie soll bei uns wohnen?!“, entrüstete sich der Mann. „Soll ich mir dann drei Mal am Tag ihre unappetitlichen Krankengeschichten anhören?“

„Ich bitte dich“, beschwichtigte die Frau. „Ich sagte, wir bieten es ihr erst einmal an, nicht, dass wir es dann wirklich tun. Es kann ja immer was dazwischen kommen.“

„Mir ist nicht wohl dabei. Dein Bruder könnte sich auch nach Jahren noch einen Anwalt nehmen und uns gewaltigen Ärger machen“, gab der Mann zu bedenken. „Ja, wenn es nur irgend eine Bruchbude wäre, dann würde ich es schon riskieren.

Aber bei den Beträgen, um die es hier geht…“

„Und ich sage dir: Er ist viel zu dämlich dazu!“, tönte es unwirsch aus dem Schlafzimmer. „Er wird nicht einmal erfahren, was dieses Grundstück jetzt wert ist, weil ihn so was gar nicht interessiert.“

„Dabei steht es hier wieder groß und breit geschrieben!“, rief der Mann aus und blätterte so heftig um, dass meine Klammerhaken vom Papier abrutschten. Ich ließ mich auf seinem übergeschlagenen Knie nieder, das er wegen der davorgehaltenen Zeitung nicht einsehen konnte.

„Hier! Da steht's!“, krächzte er und las: „Hotelbetreibergesellschaft bietet Grundstückseignern Millionen!“
Erregt stellte er das Bein ab, auf dem ich saß, und schlug das andere über. Ich musste schnellstens auffliegen, um nicht zerquetscht zu werden. In gerader Linie huschte ich zur Tür hinaus, weil mich der wabernde Tabaksqualm arg zu beißen begann. Ohnehin war das Gespräch nicht sonderlich erquicklich. Für mich war es ein Trost, dass ich als ein naturgemäß verwaister Schmetterling von derart hinterhältigen Erbstreitigkeiten verschont bleiben würde.

Ich überlegte, wie ich in den nächsten Tagen an das Apfelmus kommen könnte, das man sicherlich bald im Kühlschrank verstauen würde. Als ich mich dem Küchentisch näherte, stellte sich heraus, dass es noch andere Interessenten dafür gab.

„Schmeckt gar nicht mal so übel, was?“, richtete ich leutselig in der Insektensprache das Wort an die beiden Wespen, die sich darüber hergemacht hatten. Ich setzte mich ihnen gegenüber auf den Schalenrand. Aufblickend hoben sie die Köpfe. Ihre Fresszangen trieften nur so vom Mus. Unbeweglich starrten sie mich an. Mich beschlich das ungute Gefühl, etwas falsch gemacht zu haben. Es mag vielleicht etwas sonderbar anmuten, aber in diesem Moment fiel mir ein Buch über den mongolischen Eroberer Dschingis Khan ein, das ich als Junge besessen hatte – die Abbildungen seiner kampflustigen Krieger, hagere Gesichter mit breiten Backenknochen, langgezüchtete Stutzbärte, drohende Blicke aus schrägstehenden Schlitzaugen. Diese Kämpfer machten auf mich den Eindruck, als würden sie jedem, der sie nur schief anzusehen wagte, mit gezücktem Messer an die Gurgel springen. Bei diesen Wespen war es ganz ähnlich.

Ich sah von der einen zur anderen und traute mich auf einmal nicht mehr, meinen Rüssel nach der Nahrung auszustrecken. Endlich begann die eine Wespe zu sprechen. Ihre Wortsignale drangen unangenehm klirrend in meine Sinne. Es war ein eigenartiger Dialekt. Die Sätze waren sonderbar zerhackt, doch ich konnte sie trotzdem deutlich verstehen. Was sie zunächst zu mir sagte, lässt sich etwa mit den Worten „lächerliches Flattertier" übersetzen. Dann gab sie mir zu verstehen, dass ich schleunigst verschwinden solle, denn das sei schließlich *ihr* Fraß. Und die andere ergänzte, ich solle gefälligst tun, was ihre Kumpanin mir geraten hatte, und falls ich mich nicht dabei beeilte, würde ich leichtsinnigerweise die Möglichkeit vertun, ungeschoren davonzukommen.

‚Ihr seid mir ja eine feine Gesellschaft', ging es mir spontan durch den Kopf, wobei ich mich zurückhalten musste, diese Gedanken auszusenden. Ich versuchte meine aufsteigende Empörung zu verbergen und äußerlich ruhig zu erscheinen. Mir war schon klar, dass ich hier mit Gewalt nichts erreichen konnte. Doch für einen sofortigen Rückzug war ich einfach nicht feige genug. – Oder etwa nicht klug genug?

„Hört mal", sagte ich beschwichtigend, „wir brauchen uns doch nicht zu streiten. Das hier ist so viel Nahrung, dass wir

drei sie nicht aufessen können. Aber sie wird bald nicht mehr da sein, weil die Menschen sie fortnehmen werden."
Woher ich Schlaukopf so etwas denn wissen wolle, wurde ich gefragt.

„Glaubt es mir einfach", schlug ich den Wespen vor. „Ich kenne mich ganz gut mit den Zweibeinern aus. Wir sollten so viel wie möglich von dem Zeug nach draußen schaffen."
Ob ich sie etwa für kopfkrank hielte, tönte es mir entgegen, und wozu sie sich denn damit abschuften sollten, den „Fraß", wie sie das Apfelmus nannten, woanders hin zu schleppen.

„Macht ihr euch denn keine Gedanken darüber, was ihr morgen essen werdet?", wunderte ich mich. Die Wespen verzogen ihre Fresszangen zu einem herablassenden Grinsen. Ob ich denn tatsächlich meinte, dass mich das etwas anginge.

„Bitte sehr", sagte ich flügelzuckend. „Wenn ihr es nicht nötig habt – mir kann es egal sein. Ich lege mir jedenfalls einen Vorrat an."
Entschlossen tauchte ich meine Vorder- und Mittelbeine in das Mus, um eine erste Portion abzutransportieren.

„Stop!", bellten die Wespen und richteten sich zur vollen Größe auf. Sie versetzten ihre abgespreizten Flügel in Vibration, wodurch ein gefahrverheißendes Brummen erzeugt wurde.

„Nimm sofort deine Krallen aus unserm Fraß!", rief die eine. „Sonst machen wir dich fertig!"
Ich fühlte, dass die Zeit der Diplomatie vorüber war. Eine unbändige Wut stieg in mir hoch. Meine Fühler stellten sich unwillkürlich in eine Position, die an die Form von Stierhörnern erinnerte.

„Ihr habt überhaupt kein Recht, mir das zu verbieten!", rief ich ihnen entgegen. „Außerdem hab' ich das Apfelmus zuerst entdeckt!"

Doch die beiden Räuberinnen schienen an einem Austausch von Argumenten absolut nicht interessiert zu sein. Sie fielen einfach ohne eine weitere Vorankündigung brutal über mich her. Als brummendes, flatterndes, zappelndes Knäuel stürzten wir vom Schalenrand auf die Tischplatte. Verbissen wehrte ich mich mit heftigen Tritten. Der Luftzug unserer Flügelschläge ließ verstreute Salzkörner und Brotkrümel auseinanderrollen. Wild tobte der Kampf über Untertassen, Butternapf und Wurstteller hinweg. Einige Male gelang es mir, meine Peinigerinnen kurzzeitig abzuschütteln, doch immer wieder stürzten sie sich auf mich und kniffen mit ihren scharfen Fresszangen in meine Fühler und Beine. Ich verfügte meinerseits über absolut nichts, womit ich sie gleichermaßen hätte verletzen können. Mir blieb leider nur der verzweifelte Versuch, die Flucht anzutreten. Schon befand ich mich gut einen Meter hoch über dem Frühstückstisch, da schnappte mich eines der teuflischen Biester fest am Hinterbein. Trudelnd stürzten wir in eine geleerte Kaffeetasse, wobei ich zuunterst kam. Als sich auch noch die andere Wespe in das wirbelnde Gemenge mischte, wurde ich endgültig überwältigt. Zunächst erhielt ich von dem einen Insekt einen lähmenden Biss ins Genick, dann spürte ich den Stachel des anderen mit einem solchen Schmerz in meine Seite dringen, dass ich darüber fast wahnsinnig wurde. Das einströmende Gift brannte wie glühende Lava. Ich hatte das Gefühl, als würde sich mein Herz in einen wackelnden Pudding verwandeln. Kraftlos sank ich zusammen. Ich konnte mich nicht mehr bewegen. Nur meine Klammerhaken zuckten noch ein wenig.

Endlich lösten die beiden Gewalttäterinnen ihre fesselnden Krallen von mir. Die eine setzte sich verschnaufend neben mich in den körnigen Kaffeegrund, die andere klammerte sich schwer atmend oben an den Rand der Tasse.

„Was meinst du?“, hörte ich sie fragen. „Ob er genug hat?“

„Hast du ihm eine volle Ladung verpasst?“, wollte die andere neben mir wissen und beugte sich über meine starren Augen. „Du, ich glaube, er ist noch nicht ganz hinüber.“

„Kann sein, mein Stachel ist ein bisschen abgerutscht“, bekam sie von oben zur Antwort.

„Dann werde ich ihm sicherheitshalber den Rest geben“, vernahm ich den Entschluss der Wespe, mich zu ermorden. Ich war so ermattet, dass ich zu kaum einer Gefühlsregung, geschweige denn zu einem letzten Aufbäumen mehr fähig war.

„Ich steche ihn zur Sicherheit direkt ins Herz“, erklärte meine Mörderin beiläufig. „Dann hat sich's endgültig ausgeflattert.“

Ich spürte, wie mich das Tier von hinten umkrallte, wie es den Stachel ein- zwei- und ein drittes Mal ansetzte, um die beste Einstichstelle zu finden. Ich hörte, wie es dabei vor sich hin murmelte: „Wo kommen wir denn da hin, wenn jetzt auch noch die Flatterlinge anfangen, uns einen Fraß streitig zu machen.“

‚Das war's also‘, dachte ich matt in Erwartung eines allerletzten Schmerzes. Noch einmal versuchte ich Luft zu holen für einen letzten tiefen Atemzug.

‚Gleich ist Schluss‘, ging es mir durch den Sinn.

Urplötzlich ließ eine so gewaltige Erschütterung die Tasse erbeben, dass ich meinte, sie würde zerbersten. Für einen Moment hatte sich ihr Inneres durch einen über sie geschlagenen Gegenstand verdunkelt. Mit schwindenden Sinnen erkannte ich, dass es sich dabei um ein bedrucktes Papier, vermutlich um eine zusammengerollte Zeitung handelte.

„Verdammtes Viehzeug!“, fluchte die heisere Menschenstimme.

IX. Die Asche und die Hoffnung

Plupp! hörte ich irgendwo über mir ein Geräusch. Plupp! machte es nach einer gewissen Zeit wieder. Und wieder. Und wieder. Ich hatte starke Schmerzen. Ganz allmählich kehrte mein Bewusstsein zurück wie die Morgendämmerung eines wolkenverhangenen Tages. Mein Herz schlug ruhig und gleichmäßig. Um mich her war es still. Da waren nur ein entferntes Summen und dieses leise, sich gleichmäßig wiederholende Geräusch. Plupp!

Ich befand mich immer noch in der Kaffeetasse, die nun allerdings auf der Seite lag. Taumelig richtete ich mich auf und fiel gleich wieder um, weil ich im Moment nicht wusste, wo oben und unten war. Ich rutschte die Gefäßwand entlang und purzelte auf etwas Feuchtes, löchrig Zerklüftetes. Jetzt erkannte ich, dass ich auf einem Schwamm unter einem Berg von Geschirr im Abwaschbecken saß. Ein gewaltiger Schreck durchfuhr meine Glieder. Ich meinte, schnellstens von dort verschwinden zu müssen. Jeden Moment könnte heißes Wasser auf mich herabströmen! Ich schlug mit den Flügeln und prallte sofort gegen die fettverschmierte Innenfläche eines über mir liegenden Tellers. Erneut stürzte ich zu Boden. In diesem Geschirrhaufen war kein Platz zum Fliegen. Ich raffte mich auf und kroch auf dem rutschigen Porzellan nach oben. Es zeigte sich, dass ich mich nicht zu überhasten brauchte, weil sich offenbar niemand am Abwasch zu schaffen machte.

Mein Aufstieg über schrägstehende Teller, Tassen und Besteckteile ging nur mühsam voran. Ich war sehr geschwächt, und die nässende Stichwunde in meiner linken Seite schmerzte bei jeder unbedachten Bewegung. Während ich strauchelnd und rutschend Schritt für Schritt dem sperrigen Durcheinander entklomm, versuchte ich das jüngste Geschehen gedanklich zu ordnen. Dass ich überhaupt noch am Leben war, verdankte ich zweifellos dem heiseren Mann. Er hatte die Wespen vertrieben, bevor sie mich durch einen weiteren Giftstich erledigen konnten. Und weil mich die Menschen in der Tasse übersehen hatten, war ich mit dem gebrauchten Geschirr ins Abwaschbecken gelangt. Genau so musste es gewesen sein. Als Ursache des wiederkehrenden Plupps erkannte ich den Wasserhahn, der gemächlich vor sich hin tropfte. Die wabbelnden Perlen plumpsten in einen verkeilten Teelöffel, worin sie mit jedem Plupp eine überschwappende Welle erzeugten.

Auch das Fliegen bereitete mir Schmerzen. Ich kam nur schauklig und langsam voran – zu meinem Glück, wie sich herausstellte. Bei höherem Tempo wäre ich wahrscheinlich gegen die nahezu unsichtbare Fensterscheibe geprallt und hätte mir die Fühler brechen können. Ich stoppte gerade noch rechtzeitig ab und suchte nach dem Durchschlupf, der dort irgendwo sein musste. Doch der frische Hauch von Gartenluft, den ich wahrnahm, wellte sich durch eine kreisrunde Öffnung, in der sich müde ein beschmutzter Ventilator im Luftzug bewegte. Davor war eine Gaze gespannt, in deren Maschen etliche tote Obstfliegen und einige verschrumpelte Mückenleichen hingen, von denen ein übler Geruch ausging. Hier kam ich nicht weiter. Ich kehrte um. Der Ausweg durch den Hausflur blieb mir wegen der geschlossenen Küchentür verwehrt. Ich versuchte unter der Tür hindurch zu kriechen, doch der zugige Spalt war viel zu eng. Es gab keinen Weg nach draußen. Resigniert hängte ich mich an den Rand der Deckenlampe.

„Das ist ja eine schöne Bescherung", wandte ich mich an die kleine Fliegenschar, die sich hier oben die Zeit mit einem monotonen Haschenspiel vertrieb. Doch meine Bemerkung blieb völlig unbeachtet.

„He, Leute, wir sind eingesperrt!“, machte ich etwas nachdrücklicher auf mich aufmerksam.

„Na und?“, summte es kaum hörbar an mir vorüber, wobei mich keine der Fliegen eines Blickes würdigte.

„Ja aber... verflixt nochmal! Wie kommen wir hier wieder raus?“, fragte ich.

„Wozu?“, fragten sie interesselos zurück, ohne ihr Spiel zu unterbrechen. Die Gefangenschaft schien ihnen völlig schnuppe zu sein. Wahrscheinlich war diese Küche ihr eigentliches Zuhause, dachte ich. Womöglich hatten diese Tiere ihr ganzes bisheriges Leben in diesem Raum verbracht. Was für ein trostloses Dasein! In ein paar Tagen würden sie tot auf dem Fensterbrett oder auf dem Fußboden liegen, um beim nächsten Hausputz in den Müll geworfen zu werden. Enttäuscht wandte ich mich ab und schaute mich weiter um. Die Wespen waren jedenfalls fort, wie ich erleichtert feststellte. Aus der anhaltenden Stille im Haus schlussfolgerte ich, dass seine menschlichen Bewohner es verlassen hatten. Meine aufkommende Befürchtung, an diesem Ort Hungers sterben zu müssen, legte sich jedoch bald. Schließlich deuteten das ungewaschene Geschirr, der laufende Kühlschrank und die geöffneten Fensterläden darauf hin, dass die Leute nicht für längere Zeit verreist sein konnten. Ein Vorbeiflug an der tickenden Wanduhr zeigte mir den späten Nachmittag an. Der Kampf mit den Wespen hatte am Morgen stattgefunden. Folglich war ich fast den ganzen Tag über bewusstlos gewesen. Die Schale mit dem Apfelmus war, wie erwartet, nirgends mehr zu sehen. Auf dem Tisch stand jetzt ein Aschenbecher mit einem darin ausgedrückten Zigarrenstummel. Daneben lag die Zeitung, die Schlagwaffe des heiseren Mannes. Ich hoffte nur, dass er die Wespen recht ordentlich damit erwischt hatte. Weil das Blatt zusammengerollt war, konnte ich leider keinen zusammenhängenden Artikel lesen. Auf den Zeilen entlangkriechend entzifferte ich lediglich Satzfetzen wie: „...sellschaft bietet den Grundstückseigentümern außerordentlich hohe..." – „...tigen Proteste der Naturschützer nichts ausgeri..." – „...traktiven Hotelkomplexes soll am westlichen Seeufer entsteh..." – „...eine befestigte Straße um den gesamten See heru..." – „...Golfplatz, wofür erhebliche Flächen angrenzenden Waldes..." – Natürlich war mit derlei Wortsalat nichts anzufangen. Doch die gedruckten Buchstaben brachten mich schlagartig auf eine geniale Idee: Ich wollte etwas schreiben, das die Leute bei ihrer Rückkunft vorfinden sollten. Dazu könnte ich die Zigarrenasche benutzen. Und wenn die beiden Menschen es dann lesen würden, wollte ich in einer besonders auffälligen Weise, zum Beispiel in Form geometrischer Figuren, an der Zimmerdecke herumflattern, um mich als Urheber der Botschaft und somit als ein vernunftbegabtes Wesen kenntlich zu machen. – Man stelle sich das vor: Ein Schmetterling, der schreiben kann! Was für eine Sensation! Die Nachricht würde sich wie ein Lauffeuer verbreiten. Bald würden Scharen von Reportern dieses Anwesen belagern. Ein riesiges Polizeiaufgebot wäre nötig, um die Masse der Schaulustigen in Schach zu halten, deren ungezügelter Ansturm das Haus gewiss an den Rand des Einsturzes brächte. Ich malte mir aus, wie man meine Rückkehr ins Elternhaus in einer Fernsehdirektübertragung in die ganze zu Tränen gerührte Welt ausstrahlen würde: Die Heimkehr des verlorenen Sohnes, der auf rätselhafte Weise die Gestalt eines Schmetterlings angenommen hatte. Mein Erscheinen musste die allgemein geltende Weltanschauung ja geradezu auf den Kopf stellen. Die Anhänger der Reinkarnationstheorie, die von der seriösen Wissenschaft bisher als Spinner abgetan wurden, bekämen durch mich den triumphalen Beweis einer echten Seelenwanderung geliefert. Die besten Fachleute der Informatik würden sich gewiss darum reißen, optimale Kommunikationsmöglichkeiten für mich zu entwickeln. Vielleicht würde man mir eine Art Minitastatur bauen, mit der ich mich über einen Bildschirm verständlich machen könnte? Ich hatte irgendwann einmal von für Behinderte entwickelten Sprachcomputern gehört, die Tastimpulse in hörbare Laute umwandelten. Ein solches Gerät würde es mir ermöglichen, wieder zur Schule zu gehen, später Biologie zu studieren und sogar den Professorentitel zu erwerben. Ich könnte sozusagen aus eigenem Erleben an den renommiertesten Universitäten Vorlesungen über Lepidopterologie halten. Ich würde den Menschen die phantastischsten Einblicke in die Tierwelt eröffnen und vielleicht sogar eine eigene Fernsehsendereihe moderieren. Ich könnte im unzugänglichen Blätterdach tropischer Regenwälder die Erforschung noch unentdeckter Insektenarten übernehmen. Ich könnte die Insektensprache ins Menschliche übersetzen und bei Heuschrecken- oder Borkenkäferplagen als friedenstiftender Vermittler fungieren, ich könnte maßgeblich an der Entwicklung geeigneter Methoden zur Lösung des internationalen Wespenproblems mitwirken, ich könnte... Plötzlich eröffneten sich mir die grandiosesten Zukunftsaussichten. Vielleicht würde es mir sogar gelingen, Nachkommen zu zeugen, die imstande wären, mein Lebenswerk fortzusetzen? Warum eigentlich nicht? Wenn ich eine geeignete Partnerin fände? So eine wie dieses wundervolle Wesen von heute Morgen...? Bei dem Gedanken durchströmte mich ein nie gekanntes Wonnegefühl. Sicherlich würde man uns ein hübsches Puppenhäuschen einrichten, in dem wir von Wespen und anderen Gefahren unbehelligt wohnen könnten und dessen Dach bald mit den Orden und Ehrenzeichen bedeckt wäre, die ich für meine außerordentlichen wissenschaftlichen und diplomatischen Verdienste verliehen bekäme. Und jeden Morgen stünde ein kristallenes Schälchen mit einem frischen Klecks Apfelmus vor unserer Tür. Und wenn ich dann dereinst als hochgeehrter Würdenträger gestorben wäre, würde die ganze Welt... Aber das mochte ich nun noch nicht zu Ende phantasieren. Die Rührung bei der Vorstellung meines ehrenvollen Begräbnisses in einer goldenen, mit funkelnden Diamanten besetzten Schmuckschatulle hätte mich schier überwältigt. – Fast war ich dem Schicksal dankbar, in dieser muffigen Küche eingesperrt zu sein, weil mich erst die damit verknüpfte Muße überhaupt auf solch atemberaubende Gedanken gebracht hatte. Die Aussicht, als weltberühmter Schmetterling vor gespannt lauschenden Auditorien via Großbildschirm sensationelle Vorträge zum Thema „Die Weltsicht aus der Perspektive der Insekten“ zu halten, erschien mir sogar wesentlich annehmbarer, als mein Brot im Schweiße meines menschlichen Angesichtes verdienen zu müssen, indem ich tagtäglich auf einer Geige herumfiedelte.

Mit hochloderndem Feuereifer ging ich ans Werk. Ich konnte meine schmerzende Stichwunde zeitweise fast vergessen, so sehr begeisterte mich mein Vorhaben. Allerdings erwies sich seine Umsetzung als äußerst kompliziert und versetzte meiner Euphorie einen ersten Dämpfer. Meinen ursprünglichen Plan, die Asche mit meinen sechs Füßen aufzunehmen, um sie dann im Fluge mit elegantem Schwung in verschnörkelten Buchstaben herabrieseln zu lassen, musste ich leider verwerfen. Der Luftzug meiner Flügelschläge zerstäubte die eine Hälfte jeder Portion bereits beim Transport, die andere wurde bei dem Versuch, sie als Buchstaben auf der Tischplatte auszustreuen, bis zur Unlesbarkeit verwirbelt. So musste ich wohl oder übel alles laufenderweise bewerkstelligen. Weil ich jedoch mindestens vier Beine benötigte, um einigermaßen voranzukommen, konnte ich lediglich mein Vorderbeinpaar zum Tragen benutzen. Damit vermochte ich aber nur sehr wenig Asche zu transportieren und musste dementsprechend oft hin und her tippeln. Erschwerend kam hinzu, dass das Schreibmaterial einen scheußlichen Geruch verströmte, der mich tüchtig anwiderte und mir zunehmend auf meinen inzwischen wieder leeren Magen schlug.

Anfangs wollte ich in großen Lettern schreiben: ICH SEHE AUS WIE EIN SCHMETTERLING, ABER IN WIRKLICHKEIT BIN ICH EIN MENSCH. Jedoch entschied ich mich wegen der erwähnten Komplikationen zu der im Grunde ja völlig ausreichenden Mitteilung: ICH BIN EIN MENSCH – Ausrufungszeichen. Mein bloßes Erscheinen würde ohnehin von ganz allein jedem Leser die Bedeutung der geschriebenen Botschaft offenbaren, und zwar spätestens bei meiner geometrischen Flugvorführung.

Nachdem ich in stundenlanger Schwerstarbeit die Worte ICH BIN EIN deutlich lesbar zusammengetragen hatte, ging die verdammte Asche zur Neige. Um die Nachricht zu vollenden, blieb mir nur die Möglichkeit, Material aus Teilen der bereits fertigen Buchstaben zu entnehmen – eine äußerst zeitaufwendige Prozedur. Als das M noch nicht ganz fertig war, brach die Dämmerung herein. Bald konnte ich nur noch mit weit geöffneten Leuchtflügeln arbeiten. Das bedeutete eine zusätzliche Erschwernis, weil für einen Falter das Laufen auf vier Beinen mit geöffneten Flügeln aus anatomischen Gründen viel mühsamer ist, als mit gefalteten. Ständig stolperte ich über meine eigenen Klammerhaken. Todmüde und völlig ausgehungert beschloss ich, die Arbeiten bis zum Hellwerden zu unterbrechen. Also hängte ich mich zum Ausruhen über der Lüftungsöffnung an die Zimmerdecke. Das gemächlich wiederkehrende Plupp, das mich die ganze Zeit über genervt hatte, blieb lange das lauteste Geräusch, das im Haus zu hören war.

Trotz meiner Müdigkeit konnte ich nicht sofort einschlafen. Ich musste an das Schmetterlingsmädchen denken, an diesen überwältigenden Duft, an ihre wundervoll geschwungenen Fühler und an das bezaubernde Lächeln, das sie mir geschenkt hatte. Wie herrlich sich das Sonnenlicht in ihren Facettenaugen gespiegelt hatte! Ich bedauerte, die Oberseiten ihrer weißen Schwingen nicht gesehen zu haben. Ob sie wohl auch goldene Ränder hatten wie meine? Da tauchte plötzlich ein Bild in meiner Erinnerung auf, das mich wie eine brüllende Teufelsfratze erschreckte: Eine stählerne Nadel, die wie ein Fleischspieß an dem leeren Platz in diesem Schaukasten stak – *Alienus alifer...*

Spät in der Nacht wurde ich wach, als draußen ein Fahrzeug hielt. Autotüren klappten. Schlüsselgeräusche, Schritte und Stimmen näherten sich. Die Küchentür knarrte. Vom Korridor fiel Licht in den Raum. Der Kühlschrank wurde geöffnet. Im Schein seiner Innenbeleuchtung sah ich die gebückte Gestalt der Sängerin, die darin zu kramen begann. Wenig später kam auch der Mann herein. Wortlos setzte er sich an den Tisch und zündete sich zu meiner Freude ein Zigarillo an, das mir genügend Material zum Weiterschreiben liefern würde. Zum Glück blieb die Deckenlampe gelöscht, denn sonst hätte er unweigerlich die Schrift auf der Tischplatte erblickt, die da lautete: ICH BIN EIN M. Das wäre allerdings für meinen geplanten Effekt absolut unvorteilhaft, weil zu verfrüht gewesen. Ich hoffte nur, dass das Paar bald zu Bett gehen möge, damit es meinem unfertigen Werk keinen Schaden zufügte.

Das Verhältnis der Eheleute schien gespannt zu sein. Eine heftige Auseinandersetzung lag in der Luft.

„Ich komme einfach nicht drüber weg, wie du unser gemeinsames Eigentum aus dem Fenster schmeißt!“, grollte die Frau mit vollen Backen kauend. „Verschenkst einfach unseren Wagen! Ohne mich vorher zu fragen! Hast du tatsächlich deinen Verstand verloren?!“

„Ich versteh nicht, was du *noch* willst!“, krächzte der Mann. „Für den Erlös von dem Grundstück können wir uns doch hundert neue Autos leisten!“

„Wozu hab’ ich dir lang und breit erklärt, dass er nicht ganz richtig ist im Kopf!“, wetterte die Frau. „Er hätte sich mit viel weniger abgefunden! Aber du in deiner ausufernden Großzügigkeit überlässt ihm einfach unser schönes Cabrio! Perlen vor die Säue! Ich fasse es nicht!“

„Wann haben wir jemals ein besseres Geschäft gemacht?“, hielt der Mann dagegen. „Ein gebrauchtes Auto für seinen gesamten Erbanteil, das ist doch so, als hätte man eine Schachtel Streichhölzer gegen eine Kiste Havanna-Zigarren getauscht!“

„Hättest du mir nur ein bisschen mehr Zeit gelassen!“, lamentierte die Frau mampfend. „Ich hätte ihm plausibel gemacht, dass wir das Geld verwenden, um Mutter in einem privaten Sanatorium behandeln zu lassen. Dann hätte er die Verzichtserklärung ganz umsonst unterschrieben!“

„Weib!“, rief der Mann, wobei er beschwörend die Hände hob. „Kriegst du nie genug?! Bist du denn niemals zufrieden?!“

„Du bist ein selten dämlicher Ochse!“, schimpfte die Sängerin mit vollem Munde knödelnd. Sie schluckte und bekräftigte nochmals: „Ein Hornochse bist du!“

Dann stampfte sie hinaus, wobei sie die Tür so heftig zuknallte, dass der Luftzug an meinen Flügeln rüttelte. Ich spürte in meinen Klammerhaken, wie ihre gewichtigen Schritte das Haus vibrieren ließen. Abermals krachte eine zugeworfene Tür.

„Gott...“, stöhnte der Mann leise. Er rang die Hände und seufzte mit dem im Mundwinkel klemmenden Zigarillo: „Lieber Gott, mach dass endlich mal...“
Er hielt plötzlich inne, wobei er angestrengt nach Worten zu grübeln schien. Doch dann winkte er ab und murmelte resigniert: „Ach, leck mich doch am Arsch.“

Der Mann blieb noch eine Weile im Dunkeln sitzen und rauchte sein Zigarillo auf. Zwischendurch hustete er immer wieder. Endlich erhob er sich ächzend und verließ mit müden Schritten den Raum.

Die Uhr ging gegen halb Vier, als das erste Morgenlicht durchs Fenster fiel. Kaum erwacht, begab ich mich wieder an meinen Arbeitsplatz. Doch dort musste ich leider feststellen, dass ein beträchtlicher Teil der Schrift ruiniert war. Sicherlich war das passiert, als der Mann über die Tischplatte gehustet hatte. Doch es sollte noch schlimmer kommen. – Wo war der Aschenbecher?! Hektisch begann ich, ihn zu suchen. Wie aufgezogen flatterte ich in der Küche umher und suchte in allen Ecken und Winkeln. Der Verzweiflung nah entdeckte ich ihn schließlich auf der Ablage neben dem Waschbecken ganz versteckt hinter einer Dose Scheuerpulver. Wenigstens war der Mann nicht auf die Idee gekommen, ihn zu entleeren. Asche gab es nun zwar reichlich, doch wie sollte ich sie zum Tisch bringen? Meine Erwägung, den Schriftzug auf der Ablage direkt neben dem Aschenbecher neu zu beginnen, verwarf ich gleich wieder. Erstens wäre die Entdeckung der Botschaft an dieser Stelle sehr fraglich, weil sie dort überhaupt nicht auffiel, zweitens würde die Zeit wohl kaum ausreichen, sie bis zum nächsten wahrscheinlichen Erscheinen der Hausbewohner fertigzustellen. Mir blieb nur die Möglichkeit, die auf der Tischplatte begonnene Arbeit fortzusetzen, in die ich bereits so viel

Mühe investiert hatte. Ich wollte einen erneuten Versuch unternehmen, so viel wie möglich von den verbrannten Tabakresten zu umfassen und damit zu fliegen. Doch als ich starten wollte, wirbelte gleich beim ersten Flügelschlag so viel davon aus dem Aschenbecher, dass sie sich in weitem Umkreis verteilten. Ratlos setzte ich mich nieder. Musste ich mein Vorhaben nun aufgeben? Würde mein großartiges Werk für immer unvollendet bleiben, halbzerstört und nutzlos dem baldigen Verfall preisgegeben? Sollte der Traum von meiner Weltkarriere damit buchstäblich zu Asche zerfallen sein?

Plupp! hörte ich den Wasserhahn tropfen. Plupp! machte es nach der gewohnten Zeit wieder. Da kam mir der rettende Einfall: Wasser! Ich wollte die Asche ganz einfach nass machen. Dazu benötigte ich ein Gefäß, ausreichend groß, genügend Wasser aufzunehmen, leicht genug, um damit zu fliegen. Ich fand es auf dem Fensterbrett in Gestalt eines welken Blattes, das aus einem Rosenstrauß gefallen war. Das schalenförmige Blatt konnte ich gut mit allen sechs Füßen tragen. Ich füllte es in der Mulde des überlaufenden Löffels, indem ich es untertauchte und kippte das Wasser über dem Aschenbecher schwebend ab. Das Blütenblatt leistete mir auch beim Transport der feuchten Ascheklumpen gute Dienste. Das gewässerte Material ließ sich bestens verarbeiten. Es stäubte auch nicht mehr auseinander, wenn ich aufflatterte. Es stank nur ziemlich bestialisch.

Um etwa sieben Uhr dreißig stand in dunklen Lettern auf der hellen Tischplatte geschrieben: ICH BIN EIN MENSCH. Sogar der dicke Strich eines Ausrufezeichens prangte hinter der Botschaft. Höchst zufrieden inspizierte ich mein Werk bei einem abschließenden Überflug.

Weil ich von der Asche verdreckt wie ein Kohlenträger aussah, dachte ich daran, mich in Erwartung der Foto- und

Fernsehreporter in dem Löffel sauber zu waschen und mich für meinen großen Auftritt etwas herzurichten. Doch als ich mich über das Wasser beugte, kamen mir Fernsehbilder aus mancherlei Nachrichten über Brandopfer, Schiffbrüchige und verunglückte Bergleute in den Sinn. Welchen Eindruck hätte die Welt erhalten, wenn die Geretteten sauber gewaschen, frisch gekämmt und ordentlich gekleidet auf sicherem Boden erschienen wären? War es nicht auch ihr verschmutztes und abgerissenes Aussehen, das diese beeindruckende Authentizität erzeugte und die Woge des allgemeinen Mitgefühls höher schlagen ließ? Also verzichtete ich auf das Waschen und stieg statt dessen in den Aschenbecher. Ich beschmierte meine weißen Flügel noch zusätzlich mit ordentlich viel nassem Dreck, was gewiss recht eindrucksvoll zur Geltung kommen würde, wenngleich ich davon stank wie der abendliche Dunst aus einer geöffneten Kneipentür.

Während ich wartete, malte ich mir die verwunderten Äußerungen des Ehepaares aus, die fragenden Blicke und das Erstaunen, wenn ich erst Figuren fliegen würde – Dreiecke, Kreise, Vierecke und Spiralen. Ich plante, am Ende meines Kunstfluges sehr effektvoll als lebender Punkt des Ausrufezeichens auf dem Tisch zu landen. Dann würden sie sicherlich gleich zum Telefon greifen, um Presse und Fernsehen zu verständigen. Und im Laufe des Tages ginge der Trubel unweigerlich los: Menschengedränge, durcheinandergerufene Fragen, Blitzlichtgewitter, ganze Bündel von ausgestreckten Mikrofonen, und Kameras, die mich dabei filmen, wie ich auf der Tischplatte das Wort HALLO forme… Ich frohlockte so sehr, dass meine Fühler wackelten. Wo blieben die beiden nur? Das erste Lebenszeichen, das ich von ihnen vernahm, war das Rauschen der Toilettenspülung. Danach herrschte jedoch wieder enttäuschende Ruhe. Allmählich wurde auch mein Hunger unerträglich. Es wurde nun aber wirklich Zeit für eine Portion Apfelmus!

Gegen elf Uhr endlich betrat die Sängerin mit schlurfenden Schritten die Küche. Ich sah großzügig darüber hinweg, dass die Frau, die in Bälde als die Entdeckerin meiner menschlichen Herkunft in die Zeitgeschichte eingehen würde, mit ihrem wirren Haar und dem etwas zu knapp bemessenen Morgenmantel keine besonders anziehende Erscheinung bot. Was hätte sie denn auch veranlassen sollen, sich ansehnlicher herzurichten; sie konnte doch nicht ahnen, was in Kürze auf sie zukommen würde. Äußerst angespannt verfolgte ich von der Deckenlampe aus jede ihrer Bewegungen. Laut gähnend knipste sie das altmodische Radio an und drehte eine geraume Weile am Sendersuchlauf. Als nach piepsenden, jaulenden, schnarrenden Tönen und vorüberhuschenden Sequenzen von Sprecherstimmen und Popmusik ein stimmungsvoller Operettentitel erklang, schien die Frau allmählich in Schwung zu kommen. Sie setzte die Kaffeemaschine in Betrieb und tätigte den Abwasch. Über dem Klappern des Geschirrs trällerte sie mit dem Sänger im Radio unisono: „Wönn dör woiße Flüüdööör wüüdör blüüüht…“

Bei alledem wurden mein Gehör ebenso wie meine Geduld sowie die Belastbarkeit meiner Geruchsorgane auf eine harte Probe gestellt, denn es kamen recht gehäuft gewisse Ausdünstungen heraufgeweht, die dem Hinterteil der Frau teils mit deutlich vernehmbarem Knarzen entfuhren. Vom Korridor her näherte sich ein endzeitlich qualvolles Husten. Der Mann steckte sein entsetzlich zerknittertes Gesicht zur Tür herein.

„Kaffee fertig?“, fragte er kratzig. Die Antwort wurde von der Frau gesungen: „Soglohooich, oh hörzollerlübster Gotte, glohooich.“

Sie stellte das Radio lauter, aus dem ein Lied ertönte, das ihr besonders gut zu gefallen schien. Sich beim Hantieren in den Hüften wiegend, trällerte sie: „Josöf, och Josöf, wos büst du so koooisch. Das Küssen mocht so gut wü koin Geroooisch..."
Wenn es meinen Facettenaugen möglich gewesen wäre, hätte ich sie jetzt gewiss nach oben verdreht. Doch nun musste die Show beginnen. Ich straffte ich mich wieder. Die Frau trug eine Ladung Geschirr und Besteck zum Tisch! Kurz bevor sie es abstellen wollte, stutzte sie und hörte abrupt zu singen auf. Sichtlich verwundert beugte sie sich über die Schrift. Endlich! Der große Moment war gekommen.

„Ich – bin – ein – Mensch", hörte ich sie lesend murmeln. Damit hatte das von mir so sinnreich vorausgeplante Geschehen seinen Lauf genommen. In höchster Erwartung hielt ich den Atem an. Die Feierlichkeit des Augenblicks wurde recht passend vom Kaiserwalzer untermalt, der jetzt im Radio einsetzte. Zerstört wurde sie allerdings sogleich wieder von der durch die geöffnete Tür laut hörbaren Toilettenspülung. Da wandte die Frau ihren Blick in Richtung dieses Geräusches, woher gleich der Mann erscheinen würde, und plötzlich begann sie herzlich zu lachen. Ich war etwas verwirrt. Was mochte an meiner Botschaft nur so belustigend sein? Hatte ich etwa einen Rechtschreibfehler gemacht? Die Tür öffnete sich.

„Was gibt's denn hier zu lachen?", fragte der Mann missmutig, wobei er sich die Hose zuknöpfte. Die Sängerin stellte erheitert das Geschirr auf die Ablage zurück.

„Ach, Liebling", gluckste sie. „Manchmal bist du wirklich zu originell!"
Sie drückte dem verblüfft dreinschauenden Mann einen laut schmatzenden Kuss auf den Mund und meinte: „Hätte nie gedacht, dass du dir das diesmal so zu Herzen nimmst."

„Was denn?“, wollte er wissen.

„Na, dass ich dich einen Hornochsen genannt habe“, antwortete sie. Dann nahm sie einen Lappen, machte ihn unter dem Wasserhahn nass, wrang ihn aus, näherte sich dem Tisch... und... wischte... ihn sauber...

Es hätte nicht viel gefehlt, und ich wäre ohnmächtig von der Lampe gestürzt. Mein unter unmenschlichen Schmerzen und Strapazen vollbrachtes Werk, auf das ich eben noch so stolz gewesen war, existierte nicht mehr! Meine Hoffnung auf ein von beruflichen Erfolgen geprägtes Leben in Würde, Sicherheit und Wohlstand war einem feuchten Lappenwisch zum Opfer gefallen!

Doch halt! So nah am heißersehnten Ziel konnte und wollte ich nicht aufgeben. Der aus dem Radio klingende Kaiserwalzer könnte meine Rettung werden. Einer spontanen Eingebung folgend startete ich und begann, die Musik mitzudirigieren, also im Takt auf und ab schwingend unter der Zimmerdecke entlang zu fliegen. Ein kurzer Blick nach oben müsste die Menschen doch sofort stutzig machen. Ein musikalischer Schmetterling wäre doch ebenso sensationell wie ein schreibender. Jedenfalls beinahe. Oder etwa nicht? Emsig hüpfte ich im Dreivierteltakt, kreiste auch ein wenig herum und dachte mir dabei die tollsten Flugfiguren aus. Doch statt meiner einzigartigen Vorführung zu folgen, beachteten mich die beiden überhaupt nicht. Unbeirrt fuhren sie mit ihren profanen Frühstücksvorbereitungen fort. Bald würde der Walzer verklungen sein, und es war immer noch nichts passiert. Allmählich kam ich mir schon albern vor, wie ich da von aller Welt unbeachtet umhergaukelte. Außerdem war es eine ziemlich anstrengende Art zu fliegen. Ich begann bereits, den einen oder anderen Takt auszulassen. Endlich wurde mir klar, was ich versäumt hatte; ich hätte mich an die Stirn schlagen mögen. Zunächst einmal musste ich etwas tun, das die allgemeine Aufmerksamkeit auf mich lenkte. Nichts leichter als das. In einer elegant eingeschwungenen Schleife flatterte ich dicht am Gesicht der Sängerin vorbei, als sie eben die Kaffeekanne zum Tisch bringen wollte. Doch was geschah? Sie quiekte erschrocken auf. Die Kanne fiel auf den Boden und zerklirrte. Die Frau fuchtelte wild mit den Armen, wobei sie nicht aufhörte, ohrenbetäubend laut zu kreischen. Wahrscheinlich war ihr der brühheiße Kaffee über die bloßen Füße geschwappt. Betroffen verharrte ich im Standflug. Die Frau kreischte immer heftiger und machte hektisch abwehrende Handbewegungen in meine Richtung. Nun begriff ich gar nichts mehr. Man stelle sich vor: Die große, dicke Frau wich vor mir, dem harmlosesten aller Insekten, schreiend zurück wie vor einer aufgerichteten Kobra und kauerte sich in panischer Angst in eine Ecke. Dabei starrte sie mich mit furchtsam aufgerissenen Augen an, wobei seltsamerweise das eine deutlich weiter geöffnet war, als das andere… Ein entsetzlicher Schlag schleuderte mich abwärts wie einen Tennisball. Ich rutschte durch meinen schrägen Aufprall ein Stück auf dem glatten Steinfußboden entlang und kam unmittelbar am Ufer der dampfenden Kaffeepfütze zu liegen, aus der sich ein bizarres Scherbengebirge erhob.

„Mistvieh!“, hörte ich die Kratzstimme. Ich sah, wie sich die Gestalt des Mannes näherte, der die zusammengerollte Zeitung in der Faust hielt. Sein gewaltiger Fuß hob sich über mir! Nein, so schnell konnte ich, der ich noch halbbetäubt auf dem Rücken liegend mit den Beinen zappelte, ihm nicht entkommen!

„Nein!“, schrie ich entsetzt. „Tu’s nicht!“

Doch der Mensch konnte mich ja nicht hören. Und selbst wenn er es gekonnt hätte... Die riesige Sohle des Latschens wummerte mit entfesselter Urgewalt auf mich nieder und löschte das Licht dieses Tages. Dann war es vorbei. Ich weiß noch, dass ich mich einen winzigen Moment lang darüber wunderte, dass ich weder Druck noch Schmerz gespürt hatte.

„Aaah! Uuuh! Oooch!", krächzte es schmerzvoll. Über mir hellte es sich wieder auf. Ich wollte es erst gar nicht glauben: Gütiger Gott, ich lebte noch! Wie war das möglich? Der Mann drehte sich auf einem Bein hüpfend von mir weg. Er musste wohl auf die spitze Porzellanscherbe gestampft sein, die unmittelbar neben mir aufragte und so das Schlimmste verhütet hatte. Ich war sogar völlig unverletzt geblieben! Mir war nur hundeübel von dem heimtückischen Schlag. Doch es blieb keine Zeit, mich davon zu erholen. Die Frau verstärkte ihr Kreischen und warf den nassen Abwaschlappen nach mir, der mich verfehlte. In Windeseile sauste ich zur Zimmerdecke empor. Als der Mann den ärgsten Schmerz überwunden hatte, jagte er mich mit verdoppelter Wut humpelnd und fluchend mit der Zeitungskeule kreuz und quer durch den Raum, wobei durch seine hektischen Fehlschläge noch weiteres Geschirr zu Bruch ging. Zum Glück erschöpfte er schnell. Er japste und keuchte quietschend wie ein altes Sofa hinter mir her. Wäre es noch einen Moment länger so gegangen, hätte man vermutlich den Notarzt rufen müssen. Doch er entschloss sich noch rechtzeitig zur Kapitulation und öffnete mit letzter Kraft das Fenster. Eine halbe Sekunde später befand ich mich unter freiem Himmel. Das laute Gekreische der Frau verlor sich mit dem größer werdenden Abstand, den ich in aller Eile vom Schauplatz dieser höchst verwirrenden Ereignisse gewann.

Bald glitzerte das Wellenspiel des Sees wieder unter mir. Ein stetiger Wind trieb mich zügig voran, diesmal in entgegengesetzter Richtung. Ich brauchte nur darauf zu achten, meine

Flughöhe zu halten. Schon sah ich nebelhaft die Hangwiese mit der rosenumrankten Felsenquelle, die riesige Pappel, deren Rauschen ich bereits von weitem hörte, und da war auch der Wald, an dessen Rand der duftende Wildapfelbaum mir einladend seine Zweige entgegenstreckte. Ich tauchte in die schattige Krone wie in eine herzliche Umarmung ein, ließ mich im Geäst nieder und atmete erlöst auf, ganz so, als wäre ich heimgekehrt.

„Ich dachte schon, du würdest nie mehr wiederkommen", hörte ich eine sehr erleichtert klingende Stimme neben mir. „Du warst so viele Tage fort."

Verwundert blickte ich auf.

„Aber es war doch erst gestern, als ich...", wollte ich einwenden, doch ich war mir nun selbst nicht mehr sicher und verstummte.

„Du bist ja völlig erschöpft", stellte sie fest. Zwar schien sie über meine Rückkehr erfreut zu sein, doch zeigte sie auch Anzeichen eines gewissen Unmuts.

„Wie konntest du nur so lange fortbleiben?"

„Ich wäre bestimmt schon eher zurückgekommen, wenn ich nur gekonnt hätte", entschuldigte ich mich zaghaft. Mir wurde direkt schwindlig von diesem wundervollen Duft, den sie verströmte.

„Warum siehst du so schmutzig aus?", fragte sie.

„Ach...", wehrte ich beschämt ab. „Das ist eine ziemlich lange Geschichte. Ich wüsste gar nicht, wo ich anfangen soll."

„Ruh dich erst mal aus", sagte sie und machte Anstalten sich zurückzuziehen.

„Nein, ich bin nicht müde", hielt ich sie auf, wobei ich mich sehr zusammennahm. Beiläufig fügte ich hinzu: „Wenn ich bloß nicht so verdammt hungrig wäre..."

„Warte“, sagte sie darauf. Sie breitete ihre Schwingen aus und segelte in eleganten Windungen nach unten. Als sie die Strahlenbündel des Sonnenlichts durchquerte, die durch das Blätterdach fielen, blitzten ihre Flügelränder hellgolden auf. Ich wunderte mich nicht mehr darüber, denn ich hatte es ja bereits geahnt. Doch jetzt, als ich es sah, senkte sich ein schwerer Kummer wie ein Schatten auf mich nieder. *‚Alienus alifer‘*, ging es mir durch den Sinn. Ich kam mir plötzlich vor wie jemand, der mit schreckweiten Augen auf eine Tür starrt, durch die sich ein Haufen ungebetener Gäste Eintritt zu verschaffen sucht. Und alles Dagegenstemmen kann sich der ungestümen Gewalt der Eindringlinge nicht erwehren. Unerbittlich wird die Tür aus den Angeln gebrochen. Dann stehen sie vor einem – furchtbare Erinnerungen: tote Falter hinter Glas, leblose Leiber von Nadeln durchstoßen, der Geruch von Chloroform...

Die weißen Goldrandflügel kamen wieder heraufgeflattert. Die Schöne hielt das blauschimmernde Blütenblatt eines Veilchens mit ihren grazilen Beinen umfasst. Zunächst landete sie auf einem Wildapfel, an dem sie sich emsig zu schaffen machte. Dann kam sie mit dem Blatt zu mir zurück und legte es mit aufforderndem Blick vor mir ab. Ich traute meinen Augen nicht; in der Blattschüssel befand sich eine reichliche Portion frisch duftendes Apfelmus.

„Lass es dir schmecken“, sagte sie, wobei sie mich erwartungsvoll ansah. Ich brachte es nicht fertig, ihren Blick zu erwidern. Ich konnte nicht essen. Die Schöne setzte sich dicht neben mich.

„Aber warum weinst du denn?“ fragte sie. Ich stutzte. Da erst bemerkte ich das Zittern meiner Fühler.

„Verzeihung“, sagte ich und versuchte, es zu unterdrücken. Sie legte ihr zartes Vorderbein auf meines. Ich musste dem

Fühlerzittern seinen Lauf lassen, bis es endlich von selbst aufhörte.

X. Die Zeit und das Glück

„Komm mit“, forderte sie mich auf. Ich flog hinter ihr her aus der Baumkrone quer über die Wiese zu dem Wasserfall. Sie nötigte mich, in die Felsmulde zu steigen, in die das Rinnsal plätscherte. Dann warf sie mit vibrierenden Flügeln ganze Tropfenkaskaden über mich, so dass ich mir wie unter einer Dusche vorkam. All der übelriechende Schmutz, den ich aus menschlichen Gefilden mitgebracht hatte, floss von mir ab. Sauber und frisch reckte und streckte ich mich in meinem sonnigen Bad. Da spürte ich, wie ihr weicher Fühler zart an meiner Körperseite entlangstrich und bei dem verschorften Einstich verharrte.

„Woher hast du das?“, fragte sie. Ich deckte verschämt meinen Flügel darüber.

„Das muss doch furchtbar weh getan haben“, sorgte sie sich. Ich war jetzt aber nicht in der Stimmung, meine Krankengeschichte zum Besten zu geben. Irgendwie saß mir plötzlich der Schalk im Nacken. Ich wollte nicht, dass mich die Schöne so bedauernd ansah und spritzte einen Tropfenschwall nach ihr. Sie schüttelte sich und spritzte mit gespielter Empörung zurück. Eine halbe Sekunde später standen wir beide in einem heftigen Sprühregen. Ich schleuderte so gewaltige Wassermengen nach ihr, dass sie schließlich auflachend flüchtete. Beglückt schwirrte ich ihr nach. In der windigen Luft hoch über der Quelle flatterten wir uns trocken.

Später verspeisten wir gemeinsam das leckere Apfelmus aus der Veilchenblattschale. Wenn ich vorher gewusst hätte, wie es sich gewinnen ließ, wäre mir sicher einiges erspart gewie es sich gewinnen ließ, wäre mir sicher einiges erspart geblieben. Als die Schöne mir einen Nachschlag bereitete, sah ich zu, wie sie mit ihren Klammerhaken und einiger Ausdauer den Apfel ein wenig aufschlitzte und das Fruchtfleisch herausschabte. Ein Tröpfchen süßen Blütennektars rundete den Geschmack wunderbar ab. Das Wildapfelmus erschien mir übrigens wesentlich bekömmlicher zu sein, als das gezuckerte Mus, das ich am Vortag noch über alles gelobt hätte.

Bei unserem ersten gemeinsamen Ausflug stoppte meine schöne Freundin immer wieder an Blumenblüten, die besonders appetitliche Düfte verströmten. Anmutig ließ sie ihr Rüsselchen in die Kelche gleiten. Wenn sie es einen Augenblick später wieder hervorzog, war seine Spitze mit einem feuchten Glanz überzogen. Manchmal blieben Pollenkrümel an ihrem Köpfchen kleben. Wenn das vorkam, wandte sie sich ab und putzte sich sorgfältig mit etwas geziert wirkenden tupfenden, streichenden, zupfenden Bewegungen sauber. Obwohl sie den Eindruck zu erwecken suchte, als würden sie meine Blicke genieren, ließ sie sich gelegentlich viel Zeit mit ihrer kosmetischen Prozedur. Manchmal putzte sie sich auch dann noch, wenn schon gar nichts mehr zu putzen war. Ich ahnte, dass sie es in Wirklichkeit ein bisschen mochte, wenn ich ihr dabei zusah.

Wie nur stellte sie es an, aus den Blütenkelchen zu trinken? Natürlich wollte ich mir nicht die Blöße geben und sie danach fragen. Um es zu ergründen, setzte ich mich mit erhobenem Rüssel dicht neben sie auf eine weiße Kletterrose. Sie sah mich belustigt an.

„Willst du?“, fragte sie. Ich fragte im gleichen Tonfall zurück: „Soll ich?“

„Beide zusammen“, schlug sie vor. Unsere Rüssel fuhren in den noch halbgeschlossenen Kelch. An seinem Boden tastete ich nach ihrer Saugröhre. Es kitzelte. Sie zuckte kichernd zurück. Doch ich fand dabei heraus, dass sie ihren Rüssel mit Speichel füllte, bevor sie ihn an ein Nektartröpfchen legte. Darauf war ich vorher nicht gekommen. Deshalb hatten sich bei mir immer Luftbläschen gebildet, die dann im Kopf einen schmerzhaften Druck erzeugten. Jetzt machte ich es richtig und es schmeckte herrlich. Überrascht bemerkte ich, dass der Nektar einen leichten Rausch verursachte, der jedoch ziemlich schnell wieder verflog. Ich bekam davon große Lust, mir gleich die nächste Blüte vorzunehmen. Und die übernächste. Und immer so weiter...

Bei einem Höhenflug über dem Wald rief mir meine Gefährtin zu: „Ich finde, du bist viel zu leichtsinnig!"

In ihren Worten schwang eine ernsthafte Besorgnis mit.

„Wieso? Was meinst du damit?", wollte ich wissen, wobei ich beglückt um sie herumfederte.

„Du nimmst immer den kürzesten Weg durch die Luft", meinte sie. „Du fliegst so schnurgerade, dass die Vögel dich sehr leicht schnappen könnten."

Nun endlich ging mir auf, warum Schmetterlinge stets diesen eigenartig tänzelnden Flug bevorzugen, auch wenn sie nur eben mal kurz von einer Blüte zur nächsten flattern – weil nämlich die zwar schnelleren, doch längst nicht so wendigen Vögel einen auf und ab und her und hin huschenden Falter gar nicht erst als Beute in Erwägung ziehen. Im Lichte dieser Erkenntnis erschien es nicht weiter verwunderlich, dass meine bisherige Flugweise die hungrigen Vögel direkt angelockt hatte und ich deshalb schon häufig von Schnäbeln attackiert worden war.

Auf einmal hörte ich eine fremde, hellklingende Insektenstimme: „Hat der Kummer nun ein Ende?"

Wir wandten uns um.

„Der hat mir gerade noch gefehlt", stöhnte die Schöne, wobei sie genervt ihre Fühler verdrehte. Etwas schwirrte dermaßen schnell an uns vorbei, dass wir ihm kaum mit den Blicken folgen konnten.

„Ist er endlich wieder da?", tönte es nun von oben herab. Ein Zitronenfalter kreiste mit so halsbrecherischem Tempo über uns herum, dass mir allein vom Hinschauen schwindelte. Abrupt ließ er sich auf der Spitze eines Halmes nieder und schaukelte daran. Offenbar konnte er nicht stillsitzen. Es hatte den Anschein, als müsse er ständig in Bewegung bleiben, weil er andernfalls tot zu Boden fallen würde, so wie eine dynamobetriebene Fahrradlampe verlöscht, wenn die Räder sich nicht mehr drehen.

„Ich freue mich für dich", sagte er zu meiner Gefährtin und fügte mit einem Seitenblick auf mich hinzu: „Einen so hübschen Burschen sieht man wirklich nicht alle Tage."
Dabei gab er mir ein heimliches Zeichen mit einem Flügel, ein kurzes Abdecken seiner Augen, eine Geste, die ich wie ein mir geltendes Augenzwinkern deutete. Ich blieb jedoch distanziert. Derlei Vertraulichkeiten von Unbekannten waren mir noch nie geheuer gewesen. Jetzt wippte er mit dem Halm auf die Schöne zu und zupfte sie neckend am Fühler. Als sie gereizt nach ihm auskeilte, befand er sich schon außer Reichweite. Ich konnte mich des Eindrucks nicht erwehren, dass die Neckereien der beiden einer gewissen Vertrautheit entsprangen, die es zwischen ihnen gab. Ich bemühte mich, meinen Argwohn hinter einem gekünstelten Lächeln zu verbergen.

„Oh, wenn du wüsstest, wie bitterlich sie um dich geweint hat!", sprach der Zitronenfalter in geschwollenem Tonfall an mich gerichtet weiter. „Nein, wie hat sie gelitten und die Vorderbeine überm Kopf zusammengeschlagen!"

Der Zitronenfalter brachte es fertig, die elegante Biegung der Fühler meiner Gefährtin zu imitieren, er setzte seine Schritte genauso graziös wie sie und lief mit wackelndem Hinterleib über einem gebogenen Halm wie auf einer Seufzerbrücke hin und her. Dabei versetzte er seine Fühler in ein leichtes Zittern und lamentierte theatralisch: „Was ist, wenn er sich in Gefahr befindet? Was ist, wenn er Hilfe braucht? Wenn er morgen nicht zurück ist, mache ich mich auf die Suche nach ihm, wenn es sein muss bis ans Ende der Welt. Und wenn ich ihn nicht finde, werfe ich mich den Vögeln zum Fraß vor!“
Der Zitronenfalter warf sich demonstrativ mit weit gespreizten Beinen auf den Rücken. Er rappelte sich jedoch gleich wieder auf, schüttelte übertrieben sorgfältig den Staub von seinen Flügeln und begann sich in der gezierten Art meiner Gefährtin zu putzen. Jetzt konnte ich mir das Lachen nicht mehr verkneifen. Die Schöne dagegen schien verstimmt zu sein.

„Verschwinde!“, fauchte sie den Zitronenfalter an, doch der lachte nur. Aufgebracht stürzte sie sich mit ausgestreckten Klammerhaken auf ihn. Was hatte sie nur gegen ihn? Ich begann gerade, den zappeligen Kerl sympathisch zu finden. Wie ein federnder Ball sprang er über den Gräsern davon. Sie jagte ihm nach. Amüsiert sah ich den beiden zu. Hinter einem großen Stein verlor ich sie aus den Augen.

‚Was für ein komischer Kauz!‘, dachte ich erheitert. Ich wartete. Ich wartete ziemlich lange. Allmählich wurde ich ungeduldig. Was trieben sie dort nur so lange miteinander? Da tauchte endlich oben auf dem Gipfel des Steines das weiße Flügelpaar meiner Gefährtin auf. Suchend drehte sie sich um sich selbst.

„Ist sie nicht süß, wenn sie ein bisschen wütend ist?“, hörte ich den Zitronenfalter wispern. Er kauerte unmittelbar neben mir ganz bequem im Schatten eines Huflattichblattes und kreiste seine vorderen Klammerhaken, so als würde er Däumchen drehen.

„Ich habe leider keine Chance bei ihr“, sagte er, wobei er wehmütig lächelte. Seufzend spreizte er seine Mittelbeine, was so viel heißen sollte wie: Da kann man nichts machen.

‚Aha‘, ging es mir durch den Sinn. ‚Hab’ ich’s doch geahnt: Er ist scharf auf sie.‘

„Und weißt du, warum sie mich nicht will?“, setzte er fort. „Aus dem einfachen Grund, weil meine Flügel keine goldenen Ränder haben.“

Seine offenherzige Feststellung beruhigte mein aufgewühltes Innerstes. Ich spürte, wie sich meine Glieder lockerten, die sich vordem ganz unmerklich angespannt hatten. Ich hatte das Bedürfnis, dem Zitronenfalter etwas Nettes zu sagen.

„Goldene Flügelränder“, winkte ich ab, „das sind doch bloß Äußerlichkeiten.“

Er sah mich verwundert an.

„Bloß?“, wiederholte er plötzlich ernst. „*Bloß* Äußerlichkeiten?“

Und als ich darauf nichts zu erwidern wusste, schüttelte er seine Fühler und sagte: „Ach, mein Freund, was wären wir Schmetterlinge bloß *ohne* unsere Äußerlichkeiten?“

Übergangslos schwirrte er steil in die Höhe und war auf einmal verschwunden. Meine Gefährtin ließ sich neben mir nieder. Sie war immer noch ein wenig außer Atem.

„Dieser Frechling!“, schimpfte sie. „Oh, wenn ich ihn das nächste Mal erwische, kriegt er eins auf die Fühler. Andauernd muss er mich aufziehen!“

Ich fragte: „Sag mal, hast du dir meinetwegen wirklich so große Sorgen...?“

Sie redete dazwischen, als würde sie mich nicht hören: „Er kann es einfach nicht lassen, seinen Rüssel in anderer Leute Angelegenheiten zu stecken!“
Ich unternahm einen zweiten Anlauf: „Aber ich verstehe nicht, wieso du dich ausgerechnet meinetwegen gesorgt…“
Sie wandte sich ab, um sich zu putzen. Sie hatte nun mal diesen Putzfimmel.

„Ach, dem brauchst du wirklich nicht alles zu glauben!“, hörte ich sie murmeln. Ich ließ immer noch nicht locker.

„Wenn man sich so sehr um jemanden sorgt“, bohrte ich weiter, „dass man sogar um ihn weint, dann muss man denjenigen doch auch irgendwie...“
Auf einmal wagte ich nicht mehr, den Satz zu beenden, weil ich bemerkte, dass die Schöne aufhorchend in der Bewegung innehielt. Gerade noch rechtzeitig begann ich zu ahnen, dass ich im Begriff war, den sprichwörtlichen Elefanten im Porzellanladen zu spielen. Du lieber Gott, zu welcher Äußerung wollte ich sie denn nötigen! Sollte sie mir nochmals mit Worten bestätigen, was ich deutlich vor mir sah? Brauchte ich jemanden, der mir erklärte, dass das Gras grün und der Himmel blau ist? Die Sache war doch klar. Ich sah sie an, und ein eigenartiges Glücksgefühl durchwehte meine Seele. Wie wunderschön sie war! Sie saß scheinbar selbstvergessen auf einem Kieselstein und schaute den windbewegten Grashalmen beim Schwanken zu. Ganz sacht stupste ich sie mit dem Fühler in den Nacken. Sie zuckte ein wenig zusammen. Ich spürte, wie sie ein Lächeln unterdrückte.

„Ich wette, mich würdest du auch nicht einkriegen!“, provozierte ich sie. Doch sie ging nicht darauf ein. Ich tippelte um sie herum, um ihr ins Antlitz zu sehen, doch sie wandte sich kokett von mir ab. Da zog ich sie frech am Hinterbein. Plötzlich fuhr sie herum wie eine gereizte Katze. Sie umklammerte mich mit allen sechs Beinen und rang mich zu Boden. Völlig überrumpelt lag ich unter ihr.

„Ich krieg dich immer ein“, keuchte sie angestrengt. „Du kannst mir nicht entkommen. Niemals.“

„Das wollen wir doch mal sehen“, erwiderte ich. Mit einem überraschenden Ruck versuchte ich mich zu befreien, doch sie hielt mich fest an sich gepresst. Unsere atmenden Leiber waren wie in einem Knäuel miteinander verstrickt. Ihre Klammerhaken hatten sich an meinem Rücken zwischen den Flügeln verkrallt. Ein süßer Schmerz durchschauerte mich. Ich zappelte wie eine Fliege im Spinnennetz. Endlich kam ich frei und schwirrte davon. Und ich war beglückt und erschrocken zugleich, mit welcher Kraft mich die Schöne an sich gepresst hatte. Übermütig jagten wir uns in bizarren Zickzackbahnen, umkreisten und überschlugen uns in der Luft und machten den Himmel über der Wiese zu unserem Spielplatz, bis wir ganz und gar ermattet waren.

Am Ende dieses wundervollen Tages, von einem reichlichen Abendmahl gesättigt, hingen wir in der Krone des Wildapfelbaumes gemütlich beieinander.

„Mir kommt es so vor“, sagte ich, „als würde ich dich schon eine Ewigkeit kennen. Dabei kenne ich noch nicht einmal deinen Namen.“

„Meinen... was?“, fragte sie.

„Deinen Namen“, wiederholte ich in der Erwartung, dass sie ihn mir gleich nennen würde. Wir sahen uns lange an. Sie schwieg, als hätte sie mich immer noch nicht verstanden.

„*Meinen* Namen?“, murmelte sie vor sich hin, so als probierte sie die Worte wie man den Geschmack einer unbekannten Speise kostet.

‚Weshalb macht sie denn bloß so ein Geheimnis daraus?‘, dachte ich etwas befremdet. Dann fragte sie: „Wie kommst du auf den Gedanken, *ich* könnte einen Namen haben?“

„Ach so!“, glaubte ich jetzt zu verstehen. „Es hat dir einfach noch niemand einen gegeben, weil du erst ein paar Tage alt bist und noch gar keine Gelegenheit dazu war?“
Sie krümmte verständnislos die Fühler.

„Einen Namen... gegeben?“

„Ja?“

„Wie soll das funktionieren?“, wollte sie wissen. Ich hatte den Eindruck, dass wir meilenweit aneinander vorbeiredeten. Doch allmählich ging mir ein Licht auf: Insekten haben gar keine Namen. Wozu denn auch? Wenn man jemanden telepathisch anspricht, braucht man seine Gedanken ja nur auf denjenigen zu richten. Und wenn man über einen anderen redet, genügt es, sich den Betreffenden im Geiste vorzustellen. Dabei kann es überhaupt keine Missverständnisse geben. Persönliche Namen sind da eigentlich völlig überflüssig.

„Hast du eigentlich schon mal was von Menschen gehört?“, fragte ich nach einer Weile. Meine Gefährtin verneinte.

„Also, die Menschen“, fuhr ich fort, „die man übrigens auch zweibeinige Weichhäuter nennt, die haben ein paar ganz nützliche Eigenarten. Zum Beispiel hat jeder einen eigenen Namen.“
Das schien die Schöne zu wundern.

„Jeder Einzelne?“

„Ja, jeder Einzelne.“

„Aber wozu?“

„Ein eigener Name“, versuchte ich zu begründen, „ist etwas, das zu Dir gehört wie deine Flügel oder deine Augen. Es gibt schön und weniger schön klingende Namen. Und ein persönlicher Name sollte unbedingt zu einem passen. Ein Name, der zu dir passen würde, müsste sehr, sehr schön sein."

„Findest du?"; wisperte sie und verbog kokett ihre Fühler.

„Möchtest du nicht auch einen eigenen Namen haben?", fragte ich zaghaft.

„Weißt du einen für mich?"

„Vielleicht...", begann ich zögernd. „Ich glaube, es gibt einen Namen, der ganz gut zu dir passen würde."

Sie blickte mich erwartungsvoll an. Ich brauchte einen Moment, mich zu überwinden, doch dann sagte ich mit überzeugend klingender Stimme: „Alifera."

Sie nahm meinen Vorschlag ohne eine sichtbare Regung auf, doch es war ihr förmlich von der Stirn abzulesen, dass sie ihn mehrmals im Geiste wiederholte.

„Alifera?", wiederholte sie fragend und wandte plötzlich besorgt ein: „Meinst du nicht, dass der Name viel zu schön ist für mich?"

„Überhaupt nicht", beteuerte ich, erleichtert darüber, dass er ihr offenbar gefiel: „Er könnte eigentlich gar nicht schön genug sein, finde ich."

Da legte sie ein Vorderbein an ihre Brust und sagte: „Ich bin also Alifera."

Ich führte zustimmend meine Fühler zusammen. Dann fragte sie: „Und wer bist du?"

Lange brauchte ich nicht zu überlegen.

„Alienus", sagte ich und fügte hinzu: „Weil ich in dieser Welt wohl immer ein bisschen fremd sein werde."

Sie rückte so nah an mich heran, dass sich unsere Fühler überkreuzten und ich mein Spiegelbild in ihren Augen sah.

„Alienus und Alifera", flüsterte sie. „Das klingt fast so, als würden die beiden Namen zusammengehören."

Ich atmete ihren Duft und fühlte mich dabei so wunderbar, dass ich in diesen Augenblicken wünschte, in meinem ganzen weiteren Leben nichts anderes mehr tun zu müssen. In der herabsinkenden Dunkelheit tauchte der Schein unserer Flügel das Gezweig um uns her in ein weich schimmerndes Licht.

„Du scheinst viel über die Menschen zu wissen", vermutete Alifera. „Gibt es eigentlich viele davon?"

„Ja", gab ich kurz zur Antwort, denn ich hatte wenig Lust zu reden, und schon gar nicht über dieses heikle Thema.

„Wenn es so viele Menschen gibt", fuhr Alifera fort, „und jeder von denen einen eigenen Namen hat, dann muss es ja auch viele Namen geben, nicht wahr?"

„Kann schon sein."

„Und wer denkt sich all die Namen aus?"

„Wie sie strahlt, unsere Goldfee!", rief eine helle Stimme, die sich rasch näherte. Die Stimme kannte ich bereits. Ich war direkt froh, sie in diesem Moment zu hören, weil sie mir jetzt aus der Klemme half. Der Zitronenfalter und ein großer Nachtfalter, ein Ligusterschwärmer, ließen sich nieder. Der Schwärmer musterte uns ein Weilchen mit einem wissenden Blick und reimte schmunzelnd:

„Wer sorgt sich um den Kummer bloß,
der spurlos ist verschwunden,
wenn sich an seiner Stelle nun
das Glück hat eingefunden?"

Die Stimme des Schwärmers klang außergewöhnlich angenehm. Sie erinnerte mich irgendwie an dunklen Samt. Alifera neigte sich mir zu und flüsterte beinahe ehrfürchtig: „Er ist nämlich ein Dichter."

Da wandte sich der Schwärmer an mich: „Wir freuen uns, dass du wohlbehalten zurückgekehrt bist. Das Leiden dieses Weibchens war für uns kaum noch zu ertragen. Was haben wir nicht alles versucht, sie zu trösten."

„Ach, nun hör schon auf", warf Alifera ein, wobei sie mich mit einem verschämten Seitenblick streifte.

Alifera hatte sich also sehr um mich gesorgt. Die Sache schien ja ziemliche Kreise in der Öffentlichkeit gezogen zu haben. Aber ich konnte einfach nicht begreifen, warum sie das getan hatte, obwohl sie mich doch gar nicht kannte, zumal ich an dem bewussten Morgen eine nicht gerade hinreißende Vorstellung geboten hatte? Und noch etwas wollte nicht in meinen Kopf: Ich war anderthalb Tage fort gewesen, aber hier tat man so, als hätte meine Gefährtin eine ganze Ewigkeit um mich geklagt. Wie kam so etwas zustande? Ich nahm mir ein Herz und brachte die Sache zur Sprache. In groben Zügen berichtete ich von meinem Aufenthalt in dem Haus auf der anderen Seeseite. Die Geschichte meiner missglückten Schreibversuche ließ ich natürlich unerwähnt, aber ich erzählte vom Kampf mit den Wespen, meiner schweren Verwundung und meiner anschließenden Gefangenschaft. Ich räumte auch ein, für eine gewisse Zeit ohne Bewusstsein gewesen zu sein, dies könne jedoch nur einige Stunden, niemals aber mehrere Tage gedauert haben.

„Und du bist tatsächlich über den ganzen See geflogen?", vergewisserte sich der Ligusterschwärmer. Als ich das bejahte, wiegte er bedächtig die Fühler und sagte in seiner pathetischen Art: „Ich lausche oft den Stimmen der Nacht, die mir viele sonderbare Geschichten erzählen. Daher weiß ich: Nichts ist geheimnisvoller als die Zeit. Es gibt Orte, wo sie sich dreht und windet wie ein tanzender Strudel. Sie reißt dich mit sich fort, hinauf oder hinab, wohin sie will."

„Wie ist so etwas möglich?“, grübelte ich. Der Ligusterschwärmer breitete seine erhobenen Fühler aus und antwortete:

„Solange Wiesen und Bäume
leuchten im Blütenkleid,
haben Falter und Träume
ihre ganz eigene Zeit.“

Später unternahmen Alifera und ich noch einen Spazierflug über dem Schilf am Seeufer entlang. Unter uns im ruhigen Wasserspiegel sahen wir zwei flackernde Lichter, die sich gegenseitig anstupsten, einander umkreisten und dann wieder still nebeneinander her strebten, als gehörten sie für immer unzertrennlich zusammen. Da erschien es mir völlig unsinnig, noch zu fragen: Warum? Und als plötzlich der Gedanke in mir auftauchte, dass dies alles doch nur ein Traum war, erzeugte er in mir ein Gefühl tiefen Bedauerns. Auf einmal fürchtete ich mich vor dem Erwachen, das noch vor kurzem mein alles beherrschender Wunsch gewesen war.

XI. Des Glückes Zauberbaum

Der ruhige Atem eines sanftmütig heiteren Sommers strich über den See, die Hangwiese und den Wald. Was für ein wundervolles Leben ich führte – ohne Zwänge, ohne lästige Verpflichtungen, ohne demütigende Zurechtweisungen und ohne Leistungsdruck, ein Leben ohne Schulaufgaben und Partituren, ohne Uhr, ohne Hast, ohne Geld, ohne Mangel und ohne Neid. Es war ein Leben, in dem die Zeit gleichsam genüsslich verstrich, ein Leben, dessen täglicher Verlauf sich nicht auf den Erdboden beschränkte, sondern dessen verschlungene Wege meist durch die Luft führten – ein federleichtes Schweben durch berauschende Düfte und leuchtende Farben.

Frühmorgens, wenn der kühle See sich mit Glitzerwellen schmückte, traten die Rehe aus dem Unterholz, um auf dem Hang zu äsen und aus der Felsenquelle zu trinken. Alifera und ich saßen gern auf ihren glatt behaarten Rücken. Es machte großen Spaß, wenn sie mit uns in federnden Sätzen über Sträucher oder gefallene Baumstämme sprangen. Auf diese Weise fanden wir zu einer versteckten Waldlichtung, wo es herrlich nach Preiselbeeren duftete. Die Haut der prallreifen Früchte ließ sich leicht öffnen. Wir tranken den süßen Saft. Doch als dicht vor uns vier oder fünf Wespen auftauchten, duckte ich mich furchtsam ins Laub. Die Biester schienen uns misstrauisch zu beäugen und steckten bereits tuschelnd die Köpfe zusammen.

„Besser, wir verschwinden von hier", raunte ich. Alifera folgte mir jedoch nur widerstrebend und meinte hinterher: „Eigentlich tun sie einem nichts. Man sollte bloß nicht auf die Idee kommen, ihnen irgendetwas streitig zu machen. Dann können sie ziemlich tückisch werden."

Einmal hörten wir merkwürdig schmatzende Geräusche, die aus einem Hagebuttenstrauch kamen. Wir schauten nach und entdeckten etwa ein Dutzend possierlicher Raupen, die an den Blättern knabberten. Alifera war über die drallen Kleinen total entzückt. Fürsorglich knüpfte sie bei einigen die Seidenfäden straffer, die sie an den Blattunterseiten festhielten. Manche trug sie behutsam auf verborgenere Zweige, wo sie von den Vögeln nicht so leicht erspäht werden konnten. Andere herzte und kitzelte sie, bis sie genauso wonniglich jauchzten und zappelten wie Menschenbabys. Sie ließ sich kaum dazu bewegen, den Platz wieder zu verlassen. Hinterher seufzte sie ein ums andere Mal und sah mich sehr eigenartig von der Seite an.

Zur Mittagsruhe hefteten wir uns im Wildapfelbaum bequem an einen der Äpfel, durch deren zunehmendes Gewicht die Zweige so sacht schaukelten. Wir fächelten uns gegenseitig Kühlung zu. Alifera schaute versonnen vor sich hin. Ich ahnte, dass sie mit den Gedanken nicht von den kleinen Raupen loskam. Mir jedoch war es beklommen zumute.

„Ist dir eigentlich klar", begann ich zu sprechen, „dass manche Schmetterlinge sterben, sobald sie sich fortgepflanzt haben?"

Alifera nickte abwesend, als hätte sie nicht richtig zugehört. Ich sprach mit Nachdruck weiter: „Denk mal an die beiden Pfauenspinner, mit denen wir so viel gelacht haben abends am See."

Es war in der Tat eine schockierende Nachricht für mich, dass dieses lebensfrohe Pärchen so abrupt vom Tod ereilt worden war. Eines Morgens schwamm *er* regungslos auf dem Rücken liegend im Seewasser. Und *sie* hatte nur noch in aller Eile die Eier abgelegt und war ihm kurz darauf nachgefolgt. Einer der Wiesenbläulinge wollte beobachtet haben, dass das Weibchen im Fluge gestorben sei. Ihr Herz müsse völlig abrupt stehengeblieben sein. Sie habe einfach aufgehört mit den Flügeln zu schlagen und sei leblos ins Uferschilf getrudelt.

„Was würde eigentlich mit uns passieren, wenn wir…?", begann ich, doch ich brachte die Frage nicht zu Ende. Mir wurde auf einmal schmerzlich bewusst, dass das Thema Tod und Sterben leider allzu bald für uns aktuell werden würde. Selbst wenn wir von allen erdenklichen Unglücken verschont bleiben sollten, wäre uns keinesfalls ein langes Leben vergönnt. Normalerweise dürfte für uns wohl schon im Spätherbst das Ende kommen. Nur wenn es uns gelänge, einen frostgeschützten Platz zum Überwintern zu finden, könnten wir es vielleicht bis zum nächsten Sommer schaffen. Sollte ich mir bei einer derart geringen Lebenserwartung ernsthaft Gedanken um die Fortpflanzung machen und dabei das Risiko eines noch frühzeitigeren Todes in Kauf nehmen?

„Wo werden wir sein, wenn der Sommer vorbei ist?“, sinnierte ich vor mich hin. Alifera zuckte unbekümmert mit den Flügeln.

„Wir gehen dorthin zurück, woher wir gekommen sind“, antwortete sie, als sei es die selbstverständlichste Sache der Welt. Sanft lehnte sie sich an mich. Mit meinen Fühlern spürte ich ihren schnellen Herzschlag, der im gleichen Takt ging wie meiner. Und ihr wundervoller Duft wiegte mich in einen sorglosen Rausch.

An den windstillen Abenden versammelten sich die Falter gern auf der großen Pappel, wo das schwarzverbrannte Geäst aus der Blätterkrone ragte. Es roch da oben so angenehm nach „kaltem Feuer und Ewigkeit“, wie der Ligusterschwärmer sich auszudrücken pflegte, der immer erst bei Sonnenuntergang richtig munter wurde. Irgendwie inspirierte uns dieser Ort zu besonders tiefgründigen Gesprächen. Der alte *Nymphalis antiopa*, der Trauermantel mit den schütteren Flügelrändern, behauptete, selbst erlebt zu haben, wie der Baum gebrannt hatte. In der Tat gab es außer ihm niemanden in diesem Kreise, der es geschafft hatte, einen Winter zu überstehen. Doch die meisten lächelten nur über ihn. Er redete halt viel, wenn er vom Blütennektar trunken war. Allerdings lauschte man seinem schon viele Male gehörten Bericht vom großen Feuer stets von neuem, auch wenn das ganze ziemlich unwahrscheinlich klang.

„...und als die leuchtende Zackenschnur den Baum berührte“, so sprach der Trauermantel, „da gab es ein gewaltiges Krachen. Seine Zweige und Blätter strahlten tausendmal heller als die Sonne. Und alle Falter kamen, dieses herrliche Wunder zu schauen: Das Feuer, aus dem einstmals die Welt geboren wurde. Doch die sich ihm näherten, begannen ebenfalls zu leuchten und fuhren zum Himmel empor und vergingen in dem Licht. Und keiner von ihnen wurde jemals wieder gesehen.“
Schließlich stellte der wortgewandte Ligusterschwärmer den Trauermantel derart zur Rede, dass der dann doch eingestand, die Geschichte im vorigen Sommer von einem alten Birkenspanner gehört zu haben. Auch der hatte sie nicht selbst erlebt, sondern von jemand anderem erfahren. Dennoch bestand der Trauermantel hartnäckig darauf, die Legende vom strahlenden Baum wahrheitsgemäß wiedergegeben zu haben.

Die Stunde des Übergangs vom Tag in die Nacht war voller geschäftiger Stimmen. Für jedes Wesen, das sich vom Tagewerk ermüdet zur Ruhe begab, kroch eine Ablösung aus Ritzen, Spalten und Gezweig. Käfer, Fliegen, Mücken und Falter traten knisternd, wispernd, summend und brausend ins Dämmer, um endlich zu beginnen, was ihnen der Sonnenschein zu tun verwehrte. Glühwürmchen trugen ihre Lichter spazieren. Libellen schwirrten pfeilschnell über das Uferwasser. Die Frösche im Schilf unterhielten sich so ungeniert laut, dass alle Nachbarn es mithören konnten. Die Grillen im hohen Gras riefen sich Grüße zu. Wildschweine schnauften auf ihrem ausgetretenen Pfad zur Tränke. Lautlos wie ein Schatten strich der Fuchs umher.

„Sieh mal, heute sind da zwei Nachtlichter“, bemerkte Alifera. Ich wusste, dass es sich bei dem einen um den Mond, beim anderen um sein Spiegelbild im See handelte.

„Schade, dass wir die Sterne nicht sehen, mit unseren schwachen Augen", bedauerte ich. Alifera wandte sich mir fragend zu. Da fiel mir ein: Sie konnte ja gar nicht wissen, dass es überhaupt Sterne gab. Wie bitter, sich vorzustellen, dass einem der wundervolle Anblick des Sternenhimmels niemals vergönnt sein sollte. Und obwohl es für mich eine verfängliche Sache war, begann ich zu erklären: „Die Sterne sehen aus wie ein Schwarm von tausend und noch mal tausend Glühwürmchen, die unbeweglich auf der Stelle schweben..."

Und ich erzählte von Sonnen und Planeten, von Kometen, Sternschnuppen und kosmischen Nebeln und von der Unendlichkeit des Universums. Während ich sprach, überkam mich ein fortschreitendes Gefühl der Erleichterung, nicht anders, als würde ich ein befreiendes Geständnis ablegen. Nachdem ich geendet hatte, meinte Alifera: „Es gibt sicherlich noch vieles um uns her, worüber wir Schmetterlinge uns keine Gedanken machen, weil wir es nicht sehen können."

Sacht tastete sie mit einem Fühler nach meinen Augen und sagte: „Der Himmel muss wunderschön sein. Ich würde ihn so gern einmal sehen, nur ein einziges Mal."

„Vielleicht", meinte ich, wobei ich hinterher selbst nicht recht begriff, wie ich so etwas sagen konnte, „vielleicht ergibt sich ja doch irgendwann die Gelegenheit?"

Es kamen Tage, so heiß, dass die vertrockneten Gräser im Wind zerknickten. Der See schien regelrecht zu verdampfen. Sein Wasserspiegel war merklich gesunken. Die Frösche trauten sich tagsüber kaum aus dem Schilf heraus. Wenn sie ihre Unterschlüpfe verließen, konnten sie nicht gleich losschwimmen, sondern mussten erst eine Strecke durch den glitschigen Morast hüpfen. Das wusste auch der Storch, der lautlos am

Ufer entlangstakste, wobei er von Zeit zu Zeit lauschend verharrte, um dann blitzschnell mit seinem Schnabel zuzustoßen.

Alifera und ich konnten es uns daher unbehelligt zwischen den feuchtkühlen Blütenblättern der Seerosen bequem machen. Gedankenverloren ließen wir unsere Rüssel ins Wasser baumeln. Auf einmal schien es mir, als hätte ich menschliche Stimmen gehört. Unwillkürlich richteten sich meine Fühler auf.

„Was ist?“, murrte Alifera, die sich träumend im Halbschlaf rekelte.

„Nichts Besonderes“, wisperte ich und strich ihr mit meinem Fühler beruhigend über den Nacken. „Ich bin gleich zurück.“

Sacht löste ich meinen Klammerhaken aus dem ihren und flog los.

Der erste Mensch, den ich erspähte, hielt eine weiß-rote Messlatte fest. Auf Zuruf eines anderen wechselte er mehrmals seinen Standort. Dieser Mann, der da rief und Zeichen gab, blickte durch eine Optik, die oben am Waldrand auf einem Stativ stand. Dann war dort noch eine junge Frau, die emsig auf einem Notizblock schrieb.

„Wo warst du?“, fragte Alifera schläfrig, als ich mich behutsam wieder auf der Seerose niederließ.

„Dort sind zweibeinige Weichhäuter“, sagte ich. Aliferas Fühler richteten sich empor.

„Was machen die hier?“

„Das würde ich auch gern wissen.“

Alifera erhob sich.

„Ich möchte sie sehen.“

Die Mittagshitze brütete über der Hangwiese. Die drei Leute hatten sich im Schatten der großen Pappel niedergelassen und packten mitgebrachte Speisen aus ihren Rucksäcken.

Dicht über ihnen im Laub verborgen konnten wir sie unbemerkt beobachten. Alifera zeigte sich darüber beeindruckt, welch gewaltige Mengen Flüssigkeit aus durchsichtigen Röhren in die Köpfe der Menschen gluckerten und wie riesige Gegenstände stückweise in der großen Öffnung ihrer elastischen Gesichter verschwanden. Derweil lauschte ich ihrem hitzemüden Gespräch.

„Den Stein mit der Quelle“, sagte die junge Frau, „könnte man den nicht als dekoratives Element auf dem Vorplatz belassen?“

„Wohl kaum“, meinte der ältere der beiden Männer. „Wir müssen die Fläche vollständig einebnen, weil sonst nicht genügend Parkplätze für die Hotelgäste da sind.“

„Richtig“, stimmte ihm sein jüngerer Kollege zu. „Der Hang ist viel zu steil. Den müssen wir vollständig abtragen.“

Mein Herz begann heftig zu ticken. – Ein Hotel hier auf unserer Wiese! Das würde endlich mal ein bisschen Kultur in diese Provinz bringen. Dann wären hier ständig Menschen, die sich in der freien Natur erholen würden, die im Wald spazieren gehen, im See baden, mit ihren Kindern am Ufer spielen, unter bunten Sonnenschirmen sitzen... Und ich könnte zwischen ihnen umherflattern, ihren Gesprächen lauschen und zum Frühstück mit Alifera zusammen aus Marmeladenschälchen naschen. Vielleicht ergäbe sich dann sogar eine Möglichkeit, mit ihnen zu kommunizieren? Sicherlich würde abends auf der Terrasse Musik gespielt. Dann könnte ich dem staunenden Publikum meine luftakrobatischen Tanzkünste vorführen. Das müsste nach dem Dunkelwerden im Lichtschein bunter Laternen ganz besonders schön zur Geltung kommen.

Alifera schien zu bemerken, dass ich den menschlichen Worten lauschte.

„Kannst du ihre Sprache verstehen?“, wollte sie wissen. „Worüber reden sie?“

„Schwer zu sagen“, gab ich ihr ausweichend zu verstehen.

„Bleiben sie jetzt für immer hier?“, fragte sie.

„Nein“, erwiderte ich, um sie nicht zu beunruhigen. „Die sind bestimmt bald wieder weg.“

Alifera sah mich an, als spürte sie, dass ich ihr etwas verschwieg. Doch ich konnte nicht mit ihr darüber reden. Ich wusste, dass dann eine Frage die nächste nach sich ziehen würde. Natürlich ahnte Alifera längst, dass es eine dunkle Seite in meiner Vergangenheit gab und dass ich darüber nicht sprechen wollte. Glücklicherweise besaß sie ein äußerst wohltuendes Taktgefühl; sie würde mich niemals zu etwas drängen, wovor ich zurückscheute. Doch dadurch richtete sich allmählich Stück für Stück eine immer höher werdende Wand von Fragen zwischen uns auf. Und wenn ich mich daranmachen würde, diese Wand abzubauen, käme dahinter schließlich ein riesiges Transparent mit der Aufschrift ICH BIN EIN MÖRDER zum Vorschein. Das konnte ich nicht wollen. Und ich wünschte die Menschen samt ihren großartigen Bauplänen von Herzen zum Teufel.

Abends auf der alten Pappel diskutierten die anderen Falter sehr lebhaft über die gesichteten Weichhäuter. Seit Schmetterlingsgedenken waren sie an diesem abgeschiedenen Platz noch niemals aufgetaucht. Selbst der alte Trauermantel wusste nichts darüber. Er wiederholte mit erhobenem Fühler nur die unter Insekten allbekannte Weisheit, dass die Begegnung mit zweibeinigen Wesen – das schloss die Vögel und Fledermäuse mit ein – stets Unglück brächte. Ich hielt das für eine Binsenweisheit, doch ich sagte nichts dazu. Die anderen zeigten sich äußerst besorgt, viel zu sehr, wie ich empfand. Ich musste begreifen, dass es unter den Gefährten keinerlei Sympathien für meine ehemaligen Artgenossen gab und dass ich nicht in der Lage sein würde, sie zu beruhigen. Darum hielt ich es für besser, fürs erste zu schweigen. Bei nüchterner Überlegung schien sich die ganze Debatte ohnehin zu erübrigen, und meine anfänglichen Erwartungen an ein interessantes Zusammenleben mit den Menschen schwanden dahin. Schließlich würde so ein Bauvorhaben noch Monate auf sich warten lassen, möglicherweise sogar Jahre. Wahrscheinlich lohnte es daher für uns kurzlebige Insekten überhaupt nicht, einen Gedanken daran zu verlieren.

Nach ein paar Tagen geriet das Ereignis anscheinend in Vergessenheit. Unser gewohntes Leben nahm seinen Fortgang. Allerdings hielt sich hartnäckig das Gerücht von einer Schneise, die von den Menschen aus Richtung Sonnenuntergang quer durch den Wald getrieben wurde, angeblich genau auf unsere Hangwiese zu. Die Mücken wussten so etwas zu berichten.

Eines Tages, als ich gerade genießerisch aus einer Schlüsselblume naschte, fiel mir auf, dass Alifera fort war. Ich schaute mich witternd um. Natürlich konnte es vorkommen, dass sie sich für eine Weile entfernte. Diesmal jedoch vermisste mein empfindlicher Geruchssinn ihren sonst allgegenwärtigen Duft, durch den ich sie selbst über weite Entfernungen ortete. Ich rief sie beim Namen, doch sie antwortete nicht. Schon gingen mir schlimme Befürchtungen durch den Kopf. Suchend kreiste ich über der Stelle, wo sie eben noch gesessen hatte. Da erblickte ich etwas Buntes und Glänzendes auf dem bemoosten Boden am Fuß der großen Pappel: eine zerbeulte Getränkedose, ein Knäuel Stanniolpapier... Ich erschrak. – Ein leeres Obstglas! Dann erkannte ich Alifera darin. Durch das unebene Glas wirkte ihre Gestalt ganz verzerrt. Mir blieb fast das Herz stehen.

„Alifera!“, schrie ich. Sie wandte sich erschrocken um.

„Bist du wahnsinnig!“, fuhr ich sie an. „Komm da sofort raus!“
Ich war völlig außer mir. Und weil sie nicht gleich reagierte, packte ich zu und zerrte sie gewaltsam nach draußen.

„Du tust mir weh!“, rief sie, wobei sie sich heftig wehrte. Doch das war mir in diesem Moment egal. Endlich fielen wir ineinander verknäuelt ins Moos.

„Was fällt dir ein, so an mir zu ziehen!“, schimpfte sie. „Du hättest mir beinahe den Fühler ausgerenkt!“

„So viel Dummheit hätte ich dir nicht zugetraut!“, keuchte ich. „Auf was für Ideen du kommst! Im menschlichen Abfall zu stöbern! Weißt du nicht, wie gefährlich das werden kann?“

„Was soll daran gefährlich sein, wenn ich nur schaue, was das für ein Ding ist?“

„Du hast überhaupt keine Ahnung, wozu Menschen fähig sind, verdammt noch mal!“

„Dann sag mir, was das ist, wenn du so schlau bist!“

„Das ist ein Gefäß, in dem die Zweibeiner Nahrung aufbewahren!“

„Und weshalb soll ich so was nicht wissen dürfen?!“

„Aber darum geht es doch gar nicht!“

„Ich weiß, worum es dir geht!“, empörte sich Alifera. „Du willst mir nämlich vorenthalten, was du von den Menschen weißt! Damit ich ein unwissendes Dummchen bleibe! Damit du glauben darfst, du wärst was Besseres als ich!“
Aliferas Fühler begannen zu zittern. Abrupt wandte sie sich ab und schwirrte davon. Betroffen sah ich ihr nach.

Zu meiner Beruhigung konnte ich zunächst einmal feststellen, dass sich in dem Glas keine giftigen Dämpfe, sondern tatsächlich nur Reste von gezuckertem Obstsaft befanden. ‚Entsteinte Pflaumen‘ las ich auf dem Etikett. Bekümmert hockte ich auf dem Stanniolpapier herum, das nach ranziger Butter roch. Ich musste einsehen, dass ich völlig überreagiert hatte. Aber doch nur, weil ich so große Angst um Alifera gehabt hatte. Wenn ihr etwas passiert wäre... Schon allein der Gedanke daran war mir unerträglich. Ich zupfte ein Schirmchen aus einer Pusteblume und flatterte damit zum Wildapfelbaum. Alifera saß still auf ihrem Lieblingszweig. So sachte wie man sich schlechten Gewissens in ein Zimmer schleicht, ließ ich mich ihr gegenüber nieder. Ihr eisiges Schweigen tat mir weh. Da stupste ich das Pusteblumenschirmchen an. Der kaum merkliche Lufthauch trug es zu Alifera hinüber. Es senkte sich über ihr Köpfchen wie ein luftiger Brautschleier. Und da sah ich, wie unter ihm ein ganz, ganz kleines Lächeln erglomm. Es war der allergeignetste Moment, ihr die Frage aller Fragen zu stellen…

Im erwachenden Licht des folgenden Morgens erschien uns die dunkle Gestalt der sagenumwobenen Pappel besonders eindrucksvoll. Obwohl für uns nur verschwommen sichtbar, war ihr Anblick vor dem Hintergrund des rötlich leuchtenden Himmels so großartig, dass er uns geradezu den Atem nahm. Ihre fünf kahlen Äste ragten majestätisch wie die Türme einer Kathedrale empor. Alifera schmückte sich mit dem Pusteblumenschirmchen, das sie mit einer zarten Faser zwischen ihren Fühlern befestigte. Es schien beinahe so, als trüge der Wind von weit her einen Glockenklang zu uns herüber. Als wir nebeneinander auf dem stärksten der oberen Pappeläste landeten, waren unsere Freunde dort bereits versammelt. Schweigend bildeten sie einen Halbkreis um uns. Der Ligusterschwärmer trat vor und begann sehr feierlich zu reden: „Wir sind heute und hier zusammengekommen, liebe Freunde, um einen Bund zu besiegeln, der für immer bestehen soll. Alle sollen wissen: Wenn man von nun an über den Einen spricht, ist auch der Andere gemeint. Wenn man dem Einen schadet oder nützt, so tut man es auch dem Andern."

Der Ligusterschwärmer wandte sich an Alifera und mich: „Ich frage euch nun vor all diesen Zeugen: Wollt ihr fest zusammenstehen im Glück und im Unglück, in Überfluss und Not, in guten wie in schlechten Tagen, bis dass der Frost euch scheidet?"

„Ja", antwortete Alifera.

„Ja", bestätigte ich. Und der Ligusterschwärmer sagte: „Seid nun unzertrennlich vereint, um eure Zeit miteinander zu teilen. Werdet von Zweien zu Einem. Mögen alle eure guten Wünsche sich erfüllen."

Auf einmal spürte ich Aliferas süße Palpen fest auf den meinen, und alle Anwesenden applaudierten mit ihren Flügeln. Dann zitierte der Ligusterschwärmer:

„Es hat des Glückes Zauberbaum
mit Blüten vollgehangen.
Davon habt ihr die kostbarste,
die Liebe, eingefangen.

Und wenn ihr sie behalten wollt,
verschenkt sie nur sogleich.
Verschwendet aneinander sie
und werdet dadurch reich!"

Später fanden wir uns alle auf dem Felsen bei der Quelle zusammen, wo wir gemeinsam vom Rosennektar tranken, der in jenen Tagen besonders köstlich schmeckte. Ausgelassen und fröhlich führten hundert Schmetterlinge einen wogenden Tanz über dem weißen Blütenteppich auf, eine pulsierende, kreisende

Wolke aus leuchtenden Farben. Bald war der Ligusterschwärmer so müde und berauscht, dass er vom Strauch kippte und auf dem Rücken liegend einschlief. Wir betteten ihn in eine schattige Felsspalte und deckten ihn mit einem Blütenblatt zu.

Der Admiral kam auf die Idee, eine Regatta zu veranstalten. Der Wind hatte einiges Laub von Bäumen und Sträuchern gezupft und es über dem See ausgestreut. Mit diesen Blättern schaukelten wir auf den Wellen, wobei unsere aufgestellten Flügel als Segel dienten. Schaulustige Libellen brausten über uns hinweg. Mücken blieben scharenweise in der Luft stehen und gafften. Wasserläufer sprangen beiseite, um uns bewundernd zu beäugen, wie wir so zahlreich an ihnen vorüberglitten. So viele aufgespannte, prachtvoll bunte Schwingen sah man hier nicht alle Tage.

Zum Rosenfelsen zurückgekehrt fiel es dem Zitronenfalter ein, den Ligusterschwärmer nachzuahmen. In tiefem Ernst baute er sich vor uns auf, erhob feierlich seine Fühlerspitzen und reimte mit samtener Stimme:

„Im Frühling bin ich fröhlich,
im Sommer bin ich froh.
Wenn ich kein Vogelfrühstück werd',
geht's bis zum Herbst noch so.

Dann such' ich mir 'ne Höhle,
um drin zu überwintern.
Wenn Frost mich beißt, verschließe ich
für immer meinen Hintern."

Der Zitronenfalter machte einen Knoten in seine Fühler, der an die Haarschleife einer Ballettschülerin erinnerte, und nahm seinen Applaus mit gespielter Bescheidenheit entgegen.

„Prost!“, krakeelte er und tauchte seinen Rüssel so tief in eine Rosenblüte, dass er vornüber hineinplumpste. Mit eingekrümmten Fühlern kam er taumelnd wieder zum Vorschein. Dann ließ er sich schwerfällig auf den Rücken fallen, genau wie zuvor der Ligusterschwärmer. Das Publikum jubelte.

Als eine Schnecke recht unpassend ihre Schleimspur mitten durch unsere fröhliche Gesellschaft zog, setzte sich ihr der Zitronenfalter dreist in den Weg. Zu komisch, wie die Schnecke langsam erschrak, wie sie ihn von oben bis unten anglotzte und sich erst links, dann rechts an ihm vorbeischleichen wollte. Wie ein Spiegelbild tat er ihr alles nach, indem er seine Fühler nach Art ihrer schielenden Stielaugen bewegte. Ärgerlich schmatzend zog sie sich endlich in ihr Haus zurück. Da rollten wir sie mit vereinten Kräften an den Steilhang, so dass sie vom Felsen herab ins weiche Moos kollerte, was das arme Tier die ganze Wegstrecke in wenigen Sekunden zurückbeförderte, für die es wohl mehrere Tage benötigt hatte.

Der Zitronenfalter erzählte, dass er besonders gern seinen Spaß mit der Eidechse trieb, die am Waldrand unter einem Geröllhaufen hauste. Er lasse mitunter Erdbröckchen von oben auf ihren Kopf rieseln, wenn sie sich in der Sonne rekelte. Um zu zeigen, wie sich das tückische Raubtier dann ärgerte, zog er die Mittelbeine ein und krabbelte flach an den Boden gepresst mit vier Beinen umher. Dabei legte er seine Fühler mit auseinandergespreizten Spitzen zusammen wie eine gespaltene Zunge. Er sah auf einmal so gefährlich aus, dass die Falter erschrocken zurückwichen. Der Spaß schien nun doch ein wenig zu weit zu gehen. Da trat der Perlmutterfalter mit erhobenen Fühlern vor ihn hin.

„Schluss damit!“, rief er. Ein allgemeines Aufhorchen ging durch die Reihen der Gäste. Der Zitronenfalter hielt inne. Etwas

ruhiger warnte ihn der Perlmutterfalter: „Hör auf, Scherze über die Eidechse zu machen. Und bleib von ihr weg. Du kannst gar nicht so schnell gucken, wie sie zuschnappt.“
Jemand pflichtete ihm bei: „Er hat recht. Es ist ein gefährlicher Leichtsinn.“
Und ein anderer meinte: „Der Perlmutterfalter weiß schließlich, wovon er redet.“
Jeder wusste, dass der Perlmutterfalter vor kurzem seine Gefährtin verloren hatte. Eines Tages sah man so etwas wie zerbrochene Muscheln am Geröllhaufen liegen. Es waren die Überreste ihrer mattschimmernden Flügel. Von ihrem Leib hingegen fehlte jede Spur.

„Ach, na ja“, versuchte der Zitronenfalter die Sache herunterzuspielen. „Ich pass schon auf.“

„Das ist überhaupt nicht spaßig“, sagte der Perlmutterfalter noch und verließ er den Festplatz, ohne sich zu verabschieden.

Dieser bedrückende Moment war wie ein kühler Wind über uns hinweggeweht. Nur zögernd kehrte die allgemeine Fröhlichkeit wieder ein, doch die Stimmung war nun nicht mehr ganz so ausgelassen und um einiges besinnlicher als vordem.

Am frühen Abend traf ich auf dem Rosenfelsen etwas abseits der sich allmählich auflösenden Gesellschaft mit dem ausgeruhten Ligusterschwärmer zusammen.

„Du musst wohl sehr glücklich sein mit so einer wunderbaren Gefährtin, mein Lieber“, bemerkte er in seiner bedächtigen Art und schaute zu Alifera hinüber, die mit einigen Freundinnen in der Quelle herumplanschte.

„Das ist wahr“, stimmte ich zu. „Mit Alifera bin ich glücklich, aber...“

Ich überlegte, wie ich ihm am besten verständlich machen sollte, was mir auf der Seele lastete.

„Was würdest du denken“, begann ich, „wenn ich dir sagen würde, dass ich in Wirklichkeit steinalt bin im Vergleich zu dir?“
Er musterte mich und gestand: „Wenn ich dich so ansehe, spüre ich irgendwie, dass etwas Ungewöhnliches in dir steckt. Da ist zum Beispiel die Sache mit den unsichtbaren Lichtpunkten am Nachthimmel, von denen du erzählt hast. Ich hatte schon vorher davon gehört. Es soll Tiere geben, die sie sehen können. Aber die wissen nicht, was es damit auf sich hat. Dass es in Wirklichkeit riesengroße Feuerkugeln sind, die da oben einfach so in der Luft hängen... Das ergründet zu haben, ist nur den zweibeinigen Weichhäutern zuzutrauen.“

Mit dieser Andeutung machte mein Freund es mir leichter, mich von der Last der Wahrheit über meine Vergangenheit zu befreien. Ich erzählte ihm von meiner Familie, von meiner ungeliebten Violine und endlich auch von meiner fanatischen Leidenschaft, deren Entsetzlichkeit mir damals nicht bewusst war. Ich sprach von den Beweggründen, die mich dazu führten, derartiges zu tun, von meinem Ehrgeiz, das Werk meines Großvaters zu vollenden, von den Problemen, in die ich mich dabei verstrickte und davon, wie entschieden man damals die Existenz eines leuchtenden Falters anzweifelte und wie ich darum belächelt und verspottet wurde. Ich erklärte ihm meine Absicht, durch den Fang des Schmetterlings den verlorenen Glauben an mich selbst wiederzugewinnen und mich vor meinem Vater zu rehabilitieren. Ich sprach von der Hoffnung, mich dadurch aus den elterlichen Zwängen zu befreien, die eine berufliche Zukunft für mich vorsahen, von der meine eigenen Vorstellungen viel zu weit entfernt waren. Ich gestand ihm auch meine ständige Furcht davor, wie wohl unsere Freunde reagieren würden, wenn sie wüssten, wer ich in Wirklichkeit war.

Was wäre, wenn Alifera erführe, dass ich Ihresgleichen erbarmungslos verfolgt, gefangen und abgeschlachtet hatte, um eine abscheuliche Trophäensammlung anzuhäufen? Zum Schluss sagte ich: „Weißt du, dieses wunderbare Glück, das ich jetzt genießen darf – ich denke, ich hab' es nicht im Geringsten verdient."

Der Ligusterschwärmer schwieg lange. Endlich wandte er sich mir wieder zu und sprach: „Was Menschen tun, wird mir wohl immer unverständlich bleiben. Aber eines ist mir klargeworden: Obwohl die Menschen es weit gebracht haben, muss ihr Verstand in mancherlei Hinsicht sehr eingeschränkt sein. Sie erkennen nicht die großen Zusammenhänge, durch die unsere Welt lebt. Es liegt in ihrer Natur, dass sie stets mehr haben wollen, als sie aufessen können. Vermutlich rührt ihre entsetzliche Rücksichtslosigkeit selbst gegen ihre eigenen Artgenossen daher. - Du solltest dir keine Vorwürfe darüber machen, was du als Mensch deiner menschlichen Bestimmung folgend getan hast. Wesentlich ist, dass du jetzt ein anderer geworden bist."
Bevor sich der Ligusterschwärmer verabschiedete, reimte er:

„Wie eines Baumes Wurzel
dem Lichte sich entzieht,
liegt tief ein Sinn verborgen
in allem, was geschieht."

„Wie still es auf einmal ist", bemerkte Alifera, als ich nachher allein mit ihr auf einem sacht schaukelnden Apfel im Gezweig unseres Baumes lagerte. Ich schaute sie an, ganz verzaubert von ihrer Schönheit. So wundervoll hatte das Gold auf ihren Flügeln noch nie geleuchtet, wie im lebendigen Spiel dieses Abendlichtes. Ihr betörender Duft ließ meinen Atem verhaltener gehen. Sie schien genau zu verstehen, was ihr mein Blick sagte.

„Komm zu mir, Alienus“, flüsterte sie.

Es war, als schwebte der Apfel, auf dem wir uns umfangen hielten, langsam und stetig in den Himmel empor. Als wir beide zu Einem wurden, spürte ich *meinen* Herzschlag mit *Aliferas* Fühlern und sah das Leuchten auf *meinen* Schwingen mit *ihren* Augen. Ich konnte meine eigenen Sehnsüchte in Aliferas verborgensten Gedanken lesen. Und alles, was zwischen uns bislang noch geheim und unausgesprochen war, löste sich auf wie Nebel in der Sonne.

XII. Der Feuersturm

Bald werkelten wieder Menschen auf der Hangwiese herum. Diesmal waren sie in einer größeren Gruppe mit einer Barkasse über den See gekommen. Sie schlugen Stahlstäbe in den Boden und spannten daran ein weiß-rotes Plastikband in weitem Bogen um das Gelände. Auch ein Stück Wald wurde eingesäumt. Einige Insekten erfanden damit ein neues Spiel; wer sich am längsten an dem im Wind knatternden Band festklammern konnte, war Sieger. Die Falter taten dabei nicht mit. Die sorgenvollen Diskussionen auf der alten Pappel fingen wieder an und hörten nicht mehr auf. Das Bauvorhaben schien entgegen meiner anfänglichen Vermutung wohl doch recht zügig in die Tat umgesetzt zu werden. Leider blieben jetzt die Rehe fort, weil sie die Absperrung nicht zu überspringen wagten. Unsere morgendlichen Spazierritte fielen darum aus.

Ein fremder Wanderfalter, der bei uns Rast machte, berichtete von zweibeinigen Weichhäutern mit roten Köpfen, die fürchterlich laut knurrend an den Bäumen nagten, bis diese umstürzten. Auch sprach er von riesigen Gehäusen, die sich lärmend durch die entstehende Schneise bewegten und die gefällten Bäume davontrügen. Der Wanderfalter versicherte, dass die Weichhäuter binnen kurzem den ganzen Wald fortschleppen würden. Bei meinen Freunden löste der Bericht große Bestürzung aus.

In jenen Tagen erreichte uns die Nachricht vom Tod des Zitronenfalters. Der Perlmutterfalter, der gelegentlich den Geröllhaufen am Waldrand aufsuchte, um dort eine Blüte zum Gedenken an seine Gefährtin niederzulegen, hatte zwischen den Steinen verstreut die Bruchstücke gelber Flügel entdeckt. Wir trugen einen dunklen Zweig von der Länge eines Schmetterlingsleibes auf den Gipfel des Rosenfelsens und legten die zerbrochenen Schwingen um ihn herum, dass es ein wenig so aussah, als wäre unser Freund noch bei uns. Vor den versammelten Gefährten sprach der Ligusterschwärmer: „Wenn er könnte, dann würde er jetzt zu mir sagen: ‚Was ist los, alte Nachtmotte? Halte deine Fühler still! Im nächsten Frühling flattern bestimmt wieder gelbe Flügel über unsere Wiese. Behaltet mich in guter Erinnerung. Wir hatten doch eine Menge Spaß miteinander.‘“
Und nach einer kleinen Weile des stillen Gedenkens zitierte der Schwärmer:

„Es braucht das Licht die Dunkelheit
für seinen hellen Schein.
Wenn etwas neu beginnen soll,
muss auch ein Ende sein.

Wenn etwas, das uns teuer ist,
im Zeitenwind verweht,
kehrt einst verwandelt es zurück,
weil sich der Himmel dreht."

Wir nahmen die Flügelteile auf und flogen mit ihnen in dichtem Schwarm empor, hoch in den Himmel, weit über den glitzernden See. Dort übergaben wir sie dem Wind. Wie ausgediente Blütenblätter trudelten sie davon, und es war, als würden sie uns zum Abschied winken wie geschwenkte Taschentücher aus den Fenstern eines abfahrenden Zuges.

Eines Nachmittags schien aus einem unerklärlichen Grund alles anders zu sein als sonst. Ein dunstiger Himmel senkte sich tief über das Land. Es war so unheimlich still, als hätte die Welt zu atmen aufgehört. Etwas unbestimmbar Bedrückendes legte sich auf unsere Gemüter. Die Mücken vereinten sich unter den Baumkronen zu flirrenden Wolken und tuschelten verhalten miteinander. Die Grillen ließen sich nur gedämpft hören. Einzelne Fliegen summten in Schlangenlinien dicht über dem Boden entlang, verfolgt von den gefräßigen Schwalben, die so tief flogen, dass ihre Flügel fast die Blattläuse von den Gräsern streiften. Es dunkelte immer mehr ein. In der Luft lag ein angespanntes Surren. Dann brach das Gewitter los, ohne Regen zunächst, doch mit Blitz, Donner und Sturm. Übergangslos schwankte unser Baum wie von einer Flutwelle getroffen so heftig hin und her, dass einige Äpfel abrissen und hüpfend durchs Geäst polterten. Alifera und ich brachten uns unter dem großen Blatt einer Klettenstaude in Sicherheit. Beeindruckt von den entfesselten Gewalten lugten wir darunter hervor. Plötzlich blitzte es blendend hell. Zugleich krachte ein ungeheurer Donnerschlag. Darauf folgte ein lautes Bersten und Knacken.

„Der Baum!“, rief Alifera. „Er leuchtet!“

Tatsächlich! Ich wollte meinen Augen nicht trauen. Unsere Pappel stand in Flammen. Ihre Zweige schienen sich vor Schmerz zu krümmen. Aliferas ganze Gestalt drückte höchstes Erstaunen aus. Und als hätte sie alles andere um sich her vergessen, flog sie los, so unvermutet, dass ich sie nicht zurückhalten konnte. Entsetzt sah ich, wie sie mit einer fauchenden Windbö auf das Feuer zutrieb. Schon war sie aus meinem Blick entschwunden. Nach einer lähmenden Schrecksekunde stürzte ich ihr hinterher. Ich schrie ihren Namen so laut, dass ich den Sturm zu übertönen glaubte. Aus Leibeskräften bemühte ich mich, sie einzuholen.

An dem brennenden Baum waren schon Hunderte Falter versammelt. Die windgepeitschten Flammen schlugen wie wahnsinnig um sich. Ich sah den alten Trauermantel emporfliegen.

„Und ich hatte doch recht!“, hörte ich ihn schreien, bevor er ins Feuer eintauchte. Über mir in der kochenden Luft herrschte ein unglaublicher Tumult. Begeisterte Rufe drangen zu mir herüber. Die außer Rand und Band geratenen Falter, die sich der Hitze zu sehr genähert hatten, waren kaum von den zahllosen Blättern zu unterscheiden, die der losbrechende Feuersturm umherschleuderte. Glühende Zweige und Rindensplitter entfachten Brandnester im trockenen Gras. Da erblickte ich Alifera, wie sie sich an einen herabgefallenen Ast krallte. Sie befand sich in höchster Gefahr. Der Wind brauchte sich nur ein wenig zu drehen und die Flammen würden sie augenblicklich aufzüngeln. Völlig selbstvergessen starrte sie zu dem brennenden Baum hinauf.

„Komm weg hier!“, schrie ich und versuchte, sie aus der Hitze zu ziehen. Nur widerstrebend ließ sie es geschehen. Auf einmal erfasste uns der Aufwind einer mächtigen Flamme. Ich hielt Alifera fest umklammert und ruderte dem gewaltigen Sog mit aller Kraft entgegen. In Sekundenschnelle befanden wir uns hoch über dem Feuer. Der Gewittersturm riss uns mit einer Wolke aus Staub und Blättern seewärts davon. In diesem rasenden Stürzen und Steigen sah ich das aufgepeitschte Wasser einmal über, einmal unter mir. Alifera und ich waren dieser Gewalt völlig machtlos ausgeliefert. Wir konnten uns nur aneinander festhalten. Mit einer irrsinnigen Geschwindigkeit jagten wir über dem brodelnden See dahin. Schon war das jenseitige Ufer unter uns, eine wehende Wiese, ein tobendes Getreidefeld, ein staubender Landweg und gleich dahinter ein Waldstück. Wir rasten auf schwankende Baumkronen zu. Mit einem Schwarm von losgerissenen Blättern wirbelten wir durch sie hindurch. Regen begann zu prasseln. Schwere Wassertropfen krachten ins Blattwerk, das unter den harten Schlägen zuckte. Mehrmals wurden wir schwer getroffen, was ziemlich weh tat.

Ein glücklicher Zufall bescherte uns einen Unterschlupf im Hohlraum eines umgestürzten Baumstammes. Atemlos hefteten wir uns an das modrige Holz. Durch den Höhleneingang sahen wir, wie ein noch stärkerer Wind die Baumkronen ins Wanken brachte, so dass die Stämme gefährlich ächzten und knirschten. Eisklumpen schossen fast waagerecht durch die Luft. Sie fetzten Blätter, Zweige, Tannenzapfen und Rindenstücke ab und sprangen zersplitternd umher. Unsere Baumhöhle erzitterte. In dem fürchterlichen Geprassel gingen die Donnerschläge des Gewitters beinahe unter. Alifera wirkte sehr verstört. Ich drückte sie fest an mich. Da spürte ich nah bei uns eine schleichende Bewegung. Im Schein meiner Flügel erkannte ich das gemächliche Pulsieren mehrerer dunkler, ineinander verschlungener Leiber – ein Schlangennest! Vorsichtshalber wichen wir an die

Decke der Höhle zurück. Ich überlegte, ob Schlangen sich auch von Insekten ernährten, doch ich erinnerte mich nicht, jemals etwas Derartiges gehört oder gelesen zu haben.

Alifera zeigte sich erst wieder ansprechbar, als die Naturgewalten sich beruhigten und ein gleichmäßig rauschender Regen eingesetzt hatte.

„Hast du nicht gesehen, wie wunderschön es war?", fragte sie mit einem Nachdruck, der fast wie ein Vorwurf darüber klang, dass ich sie nicht näher an die Flammen herangelassen hatte. Ich hielt es für besser, ihr nicht gleich, sondern später einmal zu schildern, was dann geschehen wäre.

Wir verbrachten die Nacht halb wachend, halb schlafend in der Baumhöhle. Erst gegen Morgen hörte der Regen auf. Die Luft schmeckte frisch wie klares Quellwasser. Der Wind räumte allmählich die Wolken vom Himmel, die nun dem Sonnenlicht freie Bahn ließen. Aus den Baumwipfeln lösten sich aber immer noch gefährliche Wassertropfen, die schwer auf den durchnässten Waldboden schlugen. Doch vor allem das Kreischen der hungrigen Vögel verzögerte unseren Aufbruch.

„Pass auf!", hörte ich Alifera rufen. Ich schrak zusammen. Ein Augenpaar versuchte mich mit seinem starren Blick zu fesseln. Eine gespaltene Zunge schoss wedelnd hervor und hätte mich fast berührt. Blitzartig schwirrten wir ins Freie. In schnellem Zickzackflug strebten wir aus dem Wald hinaus. An seinem Rand führte ein Feldweg entlang, den wir überqueren wollten. Plötzlich schrie Alifera auf. Ein Tropfenschwall, der lawinenartig aus dem überhängenden Geäst gestürzt war, hatte sie getroffen und mit sich gerissen. Sie lag nun rücklings mit ausgebreiteten Flügeln auf einem öligen Schlammklumpen, der wie eine Insel aus einer überschwemmten Spurrinne ragte. Ihr erster Versuch aufzuflattern ließ ihre Flügelränder in den Morast klatschen, so dass sie darin festklebten.

„Das hat uns gerade noch gefehlt“, seufzte ich. Im Standflug versuchte ich, ihre Beine zu fassen. Dabei patschten auch meine Flügel beinahe in die zähe Dreckbrühe.

„Lass sein!“, warnte sie mich. „Sonst klebst du auch fest!“

Sie hatte recht. In so einem Fall wäre auch ihr nicht geholfen.

„Kannst du die Flügel überhaupt nicht mehr bewegen?“, fragte ich.

„Kein Stück“, antwortete sie, wobei sie sich angestrengt mühte.

„Warte, das haben wir gleich“, sagte ich. Dabei hatte ich nicht die geringste Ahnung, was ich tun sollte. Unschlüssig drehte ich mich um mich selbst. Alifera rief: „Wenn du weiter so auf der Stelle herumflatterst, lockst du nur die Vögel an! Versteck dich irgendwo!“

„Bleib ruhig!“, erwiderte ich. „Ich lasse dich doch nicht einfach so liegen.“

Sie beschwor mich: „Du siehst doch selber, dass du hier nichts machen kannst.“

„Wer sagt das!“, fuhr ich sie heftig an. Doch Alifera fuchtelte wütend mit ihren Vorderbeinen und schrie: „Hau endlich ab und bring dich nicht sinnlos in Gefahr!“

„Beweg dich nicht!“, befahl ich ihr und flatterte zum Wegrand, wo der Hagelsturm lose Stängel, Blätter und Zweige verstreut hatte. Vielleicht ließe sich damit etwas anfangen? Da sah ich auch schon den Schatten eines Vogels über Alifera hinwegfegen. Mein banges Hoffen, dass er sie doch übersehen möge, erfüllte sich leider nicht. Mich befiel eine unsägliche Angst. Der Vogel kehrte um! In flachem Bogen kam er heran. Hastig ergriff ich einen abgeknickten Halm, den ich wie eine Lanze nach vorn richtete. Mit dem Mut der Verzweiflung steuerte ich direkt in die Flugbahn des Vogels.

„Alienus, lass den Blödsinn!“, hörte ich Alifera schreien. Schon öffnete der mächtige Buchfink seinen Schnabel, um sie zu packen und an sich zu reißen. Da rammte ich ihm den spitzen Halm tief in den Rachen. Der Vogel stürzte seitwärts in die Pfütze, dass es hoch aufspritzte. Er würgte und schüttelte sich meine Waffe aus dem Hals. Für einen kurzen Moment schien er benommen zu sein. Dann aber erhob er sich tropfensprühend wieder in die Luft und begann nun endlich, mich zu verfolgen. Ich schwirrte in den Wald zurück, um ihn von Alifera fortzulocken. Ungeahnt schnell kam er näher. Klackend schnappte er nach meinen Flügeln. Ich schlug einen Haken. Doch gleich darauf spürte ich wieder seinen hechelnden Atem hinter mir, der im Takt seiner wirbelnden Flügelschläge ging. Er war einfach viel schneller als ich. Ruckartig bog ich um einen Baum, so dass der Vogel daran vorbeischoss. Aber auch damit wurde ich ihn nicht los. Ich hatte ihn zu sehr aufgereizt. Er gab einfach nicht auf. Abrupt wendete er und fasste mich erneut ins Auge. Auf das Schlimmste gefasst, erwartete ich ihn. Wehrlos flatterte ich auf der Stelle. Mit wütend gesträubten Kopffedern raste er frontal auf mich zu. Im allerletzten Augenblick warf ich mich zur Seite. Da prallte der Buchfink gegen den Baumstamm hinter mir. Ich hörte seinen dumpfen Aufschlag. Er stürzte zu Boden. Ich konnte sehen, wie er noch ein paarmal zuckte und dann liegenblieb. Ein dunkler Blutstropfen quoll aus seinem aufgerissenen Schnabel.

„Bist du das wirklich?“, schluchzte Alifera, als ich wieder bei ihr auftauchte. Ihre dreckverkleisterten Fühler zitterten. Ich bewaffnete mich mit einem neuen Halm.

„Fass zu!“, forderte ich sie auf, indem ich ihr das Ende zureichte. Sie stieß es jedoch zurück.

„Bring dich in Sicherheit!“, rief sie. „Der Vogel ist bestimmt gleich wieder da!“

„Halt dich fest!“, herrschte ich sie an. Zögernd ergriff sie den Halm. Ich begann zu ziehen. Meine flatternden Schwingen erreichten die Grenzen ihrer Kraft. Alifera klebte unlöslich fest. Der glatte Halm rutschte durch ihre ermattenden Klammerhaken. Resigniert ließ ich ihn fallen.

„So wird das nichts“, keuchte ich. Mein Blick fiel auf die wesentlich griffigeren Schachtelhalme, die am Wegrand standen. Einen so festen Stängel könnte Alifera viel besser fassen und sich vielleicht sogar selber an ihm hochziehen. Ich umklammerte einen von ihnen und bog ihn flatternd herab. Endlich knickte er um. Er kam allerdings nicht nah genug bei Alifera zu liegen. Angestrengt versuchte ich, das zähe Gewächs in ihre Reichweite zu wuchten. Sie streckte sich nach ihm. Es fehlte nur noch ein winziges Stück. Verbissen zerrte ich weiter daran herum.

„Gleich hab ich ihn“, keuchte sie. In diesem Moment hörte ich etwas Ungewöhnliches.

„Still!“, zischte ich. Lauschend hielten wir inne. Nun unterschied ich deutlich ein sich näherndes Stampfen und ein knarrend rollendes Geräusch.

„Was ist das?“, fragte Alifera. Hastig holte ich ein loses Blatt vom Wegrand herüber und deckte es über sie. Verwirrt blickte sie mich an.

„Wegen der Vögel!“, rief ich ihr zu. „Ich bin gleich zurück!“

So schnell mich meine Schwingen trugen, jagte ich den Weg entlang, der einen Hügel hinaufführte. Gleich dahinter kam mir ein Pferdefuhrwerk entgegen. Lähmendes Entsetzen packte mich. Ich musste etwas tun! Ich musste die Kutsche zum Stehen bringen, um zu verhindern, das Alifera zertrampelt und überrollt wird! Aber wie? Zum Überlegen blieb keine Zeit. Also stürzte ich mich zunächst auf das Pferd. Auffällig tänzelte ich dicht vor seinen Augen herum. Ich wusste, dass Pferde ein solches Flattern nicht mögen. Vielleicht könnte ich es ja dadurch vom Weg abbringen? Abwehrend schüttelte es den Kopf. Es schnaubte. Schaumiger Speichel spritzte umher. Eine Flocke davon traf mich. Das klebrige Zeug hüllte meinen ganzen Kopf ein. Ich wollte es abstreifen, weil ich kaum noch etwas sehen konnte. Ich überschlug mich, klatschte gegen eine menschliche Stirn und prallte zurück. Der Mensch saß auf dem Kutschbock. Ich begann, vor seinem Gesicht hin und her zu flattern, ihm damit gleichsam den Weg zu versperren. Ich tat es immer wieder. Ich hoffte inständig, ihm dadurch begreiflich machen zu können, dass er hier nicht weiterfahren durfte. Doch offensichtlich reizte ich ihn damit nur. Seine Hand haschte nach mir. Ich wich aus und wedelte weiter vor ihm herum. Ich bemerkte, dass er sein Hemd auszog. Er versuchte, es über mich zu schlagen. Ich stob zur Seite. Weil ich wegen meiner verkleisterten Augen nur verschwommen sah, schlug ich dabei an den Kopf eines weiteren Insassen und verfing mich in dessen langen Haaren. Der verdammte Pferdespeichel hielt mich wie Klebstoff darin fest. Ich wollte mich loszappeln. Da sah ich das Hemd über mich fallen. Es wurde dunkel. Der Stoff presste sich um mich herum zusammen. Meine Fühler wurden eingeknickt. Ein furchtbarer Schmerz! Ich saß in der Falle.

Den folgenden, hektischen Geräuschen nach zu urteilen, scheute das Pferd. Es schien auf dem abschüssigen Feldweg immer schneller zu laufen, was den Leuten in der Kutsche offenbar nicht gut bekam. Eine Frauenstimme rief: „Die Zügel! Die Zügel!“

Ein Kind kreischte. Ein Hund kläffte. Etwas Gläsernes klirrte. Das Pferd begann zu galoppieren. Ich spürte es deutlich an den ruckhaften Vorwärtsbewegungen. Gleich würde diese lärmende Todeswalze über Alifera hinwegdonnern! Doch auf einmal gab es einen ungeheuer harten Aufschlag. Das Pferd wieherte gequält, der Hund jaulte erbärmlich, Menschenstimmen schrien. Das zusammengeknüllte Hemd wirbelte mit mir herum. Dann blieb es irgendwo hängen und entfaltete sich. Licht fiel in meine Augen. Mein Verstand weigerte sich ein oder zwei Sekunden lang zu begreifen, was das bedeutete. Ich war wieder frei! Wie ein Blitz Schoss ich davon. Noch ganz benommen überquerte ich die Böschung, die sich zu dem Waldstück herabneigte. Der wildgewordene Schimmel rannte mit der ausgebrochenen Vorderachse der Kutsche quer über das Kornfeld. Der zertrümmerte Wagen lag umgestürzt auf dem waldigen Hang. Da wurde mir bewusst, dass ich mein unmöglich scheinendes Ziel tatsächlich erreicht hatte.

Erneut war ich dem Verzweifeln nah, als ich Alifera nicht mehr unter dem Baumblatt wiederfand, das nun unheilkündend im ölverfärbten Pfützenwasser trieb. Der umgeknickte Schachtelhalm hatte sich wieder halb aufgerichtet. Wo meine Gefährtin vorhin noch fest stak, zeichneten sich die Abdrücke ihrer Flügel ab.

„Alifera!“, schrie ich, dem Wahnsinn nahe.

„Du darfst mich jetzt bitte nicht ansehen“, hörte ich sie sagen. „Ich seh’ schrecklich aus.“

Ich wandte mich um. Sie lugte verschämt unter einer Klettenstaude hervor. Nie hatte ich ihren Anblick süßer empfunden, als in diesem Moment in ihrem dreckstarrenden Zustand. Voller

Glück fiel ich über sie her und presste sie mit aller Kraft an mich.

Wir planschten uns im Seewasser sauber und ruhten uns auf einem Stein, der aus dem Wasser ragte, ein wenig aus. Mit ausgebreiteten Flügeln tankten wir etwas von der aufkommenden Sonnenwärme, bis uns der Schatten eines sich nähernden Vogels dazu veranlasste, den Platz zu verlassen. Wir entschlossen uns, den Heimflug anzutreten. Wegen des aufgekommenen Gegenwindes hielten wir es für sicherer, den See nicht wieder zu überqueren, sondern ihn zu umrunden. Unversehens verschlug es uns in eine Menschensiedlung. Leider gab es keine Erdbeeren und Süßkirschen mehr. Wir tranken uns aus einer roten, noch etwas säuerlichen Johannisbeere satt, die wir mit einiger Mühe öffnen konnten.

„Was sind das hier eigentlich für Gewächse?", fragte mich Alifera. Ich begriff nicht gleich, was sie meinte. Da deutete sie auf das, worauf wir saßen.

„Das sind keine Gewächse", antwortete ich, „das ist ein Zaun. Damit grenzen die Menschen ihren Garten ab, oder was ihnen sonst noch gehört."

„Und wozu soll das gut sein?"

„Damit ihnen kein anderer etwas wegnehmen kann."

„Müssen sie das denn befürchten?"

„So was kommt vor."

„Von ihren eigenen Artgenossen?", wunderte sich Alifera.

„Jedenfalls wenden sie viel Mühe zur Errichtung von Zäunen auf", erklärte ich. „Sie umbauen damit nicht bloß Gärten, sondern sogar ganze Landstriche und Staaten."

Alifera schlussfolgerte: „Das muss ja ein ziemlich bedeutendes menschliches Problem sein."

Angesichts eines Wohnhauses, auf dessen Dachfirst wir uns niederließen, staunte sie: „Hätte nie gedacht, dass Menschen so riesig groß werden."

„Nein, die sind ja auch viel kleiner als ihre Gehäuse", erwiderte ich. „Das ist bei denen anders als bei den Schnecken. Komm, sehen wir es uns von innen an."

Entschlossen flogen wir los.

„Nicht dort rein!", rief ich Alifera zurück. „Das ist kein besonders guter Eingang!"

Sie kam wieder aus dem Schornstein hervor.

„Riecht so ähnlich wie unser Feuerbaum", meinte sie.

An der Giebelwand in der oberen Etage gelangten wir durch ein angekipptes Fenster ins Haus. Wir befanden uns in einem Kinderzimmer. Alifera zeigte sich bestürzt über die vielen vermeintlichen Toten, die mit starren Augen auf Möbeln und am Boden saßen oder lagen. Doch sie beruhigte sich, als ich ihr begreiflich machte, wozu Puppen und Stofftiere den Menschenkindern dienten. Hinterher überraschte mich Alifera jedoch mit der Frage: „Was sind eigentlich Kinder?"

„Wenn die Erwachsenen sozusagen die voll entwickelten Insekten sind", fiel mir zu erklären ein, „dann sind die Kinder so etwas wie Raupen."

Das Thema interessierte Alifera ganz besonders.

„Müssen sich Kinder auch so oft häuten, wie Raupen?"

„Nein, die Haut wächst bei ihnen mit."

„Und wie lange dauert es dann, bis sie sich verpuppen?"

„Sie verpuppen sich überhaupt nicht."

„Aber wie können sie dann erwachsen werden?"

„Ich glaube, das geht ganz unmerklich vor sich."

„Dann ist ihre Entwicklung ja viel einfacher als bei uns."

„Na ja, wie man's nimmt."

„Und wie viele Eier legt so ein Menschenweibchen…?“

Es war still in dem Gebäude. Eine halboffene Tür führte in den Korridor.

„Scheint niemand da zu sein“, vermutete ich. Wir flatterten einer Treppe folgend ins Erdgeschoß hinunter. Nahe der verschlossenen Eingangstür hing ein Mobilé aus blechernen Fischen von der Decke. Es begann sich sanft zu drehen, als wir auf seinen Querstreben landeten.

„Ist es nicht unheimlich“, wunderte sich Alifera, „dass das ganze Menschenvolk fort ist, gleich alle auf einmal?“

„Warum denkst du, dass hier ein ganzes Menschenvolk wohnen könnte?“, fragte ich.

„Hier ist doch eine Unmenge Platz“, meinte Alifera. „Wenn sie zusammenrücken, passen bestimmt Hunderte Menschen in diesen Bau.“

„Es ist anders als bei den Ameisen“, erklärte ich. „Hier gibt es wahrscheinlich weniger Bewohner als du Beine hast.“

Wir wurden auf leise rasselnde Geräusche hinter einer Tür aufmerksam, die zum Hof führte. Horchend setzten wir uns an die Türscheibe und hörten tapsende Schritte, Schnaufen und Hecheln. Durch das geriffelte Glas erkannten wir, dass sich dort etwas Dunkles bewegte.

„Ein Hund“, stellte ich fest. „Ein wehrhaftes Tier, das die Menschen dort angekettet haben, damit es das Haus bewacht.“

Als ich Alifera erläutert hatte, was es bedeutete, jemanden anzuketten, wunderte sie sich fühlerschüttelnd: „Sie ketten es an, und zum Dank dafür bewacht es ihnen das Gehäuse?“

In einem der Zimmer stand ein Bücherregal. Wir schlenderten an den Buchrücken entlang, wobei ich die Titel entzifferte.

„Der Falter im Blütenschnee“, las ich. *„ Das Sternenglöckchen, Der kleine Prinz...*“

Alifera wollte wissen, was die Gegenstände zu bedeuten hätten. Ich überlegte. Wie erklärt man einem Schmetterling, was Bücher sind?

„Da drin sind Zeichen“, begann ich. „Sehr viele Zeichen. Die nennt man Buchstaben. Wenn du die Bedeutung dieser Zeichen kennst, schaust du sie dir der Reihe nach an. Dann ist es so ähnlich, als würden die Bücher zu dir sprechen, verstehst du?“

„Natürlich verstehe ich das“, meinte sie ein wenig pikiert und forderte: „Also sag mir schnell, wie ich diese Zeichen erkennen kann, damit die Bücher zu sprechen anfangen...“

Im Badezimmer setzte sich Alifera auf eine Zahnbürste, die aufrecht in einem Glas lehnte. Verwundert betrachtete sie sich im Spiegel. Ich selbst hatte mich als Schmetterling ja auch noch nie in einem richtigen Spiegel gesehen. Es war direkt ein aufregender Moment, als ich den ersten Blick hineinwarf. In mir tauchte die Erinnerung an mein Abbild im Wasser auf, das mich am ersten Tag meines Schmetterlingslebens so sehr gegraust hatte. Doch was ich nun scharf und deutlich sah, war mit dem schrecklichen Eindruck von damals nicht im entferntesten zu vergleichen. Auf dem Rand des Zahnputzglases balancierte mit geschmeidigen Bewegungen ein ausnehmend hübsches Insekt, das seine schneeweißen Flügel mit den goldglänzenden Rändern stolz zu tragen wusste. Die grün glänzenden Augen, der kühn geschwungene Rüssel, die sinnlichen Palpen, die männlichen Bartborsten, all das gefiel mir so gut, dass ich gar nicht mehr wegschauen mochte. Verstohlen blickte ich zu Alifera, um zu ergründen, ob sie meine eitlen Anwandlungen wohl bemerkt hatte. Doch sie war völlig in die Betrachtung ihres eigenen Spiegelbildes vertieft. Ich sah, wie sie ihre Beine einmal so, einmal anders stellte. Kokett neigte sie erst einen, dann den anderen Flügel. Dabei lächelte sie auf ihre herzbetörende Art. Auch gab sie sich den Ausdruck von Nachdenklichkeit oder tat so, als ob sie schmollte. Ihr fielen immer neue Posen ein.

„Typisch Frau“, brummte ich. Doch als sie sich dann noch zu putzen begann, trommelte ich ungeduldig auf den Zahnbürstenstiel.

Auf dem gläsernen Wohnzimmertisch lag die Fernbedienung des Fernsehers. Unter Aliferas verwunderten Blicken sprang ich mit allen sechs Beinen zugleich auf eine der Tasten. Nach einigen Fehlversuchen leuchtete der Bildschirm tatsächlich auf. Wir setzten uns nah davor in die federnden Borsten des Teppichs.

„Was passiert da?“, fragte Alifera. Sie starrte auf die flimmernde Scheibe und schmiegte sich dabei eng an mich.

„Da läuft gerade ein Film, den ich schon mal gesehen hab“, stellte ich fest. „Er heißt *Zwölf Uhr mittags*. Siehst du, der dort, das ist ein Mensch, den vier Gauner umbringen wollen. Er muss sich ganz allein gegen sie wehren, weil sich keiner traut, ihm zu helfen. Die andern Menschen haben nämlich viel zu große Angst vor diesen gewalttätigen Typen. Und das passiert genau zu der Tageszeit, wenn die Sonne am höchsten steht.“

„Vielleicht helfen sie ihm ja doch noch“, meinte Alifera.

„Die Sache ist längst entschieden“, versuchte ich ihr klarzumachen. „Der einzelne gute Mensch wird es schaffen, alle vier Bösewichter zu töten.“

„Alle vier?“, wunderte sich Alifera. „Kann er denn so viele auf einmal fressen?“

„Aber er frisst sie doch nicht!“

„Weshalb tötet er sie dann?“

„Weil sie *ihn* töten wollen.“

„Um ihn zu fressen?“

„Aber nein! Um ihn zu bestrafen.“

„Warum setzt er sich denn nicht auf diesen vierbeinigen Weichhäuter, der beim Laufen immer so klappert, und haut einfach ab?“

„Na weil... Er ist doch schließlich kein Feigling.“

„Was ist ein Feigling?“

„Einer der einfach abhaut, wenn es gefährlich wird.“

„Wenn er also *kein* Feigling ist, was ist er dann?“

„Ein Held.“

„Ein Held ist ein Held, weil er sich absichtlich großen Gefahren aussetzt?“

„Nein. Wenn er gegen einen übermächtigen Feind kämpft, ist er ein Held.“

„Dann ist ein Held doch total dumm.“

„Wie kommst du denn darauf?“

„Weil es viel klüger ist, so schnell wie möglich zu verschwinden, wenn es gefährlich wird.“

„Für einen wehrlosen Schmetterling mag das ja zutreffen, aber für einen Menschen ist das etwas anderes.“

„Haben die denn keine anderen Sorgen? Ich begreife nicht, wieso Menschen sich untereinander bekämpfen müssen.“

„Das kann wohl keiner so recht begreifen.“

„Dann sind sie doch wirklich ziemlich dumm, oder?“

„Ja, aber... Meinst du etwa, ich hätte mich klug verhalten, wenn ich einfach abgehauen wäre, als dich der Vogel aus dem Dreck reißen wollte? Ich denke, es ist doch ganz gut, dass ich noch ein kleines bisschen von einem Menschen an mir habe.“
Alifera erstarrte in einer plötzlichen Erkenntnis.

„Aber dann bist du ja... ein Held!“, rief sie auf einmal. Ungestüm fiel sie über mich her. Ich spürte ihre süßen Palpen in meinem Gesicht.

„Mein tapferer Held!“, gurrte sie.

„Komm, hör auf damit,“ wehrte ich sie ab. Wir balgten uns noch eine ganze Weile lachend auf den Teppichborsten herum.

In der Küche entdeckten wir etwas, von dem ich gewollt hätte, dass es uns erspart geblieben wäre: Die Wand zwischen den beiden Fenstern schmückte ein Schaukasten mit einem Dutzend ausgetrockneter Schmetterlinge.

„So was haben Menschen gemacht?“, brachte Alifera mühsam hervor, als sie sich von ihrer ersten Bestürzung erholt hatte. Es war doppelt schauderhaft. Das Furchtbare daran war nicht nur der Anblick dieser Leichen an sich, sondern vor allem ihr Ausdruck. Schmetterlinge legen im Sterben nach Möglichkeit ihre Flügel zusammen – ein Zeichen tiefen Ernstes. Die Flügel dieser Toten aber hatte man aufgespreizt. Man hatte sie aufgespannt wie ausgeweidetes Schlachtvieh. Man hatte ihnen nicht nur das Leben, sondern auch ihre Würde genommen, nicht anders, als hätte man auf die Gesichter menschlicher Leichname mit Klammern und Nägeln ein strahlendes Lächeln fabriziert. Schlimme Erinnerungen begannen mich zu peinigen, wie schlecht verheilte Wunden, die erneut aufbrachen und quälend schmerzten. Von der Haustür her wurden jetzt Schließgeräusche und Stimmen vernehmbar. Stumm zog ich meine Gefährtin mit mir fort. Durch einen Fensterspalt flatterten wir nach draußen und setzten in stillem Einvernehmen unseren Rückflug fort. Ich hatte großes Heimweh nach unserer wundervollen, friedlichen Wiese.

Lange folgten wir einer sehr neu aussehenden Straße, die sich in einigem Abstand vom See sanft auf- und absteigend durch das hügelige Land schlängelte. Ich warnte Alifera davor, direkt über dem Asphalt entlangzuflattern. Große Lastwagen, manche mit Maschinen, Baumstämmen, Betonteilen oder Kies beladen, tauchten aus beiden Richtungen so rasend schnell vor uns auf, dass wir flüchten mussten. Am Ende der Straße wallte uns ein stickiger Rauch entgegen, dem wir in weitem Bogen auswichen. Dort wurde ein heißer Belag auf den Boden gewalzt. Dahinter setzte sich der Weg in einer frisch geschlagenen Waldschneise fort, auf der sich die schweren Fahrzeuge nur langsam und schwankend bewegten, so dass wir einige sogar wieder überholten. Wir flogen sehr schnell. Wir ahnten Schlimmes.

Auf unserer Wiese dröhnte Motorenlärm. Eine Planierraupe war dabei, das Gelände am Seeufer einzuebnen. Der mächtige Greifarm eines Baggers riss Büsche und Sträucher aus dem Erdreich und ließ sie auf einen riesigen Dumper fallen. Ein Traktor zog Baumstämme über den Platz. Fassungslos kreuzten wir über dem lärmenden Treiben umher. Wir sahen Männer mit roten Schutzhelmen, die sich rufend und winkend verständigten. Am Waldrand oben am Hang fraßen sich Motorsägen mit auf- und abschwellendem Knurren in Baumstämme. Seilwinden ratterten. Zugmaschinen bewegten sich grollend durch tiefe Spurrinnen. Der Duft verletzten Holzes und aufgewühlter Erde mischte sich mit dem Gestank von Maschinenöl und Abgasen. Alifera blickte einem der Arbeiter ins Gesicht, während er mit seiner Motorsäge hantierte. Ich bemerkte, wie der dadurch irritierte Mann die Säge aus dem Holz zog, um eine Hand frei zu haben… Schnell drängte ich meine Gefährtin von ihm fort. Arglos schwebte sie über dem rußigen Auspuffrohr eines Traktors. Bevor ich sie warnen konnte, gab der Fahrer Gas und sie wurde in die Höhe geschleudert. Ihr schwindelte von dem üblen Qualm. Eine ganze Weile schien sie ziemlich benommen zu sein. Ich schlug ihr vor, sich an der Quelle zu erfrischen.

Am Rosenfelsen begegneten wir dem Apollo-Weibchen. Unsere Bekannte war sehr überrascht.

„Und wir haben geglaubt, ihr beide wärt auch in das Große Licht getaucht“, sagte sie. Alifera und ich mussten erfahren, dass eine ganze Reihe von Schmetterlingen in den Flammen des brennenden Baumes verschollen war. Darunter befanden sich auch die drei Pappelschwärmer, der Admiral und das Apollo-Männchen. Endlos war die Zahl der verschwundenen kleinen Nachtfalter. Die waren gleich scharenweise ins Feuer geflogen. Während wir dem Bericht des Apollo-Weibchens folgten, spürte ich einen schwachen Ozongeruch, wie wenn man Steine gegeneinander schlägt und dadurch Funken erzeugt. Eine unbestimmte Unruhe befiel mich. Jetzt bemerkte ich ein Gewirr von roten Plastikschnüren, das den Felsen umlief. Die Schnüre verschwanden in kreisrunden Löchern, die man frisch ins Gestein getrieben hatte. Es fiel auf, dass der Maschinenlärm nach und nach verebbte.

„Irgendwas stimmt da nicht“, unterbrach ich das Apollo-Weibchen. „Wir sollten besser von hier verschwinden.“

„Du hast recht“, redete sie unbeirrt weiter. „Die meisten Freunde sind schon fortgezogen. Die Weichhäuter haben hier furchtbar gewütet. Ihr seht ja. Die Ameisenburg wurde einfach plattgewalzt. Die Hummeln können nicht mehr in ihren Erdbau, weil die Eingänge verschüttet sind. Und unten sitzen die kleinen Larven und warten auf ihr Futter.“

Die Arbeiter hatten sich mit allen Fahrzeugen und Gerätschaften an den Waldrand zurückgezogen. Der letzte Motor verstummte. Eine unheimliche Stille breitete sich aus. Nun ertönte ein mehrmaliges Fanfarensignal.

„Kommt besser weg hier“, sagte ich und erhob mich in die Luft. „Lasst uns woanders weiterreden.“

Alifera folgte mir zögernd.

„Was ist denn los?“, fragte das Apollo-Weibchen.

„Komm mit!“, rief ich ihr zu und schwirrte davon.

„Was hast du denn auf einmal?“, keuchte Alifera hinter mir, als sie mich eingeholt hatte. Da erscholl ein gewaltiger Donnerschlag. Eine Druckwelle, so hart wie eine Wand, schleuderte uns in Sekundenbruchteilen mehrere Meter vorwärts und wirbelte uns ins Gras. Steinbrocken krachten um uns her auf den erzitternden Boden und kollerten den Hang hinunter. Sand und Erde prasselten auf uns nieder. Rosenblätter schneiten herab.

Als das Echo der Detonation verhallt war, das mehrfach von den waldigen Hügeln zurückgeworfen wurde, herrschte eine beklemmende Ruhe. Staubwolken wehten umher. Erleichtert sah ich, dass sich Alifera in einiger Entfernung von mir aufrichtete und den Schmutz von ihren Flügeln schüttelte.

„Was war das?“, fragte sie, noch ganz benommen. Plötzlich rief sie entsetzt aus: „Wo ist der Rosenfelsen geblieben!?“

Nachdem wir uns ein bisschen beruhigt hatten, suchten wir nach dem Apollo-Weibchen, fanden aber nur noch eine ihrer zerbrochenen Schwingen, die leblos unter einem Felsbrocken hervorstand. Bald darauf fing der dröhnende Maschinenlärm wieder an.

Abends, als die Arbeiten ruhten, überflogen wir noch einmal das Gelände. Die große Wunderpappel stand nicht mehr an ihrem Platz. Dort ragte nur ein bizarres Wurzelgeflecht aus der aufgewühlten Erde. Bruchstücke des Rosenfelsens, zerfetztes Gesträuch und staubige Blüten lagen weit verstreut umher. Die Quelle ergoss sich nun in ein schlammiges Erdloch. Am Seeufer wölbten sich Berge von Schotter, aus denen zerknickte Schilfhalme hervorspießten. Die Planierraupe parkte an der Stelle, wo einmal die Rehe ihre Tränke hatten. Eine gespenstische Stille lag über dem Platz. Wir trafen keine Bekannten mehr.

Die Sonne streute rötliche Strahlen durch das Gezweig des alten Wildapfelbaumes. Es war schön, sich wieder an seinen Früchten laben zu können. Für Alifera und mich gab es nichts Nahrhafteres und Wohlschmeckenderes als die Speise, die dieser seltene Baum hervorbrachte.

Am Morgen kamen die Männer mit den Motorsägen und fällten auch ihn.

XIII. Der Himmel und der Wind

Die darauffolgenden Wochen verbrachten wir fast ausschließlich damit, nach Nahrung zu suchen. Für andere Unternehmungen blieb uns kaum noch Gelegenheit. Den Platz, der einmal unsere Heimat war, die uns stets mit allem beschenkt hatte, was wir zum Leben brauchten, ließen wir weit hinter uns. Im Wald fanden wir zu dieser Jahreszeit nur wenige nektartragende Blüten. Auch bestand die Gefahr, dass wir uns in den dort herumhängenden Fäden des Altweibersommers verfingen. Die klebrigen Schnüre waren im Gegenlicht der Sonne kaum sichtbar. Unversehens wehten sie einem in die Flugbahn. Ehe man sich's versah, verstrickte man sich in sie. Dadurch mussten wir manchmal notlanden. Das war sehr lästig, weil Vögel oder andere Raubtiere uns hätten schnappen können, während wir uns gegenseitig von den Fesseln befreiten.

Wir führten nun ein unruhiges Landstreicherleben. Gelegentlich hielten wir uns in Gärten auf. Dort gab es zwar genug Nahrung, doch das Obst schmeckte ziemlich fade. Die Äpfel hatten für unser Empfinden ein viel zu schwächliches Aroma.

Auch für den Nektar der Gartenblumen konnten wir uns nicht so recht begeistern. Außer bei einigen Rosensorten war er immer wässrig und hinterließ ein flaues Gefühl im Magen. Wahrscheinlich kam das daher, dass die Menschen bei der Züchtung von Gartenblumen ausschließlich Wert auf deren Äußeres gelegt hatten; der Nektargeschmack war ihnen natürlich egal.

Eine Zeitlang fanden wir ein reichliches Auskommen auf einem riesengroßen Kleefeld. An den würzigen Nektar konnte man sich durchaus gewöhnen. Den wussten aber auch Tausende Bienen zu schätzen. Mit denen gab es zwar nie irgendwelchen Ärger, doch waren sie stets so emsig beschäftigt, dass man sie überhaupt nicht ansprechen durfte. Den ganzen Tag brummten sie mürrisch vor sich hin. Als dann eine lärmende Maschine das Feld aberntete, war es mit der satten Geruhsamkeit vorbei. Von Tag zu Tag vergrößerten sich die Abstände zwischen den Nahrungsquellen. Unsere Freude, eine frische Blüte entdeckt zu haben, wurde nicht selten dadurch gedämpft, dass wir ihren Kelch bereits geleert vorfanden. Wir legten große Entfernungen zurück, wobei wir meist an wildbewachsenen Straßenrändern und Bahndämmen entlangstreiften.

In der Nähe einer übelriechenden Mülldeponie, die wir umfliegen wollten, trafen wir unvermutet einen alten Bekannten, den Perlmutterfalter. Wegen seiner verkürzten Fühler, die ihm wie Spieße vom Kopf abstanden, erkannten wir ihn kaum wieder. Wie sich herausstellte, hatte er sie sich bei dem großen Feuer versengt und dadurch seinen Geruchssinn verloren. Auch waren seine Flügel durch die Hitze rissig geworden und geschwärzt. Im Windschatten einer kaputten Obstkiste setzten wir uns zusammen.

„Die Weichhäuter bringen eine Unmenge genießbarer Sachen mit ihren rollenden Gehäusen hierher. Da finde ich Nahrung in Hülle und Fülle“, berichtete unser Freund. Es schien ihm nichts auszumachen, in dem muffigen Abfall herumzustöbern. Ich warnte ihn, er solle sich lieber an bekannte Blütenpflanzen halten, doch er winkte nur ab.

„Ich beobachte die Fliegen“, sagte er. „Von dem, was die fressen, werde ich wohl auch nicht sterben. Leider kommt kaum jemand vorbei, mit dem man mal ein bisschen reden könnte. Das liegt wohl daran, dass es hier so schlecht riecht.“
Nach einem kleinen Schweigen fügte er kummervoll hinzu: „Eigentlich fühle ich mich ziemlich einsam.“
Ein Weilchen wussten wir nicht recht, worüber wir sprechen sollten. Außerdem kam der Wind direkt aus Richtung der Deponie. Alifera und ich hielten den Gestank kaum noch aus. Es wäre nur etwas unhöflich erschienen, wenn wir uns gleich wieder verabschiedet hätten.

„Euer Nachwuchs wird ja nicht mehr lange auf sich warten lassen, wie es scheint“, nahm der Perlmutterfalter das stockende Gespräch wieder auf. Alifera senkte mit einem Seitenblick zu mir die Fühler und strich sich über ihren füllig gewordenen Leib.

„Ja“, sagte ich, „wir werden bald einen geeigneten Apfelbaum finden müssen.“

„Ich habe Apfelbäume gesehen, gar nicht mal so weit von hier“, fiel dem Perlmutterfalter ein. Wir horchten auf.

„Ihr braucht zu dieser Tageszeit nur euren Schatten zu folgen, da könnt ihr sie nicht verfehlen.“

„Sind es Wildapfelbäume?“, wollte ich wissen.

„Ich kenne mich da nicht so aus“, antwortete der Perlmutterfalter. „Aber es sind viele. Sehr viele.“
Wir wünschten einander alles Gute, versprachen, bestimmt bald wieder einmal vorbeizukommen und brachen zügig auf.

Es war eine unüberschaubar große Obstplantage. Gestutzte Bäume standen in exakten Reihen. Die Ernte war vorbei, doch es hingen noch etliche übersehene Äpfel an den Zweigen. Trotzdem betrachteten wir diese Nahrungsfülle mit gemischten Gefühlen. Eigentlich hätte ein einziger Apfel für Alifera und mich über einen Monat oder noch länger ausgereicht. Doch wenn wir diese kultivierten Früchte ankratzten, begannen sie immer gleich zu faulen. Binnen weniger Stunden war ihr freigelegtes Fruchtfleisch ungenießbar, und nach zwei oder drei Tagen begann es sich mit Schimmel zu überziehen.

Dennoch würde es hier für unsere kleinen Raupen genügend Futter geben. An die Plantage grenzten Gewächshäuser, wo stets irgendein Fenster offenstand. Womöglich böte uns dies sogar die Gelegenheit zu überwintern. Dann könnten wir im nächsten Frühjahr erleben, wie unsere frisch geschlüpften Nachkommen zu ihrem allerersten Flug starteten. Im Großen und Ganzen schätzten wir die Anlage als einen einigermaßen annehmbaren Wohnort ein. Es erschien uns direkt verwunderlich, dass sich hier nicht schon viel mehr Schmetterlinge oder andere Insekten angesiedelt hatten.

Es muss wohl an einem Sonntag gewesen sein, als Alifera horchend einen Fühler hob und fragte: „Was ist das für ein Klang?“

Kurzentschlossen schlugen wir die Richtung ein, aus der das Glockengeläut kam. Wir ließen uns nach überraschend kurzem Flug auf dem Sims eines hohen Fensters aus buntem Glas nieder. Die Luft, das Fensterglas und auch der Mauerputz, auf dem wir saßen, summten in dem schwingenden Dröhnen mit. Ausgelassen schwenkten wir unsere Fühler im Takt hin und her. Wir mussten lachen, weil es beinahe so schien, als wären wir es, die die Glocken zum Tönen brachten. Durch das geöffnete Fenster der Sakristei schlüpften wir ins Gebäude. Als wir den kleinen Raum durchquert hatten, tat sich vor uns das hohe Kirchengewölbe auf. Alifera zeigte sich tief beeindruckt von dem glitzernden Altar. Fasziniert flatterte sie an den vergoldeten Heiligenfiguren und bunten Malereien auf und ab. Besonders hatten es ihr natürlich die brennenden Kerzen angetan. Beinahe hätte sie ihre Fühler in eine Flamme gehalten. Ich konnte sie gerade noch rechtzeitig daran hindern. Danach ließ sie es sich einfallen, sich dem predigenden Pfarrer zu nähern. Ich hörte unterdrücktes menschliches Gelächter. Erschrocken bemerkte ich, dass Alifera beabsichtigte, sich auf die kahle Stelle des priesterlichen Hinterkopfes zu setzen. Ich drängte sie fort.

„Komm jetzt, lass den Unsinn!“, wies ich sie zurecht. „Wir fallen hier nur unnötig auf!“

Unwillkürlich dämpfte ich dabei meine Stimme, wie man das in einer Kirche zu tun pflegt. Dabei hätte mich außer Alifera und den paar anwesenden Fliegen selbst dann niemand hören können, wenn ich laut gebrüllt hätte. Ich hatte einfach nicht daran gedacht, dass die Insektensprache für Menschenohren unhörbar ist. Das wurde mir aber erst bewusst, als Alifera im gleichen Tonfall fragte: „Was ist denn los?“

Da sagte ich wieder in normaler Lautstärke: „Sei nicht so leichtsinnig und komm von dem Zweibeiner weg!“

Plötzlich huschte ein großes, struppiges Etwas auf uns zu, das ein Messdiener an einem Stock schwenkte.

„Da haben wir's!“ rief ich. „Lass uns verschwinden!“

Doch eigensinnig, wie sie manchmal war, flatterte Alifera zum Altar und setzte sich auf eine goldverzierte Figur. Ich blickte mich beunruhigt nach dem haarigen Wedel um, doch der konnte uns in dieser Höhe offenbar nicht erreichen.

„Was tun die Menschen hier?“, wollte Alifera wissen.

„In dieses Gehäuse kommen sie zum Beten“, antwortete ich und versuchte, ihr in wenigen Worten auseinanderzusetzen, was es damit auf sich hat.

„Und das soll etwas nützen?“, zweifelte sie. Ich zuckte unschlüssig die Flügel.

„Wirklich sicher “, meinte ich, „bin ich mir nur darin, dass es nichts schaden kann.“

Alifera dachte kurz nach und fragte dann: „Weißt du, wie man es macht?“

„Ich denke schon.“

„Dann tu es für uns“, forderte sie mich auf. „Und bete für unseren Nachwuchs, dass er gesund zur Welt kommt, dass er von den Vögeln verschont bleibt und dass immer genügend Nahrung für alle da ist.“

Also flatterte ich auf die Spitze des Hochaltars vor die Statue des Gekreuzigten, senkte meine Fühler, legte meine Vorderfüße zusammen und betete. Ich bat Gott, der ja auch Schöpfer der Schmetterlinge ist, um alles Notwendige zum Gedeihen unseres Nachwuchses. Ich schloss auch Alifera und mich in das Gebet mit ein, und die Freunde, die sich seit dem Verlust unserer Heimatwiese in alle Winde zerstreut hatten. Ich war jedoch noch nicht ganz damit fertig, hatte das Amen nicht gesprochen und mich noch nicht bekreuzigt, als geballt aufsteigende Weihrauchschwaden mir die Atemluft vergällten und mich zwangen, den Platz zu verlassen. Schleunigst flüchteten wir wieder durch die Sakristei zurück ins Freie.

Es schien tatsächlich so, als wären Schmetterlinge in diesem Gotteshaus nicht willkommen. Dennoch kam es uns in der Folgezeit vor, als hätte mein Gebet gefruchtet. Wir konnten an unserem neuen Wohnort leben, wie wir es im Moment brauchten; ruhig, abgeschieden und unbehelligt. Allerdings blieb das nicht lange so.

Hinter den Gewächshäusern befanden sich noch weitere kleinere Gebäude. Von dort waren tuckernde, täglich näher herankommende Motorengeräusche zu hören, die mich allmählich beunruhigten. Mich beschlich eine ungute Ahnung, die ich jedoch nicht auszusprechen wagte. Eines Tages zur Feierabendzeit, als diese Arbeiten ruhten, hielt ich es für ratsam, mich dort einmal umzuschauen. Alifera verzichtete auf diesen Streifzug. Sie wollte sich lieber schonen. Ihr Leib war schon prall gerundet. Ich spürte, dass sie mich nur ungern ziehen ließ. Lange wäre ich nicht fort, so versprach ich ihr, noch vor Einbruch der Dunkelheit käme ich zurück.

Ich fand alle Eingänge und Fenster verschlossen. Durch die rußige Schornsteinröhre und die geöffnete Aschenklappe eines Kanonenofens gelangte ich in einen muffigen Raum, worin ein Tisch und ein paar Klappstühle standen. In einer Ecke summte ein Kühlschrank. Als ich mich mit ausgebreiteten Flügeln unter einer Tür hindurchgezwängt hatte, befand ich mich in einer geräumigen Werkstatt. Die verstaubten Fensterscheiben verwandelten das helle Tageslicht in ein schwaches Dämmer. Ich musste sehr nah an die verschiedenen Gerätschaften und Werkzeuge heranflattern, um sie erkennen zu können. So bewegte ich mich langsam schwebend durch den Raum wie ein Taucher in einem trüben Gewässer. Neben verschiedenen Maschinen und Zubehörteilen stand dort ein frisch verdreckter Gerätetraktor. Darauf hatte man einen großen, walzenförmigen Tank montiert, der durch gewundene Schläuche mit einem Rohrgestänge verbunden war. Die Röhren wiesen eine Anzahl dünner Austrittsdüsen auf. An einem Wandhaken hingen eine Art Regenbekleidung und eine Atemschutzmaske, die ausgesprochen übel rochen. Zuletzt entdeckte ich auf einem Wandbord mehrere Flüssigkeitsbehälter, deren Etiketten Totenköpfe mit darunter gekreuzten Knochen zeigten. Schlagartig wurde mir alles klar. Für einen Moment schwindelte es mich. Ich setzte mich erst einmal. An der trüben Fensterscheibe hockend dachte ich über die ganze vertrackte Situation nach. Es stand fest, dass ich mit Alifera so schnell wie möglich aus der Plantage verschwinden musste. Doch in ihrem Zustand konnte ich ihr nicht zumuten, sich erneut auf die Suche nach einem Platz für ihre Niederkunft zu begeben. Ich musste sehr rasch einen geeigneten Apfelbaum finden und meine Gefährtin auf kürzestem Wege dorthin führen. Die Gelegenheit dazu blieb mir nur noch bis zum Ende dieses Tages, denn die todbringende Maschine könnte unseren jetzigen Wohnplatz schon am kommenden Morgen erreichen. Weil ich keine Zeit verlieren durfte, flog ich sofort los. Leider wehte mich der Wind in eine ungünstige Richtung. Unversehens fand ich mich im Getriebe einer Großstadt wieder – Busse, Autos, Fahrräder, Menschengewimmel. Ich durchquerte eine weitläufige Grünanlage mit gemähtem Rasen und asphaltierten Wegen. Um ein wenig zu verschnaufen, ließ ich mich auf einem merkwürdigen Dach aus Metall nieder, das die Form einer Halbkugel hatte. Da bemerkte ich einen breiten Spalt in seiner Mitte, durch den sich ein riesiges Rohr schräg nach oben richtete. Eine Sternwarte! Neugierig flog ich hinein. Beeindruckt flatterte ich an den imposanten Apparaten entlang. Und da gerade kein Mensch in der Nähe war, wollte ich einen Blick in den Himmel werfen. So heftete ich mich an das Okular des Teleskops. Doch leider konnte ich außer einem mattblauen Leuchten nichts erkennen. Natürlich würden die Sterne erst am Abend zu sehen sein. Als mir einfiel, dass ich Alifera mit dieser

Entdeckung sicher eine große Freude bereiten könnte, wurde mir bewusst, dass ich unverrichteter Dinge zurückkehren musste. Die Sonne würde bald untergehen. Um möglichst schnell bei ihr zu sein, folgte ich nicht mehr den winkligen Straßenzügen, sondern flog hoch über der Stadt querfeldein. Plötzlich spürte ich in einem der Aufwinde schwach aber deutlich den aromatischen Duft von Wildäpfeln. Der Geruch verwehte jedoch gleich wieder. Aufgeregt begann ich, über der Stelle zu kreisen. Da war es wieder! Wie ein Habicht stieß ich im Sturzflug in die Tiefe.

Kein Mensch kann nachempfinden, was für ein Glücksgefühl mich überkam, als ich endlich, endlich wieder auf einem Wildapfel saß. Voller Vorfreude auf den lange entbehrten Genuss machte ich mich über ihn her. Wie besessen kratzte ich an seiner Schale. Dabei malte ich mir aus, wie sehr sich Alifera freuen würde, wenn ich ihr eine Portion Wildapfelmus mitbrächte. Schon hatte ich ein Stück Schale aufgeschlitzt, schon lief mir das Wasser im Rüssel zusammen, schon griff mein Klammerhaken in das köstliche Fruchtfleisch, als der Zweig so heftig erbebte, dass der Apfel abriss und zu Boden stürzte. Erschrocken flog ich auf. Um mich ein bisschen zu beruhigen, setzte ich mich an die Wand eines nahen Gemäuers und atmete ein paar Mal tief durch. Einerseits musste ich dringend zu Alifera zurück, andererseits wollte ich nicht einfach so verschwinden, ohne herausgefunden zu haben, ob der kostbare Apfelbaum überhaupt für uns geeignet wäre. Ich hatte Menschenstimmen gehört. Man konnte ja nicht wissen, was für Gefahren noch an diesem Ort lauerten. Nun musste ich tatsächlich feststellen, dass es einige halbwüchsige Burschen auf mich abgesehen hatten. Das hatte mir gerade noch gefehlt! Schnell kroch ich durch eine ziegelsteingroße Maueröffnung ins Innere des

Gebäudes. Drinnen war es dunkel. Ich krallte mich an die Wand und hoffte, dass die verdammten Bengels bald weggehen würden, wenn sie mich nicht mehr sahen. Schon glaubte ich, sie ausgetrickst zu haben. Doch auf einmal merkte ich, dass sie meinen Einschlupf mit Knüllpapier zustopften. Auch das noch! Ich war eingesperrt! Wäre ich vorhin doch nur weggeflogen! Wie, um alles in der Welt, sollte ich hier jetzt wieder herauskommen!? Wenn es nun keine anderen Ausgänge gab?! Nicht auszudenken, was mit Alifera geschehen würde, wenn ich sie nicht warnen könnte! Plötzlich streifte mich ein kühler Luftzug. Was war das? Vorsichtig öffnete ich meine Schwingen. In ihrem Lichtschein sah ich über mir an der Wand mehrere beutelförmige Gestalten hängen. Blitzende Knopfaugen starrten mich an, unheimliche Mäuler zeigten ihre spitzen Zähne, weichhäutige Flügel schüttelten sich wie nasse Regenschirme. Fledermäuse! Offenbar sollte mir an diesem verwunschenen Tag nichts erspart bleiben. Zwei, drei, vier von ihnen breiteten ihre Flügel aus, ließen sich fallen und stürzten auf mich zu. Im nächsten Augenblick befand ich mich auf der wildesten Flucht meines Lebens...

Ich weiß nicht mehr, wie ich es geschafft hatte, den Attacken der hungrigen Meute zu entgehen. Meine Fähigkeit, mich im Dunkeln zu orientieren, zählte dabei nicht. Die verdammten Biester konnten es genauso gut. Und sie waren viel wendiger als jeder Vogel. Schließlich gelang es mir, in einen Gerümpelhaufen zu huschen, der sich in einer Ecke auftürmte. In das sperrige Gewirr von Metallteilen und zerbrochenen Glasgefäßen konnten sie mir nicht folgen. Dort hockte ich nun wie festgenagelt. Dieser Unterschlupf konnte aber nur einen geringen Aufschub meines eigenen Untergangs bewirken. Er war nichts anderes, als ein von Raubtieren bewachter Kerker, in dem ich langsam verschmachten würde. Ich konnte mich ja nicht einmal aus ihm entfernen, um nach einem Ausgang aus diesem Gewölbe zu suchen. Ich war völlig ratlos.

Ein dumpfes Wummern wurde hörbar. Bald darauf polterten Ziegelsteine aus einer Wand herab. Tageslicht fiel durch ein großes Loch. Ob ich jetzt alles riskieren sollte, um da hindurch ins Freie zu entwischen? Aber leider füllten gerade Hunderte von fliegenden Fledermäusen den Raum, die durch den Lärm aufgeschreckt worden waren. Ich wollte nur noch einen Moment warten, bis sie sich beruhigt hätten. Gleich darauf war meine Hoffnung wieder zunichte; die Öffnung wurde zugehängt. Ich sah den schwachen Schein von Kerzen und hörte, wie sich die Zweibeiner stöbernd durch den Raum bewegten. Zu allem Überfluss begann nun etwas in meinem sicher geglaubten Versteck zu rascheln. Ich hörte leises Schnaufen und schleichende Schritte. Als ich meine Schwingen öffnete, leuchtete ich einer Ratte ins Gesicht. Sogleich befand ich mich wieder in der Luft. Dabei entnahm ich den Rufen meiner menschlichen Verfolger, dass sie mich entdeckt hatten. Schnell klammerte ich mich mit geschlossenen Flügeln an die rissige Gewölbedecke. Wenn ich mich ganz ruhig verhielte, behelligten mich vielleicht auch die aufgescheuchten Fledermäuse nicht. Vergebliche Hoffnung. Ich musste gleich wieder von dort verschwinden. Ein emporgeschleuderter Gegenstand schlug neben mir große Stücke des bröckligen Putzes los. Fast wäre ich mit hinabgerissen worden. Nach einem rasenden Irrflug verbarg ich mich unter der Wölbung eines Stahldeckels, der wie ein gewaltiger Lampenschirm an Ketten über einem meterhohen Kessel hing. Kein schlechter Platz. Die Fledermäuse konnten darunter keinen Halt finden. Und für Menschen hing er einfach zu hoch. Ich beschloss, mich ruhig zu verhalten und erst einmal abzuwarten. Doch die Ruhe währte nicht lange. Die Bengels bewarfen den Deckel mit irgendwelchen Metallteilen, so dass er wie eine Glocke dröhnte und vibrierte. Natürlich dachten sie, ich würde in Panik darunter hervorkommen, aber da hatten sie sich getäuscht. Nirgendwo in diesem Raum war ich sicherer als dort. Das Gedröhn ebbte ab und verklang endlich ganz.

Nach einer Weile krallten sich zwei Hände, die mit schmutzig blutigen Verbänden umwickelt waren, über den rostigen Rand des Kessels. Ich erstarrte verwundert. Im Schein meiner Flügel erhob sich unmittelbar unter mir das dreckverschmierte Gesicht eines Zweibeiners. Zwischen seinen gefletschten Zähnen hielt er ein Stück Stoff. Offensichtlich konnte er mich aber nicht fangen, ohne den Halt zu verlieren. Unbewegt sahen wir einander an. In diesem Moment spürte ich in den sensiblen Gelenken meiner Beine eine Vibration, wie Insekten sie stets empfinden, bevor etwas in ihrer Nähe zu bersten oder zu stürzen droht. Dann versank der Riesenkessel auch schon mitsamt meinem daran hängenden Verfolger in einem krachenden Getöse und einer wirbelnden Staubwolke. Der beißende Gestank eines freigesetzten Gases durchströmte die Halle. In dem losbrechenden Tumult konnte ich endlich durch das wieder geöffnete Mauerloch entkommen.

Es dunkelte bereits, als ich Alifera wiederfand. Still saß sie mit gefalteten Flügeln auf einem Zweig. Mit keiner Regung gab sie zu erkennen, dass sie mein Kommen bemerkt hatte. Zuerst glaubte ich, sie sei mir wegen meines langen Ausbleibens gram. Doch dann streifte mein Blick ahnungsvoll die Unterseiten der über uns hängenden Blätter. An ihnen klebten ganze Trauben weißer, mit winzigen Goldpunkten gesprenkelter Eier. Es mochten wohl weit über hundert sein. Nun war es also vollbracht und nicht mehr zu ändern. Ich musste alle Kraft darauf verwenden, mir meine Bestürzung nicht anmerken zu lassen.

„Ist alles gut gegangen?“, fragte ich und strich sacht mit meinen Fühlern über Aliferas erschlafften Leib. Sie zitterte, als würde sie frieren.

„Ja“, antwortete sie schwach.

„Ich hab dich lange allein gelassen“, begann ich mich zu entschuldigen. Doch sie sagte: „Ich weiß, dass du es nicht getan hättest ohne einen wichtigen Grund.“

Wir schmiegten uns fest aneinander, um uns so nah wie möglich zu sein, und ließen uns bis zum Sonnenaufgang nicht mehr los.

Der Morgen begann, wie erwartet, mit dem näherkommenden Traktorengetucker.

„Alifera, ich hab dir noch gar nicht erzählt, was ich gestern entdeckt habe: Ein großes rundes Gehäuse mit einem langen Rohr, durch das man die Sterne sehen kann.“

Sie hob ihre Fühler.

„Du meinst, *ich* könnte den Himmel sehen?“

„Ja“, bestätigte ich. „Komm, lass uns gleich losfliegen.“

Zügig strebten wir über den Apfelbäumen dahin. Im Fluge drehte sich Alifera noch einmal um.

„Was meinst du – ob wir noch einmal hierher zurückkehren?“

„Nun komm schon!“, drängte ich.

„Falls wir nicht zurückkommen“, fuhr sie fort, „ist es egal, nicht wahr? Die kleinen Raupen werden sich auch allein durchbeißen.“

„Natürlich“, erwiderte ich beiläufig. Auf einmal fiel ihr ein: „Lass uns erst nachsehen, was das für ein Geräusch ist.“

Sie ließ sich zurückfallen.

„Wenn du jetzt anfängst, jedem Geräusch hinterher zu flattern, kommen wir ja nicht vom Fleck“, nörgelte ich.

„Und was wäre, wenn die Zweibeiner die Apfelbäume fällen?“, sorgte sie sich.

„Die Zweibeiner haben die Bäume selbst gepflanzt“, machte ich ihr klar. „Darum werden sie alles tun, damit sie möglichst viele Früchte ernten können.“

Hartnäckig eilte ich weiter voran.

„Warte doch mal“, bat sie.

„Gleich auf der anderen Straßenseite rasten wir“, schlug ich vor. Ich wollte das verdammte Traktorengeräusch hinter uns bringen. Alifera blieb noch weiter zurück. Ich blickte mich um und erschrak; sie flog viel zu tief.

„Pass auf, die Straße!“, warnte ich sie.

„Gestern war ein anstrengender Tag“, hörte ich ihre ermattete Stimme. Ein Auto kam näher. Es fuhr sehr schnell.

„Flieg höher!“ rief ich. Vor Schwäche taumelnd begann sie, Höhe zu gewinnen. Das knatternde Rauschen der Reifen auf dem Asphalt schwoll an wie ein heftiger Windstoß.

„Alifera, höher!“, schrie ich aus Leibeskräften. Im nächsten Augenblick sah ich, wie sie mit ausgebreiteten Schwingen an die Frontscheibe des Fahrzeugs prallte und mitgerissen wurde. Ein heftiger Luftwirbel warf mich ein paarmal herum. Ich hatte das Gefühl, mir würde das Herz stehenbleiben. Nach einer Sekunde der Fassungslosigkeit stürmte ich dem Auto hinterher. Dabei hörte ich lautes Bremsenkreischen und einen krachenden Aufschlag. Ich flog so schnell ich konnte. Bald bemerkte ich brenzlig riechende Bremsspuren. Dann tauchte das weiße Cabriolet vor mir auf, das quer über die Straße gerutscht und seitwärts gegen einen Baum geschleudert war.

An das, was nun folgte, konnte ich mich erst Tage später wieder einigermaßen erinnern wie jemand, der sein Gedächtnis verloren hat und es nur langsam wiedererlangt. Es war eine rätselhafte, unwirkliche Szenerie, die sich meinen Augen bot. Die Fahrertür des beschädigten Wagens stand offen. Mir fiel sogleich der zerflossene Fleck an der Frontscheibe auf. Neben dem Auto stand ein Mann mit blutiger Stirn, der mir entgegensah, als hätte er mich erwartet. Auf seiner ausgestreckten Hand lag Aliferas zerschundener Leib. Mit all meiner schwachen Kraft stürzte ich mich auf den Mörder und prügelte mit meinen Flügeln auf ihn ein. In blindem Hass stieß ich gegen seine blinzelnden Augenlider und kratzte mit meinen Klammerhaken wie wild an der Haut herum. Die Gewissheit, dass ich ihm damit keinerlei Schmerz zufügen konnte, stachelte mich nur noch mehr auf. Als ich an seine verwundete Stirn stieß, färbten sich meine Flügel rot. In der sicheren Erwartung, dass seine schwere Hand gleich zuschlagen und mich zu Boden schleudern würde, griff ich ihn wieder und wieder an. Doch er machte nicht die geringsten Anstalten, mich abzuwehren. Auf einmal bemerkte ich den salzigen Geschmack des farblosen Rinnsals auf seiner Wange. Da ließ ich endlich ermattet von ihm ab. Der Mann sah zu, wie ich mich zu Alifera auf seine immer noch ausgestreckte Hand setzte, wie ich meine leblose Gefährtin umfasste und mich mit ihr in die Lüfte erhob.

Ich trug sie in die Höhe, dem Himmel entgegen. Das helle Blut, das aus ihren Wunden getreten war, hatte noch einen zarten Anflug des Duftes, der sie einst so wundervoll umweht hatte. Immer weiter stieg ich mit ihr auf. Ich wollte wenigstens noch so lange mit ihr vereint sein, wie es meine Kräfte zuließen, so lange, bis ich nicht mehr in der Lage sein würde, sie festzuhalten. Mir war klar, dass dies der einzige Grund für mich sein konnte, sie loszulassen. Als ich die Landschaft unter mir längst nicht mehr erkannte und nichts als Himmel um uns war, wurde mir schmerzlich bewusst, dass ich nur eine leere Hülle umklammerte. Ich fühlte mich auf einmal sehr allein. So überließ ich sie endlich dem Wind, damit er sie irgendwann, wenn auch er sie nicht mehr tragen konnte, für immer der Erde zurückgab.

XIV. Perlenwasser

Wie ein grauer Fluss, an dessen Ufern die schweren Schleiernebel aus dem Boden stiegen, zogen die Tage an mir vorüber. Meine Flügel waren oft ganz klamm von der Feuchtigkeit. Manchmal gab es tagelang keine Gelegenheit, sie zu trocknen, weil sich die Sonne nicht zeigen wollte. Die Zeit hing wie ein Stein an meinem Hals. Meist hockte ich still irgendwo an einer Blattunterseite und wartete und wartete, und wusste selbst nicht recht, worauf.

Ich streunte an der großen Müllkippe umher, weil ich hoffte, dort den Perlmutterfalter zu treffen. Es wäre schön gewesen, wenn ich mit ihm ein wenig über die gute alte Zeit hätte plaudern können. Leider aber war er nirgends mehr zu finden. Über den Abfallbergen kreisten Schwärme von Krähen, vor denen ich mich in Acht nehmen musste.

Einmal zog es mich zu der Obstplantage zurück. Die Bäume sahen sehr gesund aus, abgesehen davon, dass ihre Blätter allmählich eine blassere Farbe annahmen. Jedenfalls war kein einziger Baum von Raupen besiedelt. Ich hatte lange gesucht, weil ich nicht mehr genau wusste, an welchem der in Reih und Glied stehenden Bäume Alifera die Eier abgelegt hatte. Als ich rastete und zur Erfrischung ein wenig Wasser aus einem Tropfen saugte, der an einer Blattspitze glitzerte, spürte ich plötzlich einen so bitteren Geschmack, dass ich heftig ausspie. Es war, als wollte mir der Schädel platzen. Meine Augen begannen höllisch zu brennen und mir wurde furchtbar übel. Zum Glück hatte ich die Flüssigkeit nicht geschluckt, sonst wäre ich vermutlich an Ort und Stelle erledigt gewesen. Mein Rüssel und meine Fühler waren danach noch lange wie betäubt und auch mein Gleichgewichtssinn schien irgendwie gelitten zu haben.

Immer wieder flog ich Spiralen über der Stadt, um den Wildapfelbaum wiederzufinden, von dem mich die Halbwüchsigen verjagt hatten. Doch ich spürte seinen Duft nicht mehr. Wahrscheinlich hatte mein Geruchssinn durch das Insektengift etwas von seiner Empfindlichkeit eingebüßt.

Ich hielt mich oft im Stadtpark auf, wo sich die Nebel nicht so stark und lästig zeigten wie draußen auf dem Lande. Doch wenn der Abend kam, musste ich einen sicheren Unterschlupf gefunden haben, denn es wimmelte dort nur so von Fledermäusen. An ihnen scheiterte auch mein mehrmaliger Versuch, einen Blick durch das Riesenfernrohr zu werfen, weil die tückischen Viecher besonders die Sternwarte umlagerten.

Eines Tages sah ich auf einem von der Herbstsonne beschienenen Spazierweg einen alten Nachtfalter sitzen. Seine gesenkten Fühler und die eingeknickten Beine ließen vermuten, dass er Hilfe brauchte.

„Was machst du hier mitten auf dem Weg?“, sprach ich ihn an. Müde wandte er sich mir zu. Seine Flügelränder waren stark ergraut und seine Augen glanzlos.

„Alienus“, sagte er mit einer Stimme, die so klang wie dunkler Samt. Da erst erkannte ich ihn.

„Liguster...?“

Er legte ein Vorderbein auf meines und sagte: „Tut mir leid wegen Alifera."

„Woher weißt du es?", wunderte ich mich.

„Deine Augen haben es mir erzählt", antwortete er.

„Lass uns erst mal von hier verschwinden", sagte ich, „bevor die Vögel Appetit auf uns kriegen."

Als er nicht reagierte, drängte ich: „Nun komm schon. Wir sollten die Zeit nutzen, solange die Fledermäuse noch nicht unterwegs sind."

Er nahm den Gedanken auf: „Die Zeit... Sie ist überhaupt nicht das, wofür wir sie halten, weißt du. Lange scheint es, als hüpfte sie im Takt deines Herzens neben dir her. Doch auf einmal kannst du ihr nicht mehr folgen, und sie flieht dir davon. Irgendwann steht sie dann vor dir und versperrt dir den Weg. Für immer."

Ich bemühte mich, meiner Stimme einen aufmunternden Klang zu geben, als ich ihm vorschlug: „Wie wär's, alter Junge, wenn wir uns einen gemütlichen Abend machen? Ich kenne ein Gewächshaus voller weißer Rosen. Der Nektar ist wirklich ein guter Tropfen."

Er lachte leise auf und begann, in seiner unnachahmlichen Weise zu zitieren:

„Mein Herz hat sich betrunken
am weiten Fluss der Zeit.
Da fand es tausend Perlen
von süßer Bitterkeit.

Das Glitzern jeder Perle
schloss tausend Träume ein:
das bleibende Geheimnis
von allem Sein und Schein.

Nun legt das Herz sich schlafen
im Schoß der Träumerei.
Trinkst du vom Perlenwasser,
träum' mal bei mir vorbei."

Die Fühler des Ligusterschwärmers sanken herab. Er regte sich nicht mehr. Der Wind rüttelte sacht an ihm, als wollte er sich vergewissern, dass mein Freund schlief. Seine gefalteten Flügel kippten zur Seite. Er hatte sie mit seinen letzten Worten so sanft zusammengelegt wie man ein gutes Buch schließt, das man soeben ausgelesen hat.

Der herbstliche Himmel legte sich wie ein Schatten auf mein Gemüt. In besonders trüben Stunden hielt ich mich in dem Gewächshaus bei den Rosen auf. Doch endlich wurde ich auch ihres berauschenden Nektars überdrüssig. Wie die Fliegen an den Fensterscheiben, die sich zu dieser Jahreszeit so teilnahmslos mit dem Finger anstupsen lassen, hatte ich jede Unternehmungslust verloren. Ich bettete mich unter rotbraunem Laub zur Ruhe, das einen betäubenden Duft verströmte. Ich hatte nicht die Absicht, jemals wieder darunter hervorzukommen. Schläfrig lauschte ich dem immer zaghafteren Klopfen meines Herzens. Und alles war gut. Doch eines Abends brach ein Sturm los und machte mich zum Gefährten von hunderttausend aufgescheuchten Blättern. Ohne Unterlass peitschte er uns durch eine erbarmungslose Nacht. Endlich schleuderte er mich in die Rindenklüfte eines Baumes. Über mir erspähte ich im Blitzgeflakker eine Höhle, zum Greifen nah. Bald war das Unwetter nur noch wie durch eine Wand zu hören. Als ich den Hohlraum mit zitternden Fühlern erkundete, bemerkte ich in einer Spalte einen erstarrten Käfer. Angewidert rückte ich von ihm ab, denn er roch nicht gut. Kopfüber machte ich es mir bequem zwischen

Holz und Borke. Leider verdarb mir ein dumpfer Schmerz im rechten Mittelbein das Einschlafen; es war mehrfach zerknickt. Wahrscheinlich hatte es der Hieb eines sturmgerüttelten Zweiges ruiniert.

‚Ist ja nicht so schlimm', dachte ich. ‚Das brauche ich sowieso nicht mehr.'

Erschöpft legte ich meine geschundenen Flügel zusammen. Endlich durfte ich weiterträumen von Alifera und dem duftigen Hauch ihrer goldumrandeten Schwingen.

Unverhofft erwachte ich durch ein Knistern und Knacken im Innern des Baumes, als wenn Wasser auf einen trockenen Schwamm träufeln würde. Der tote Käfer verströmte einen derartigen Gestank, dass es mich ekelte. Ich wollte noch weiter beiseite rücken, aber meine Flügel stießen gegen die Wände der Höhle. Ich empfand, wie modrig und faulig es in diesem Raum war. Er widerte mich an. Nein, hier wollte ich nicht bleiben, nicht einmal zum Sterben! Meine fünf unversehrten Beine zuckten, als ich sie zu bewegen begann. Sie gehorchten mir zunächst nur zögernd und ruckweise, als wollte jedes von ihnen einzeln geweckt werden. Wacklig und steif kroch ich zum Eingangsspalt. Blendendes Licht fiel in meine Augen. Draußen überraschte mich ein unbegreifliches Wunder. In der Luft lag der appetitliche Duft von frischen Blüten. Die Sonne strahlte durch knospende Zweige. Es war Frühling geworden! Und ich atmete. Mit bitterer Verwunderung bemerkte ich, dass meine Flügel grauweiß und schütter und ihre Goldränder brüchig aussahen. Mein Gang war unsicher und schleppend wegen des zerschlagenen Beines. Auch hatten sich meine Klammerhaken merklich abgestumpft. Daher rutschte ich beim Klettern und musste an der Borke öfter nachfassen. Plötzlich traf mich ein schwerer, kalter Wassertropfen aus dem Gezweig. Fast wäre ich abgestürzt. Ich schüttelte mich schaudernd, doch dann war ich schlagartig hellwach. Als ich den Schatten eines Vogels auf mich zukommen sah, begann ich auch meine Flügel wieder zu gebrauchen. Und während ich hakenschlagend vor dem hungrigen Tier flüchtete, das mich hartnäckig kreuz und quer durch den Stadtpark verfolgte, flog ich zurück ins Leben.

Der quellgesunde Nektar von Schneeglöckchen, Krokussen und Weidenkätzchen bot mir außergewöhnliche Genüsse. Es war einfach herrlich, frühmorgens beim Knistern der sprießenden Blätter und Gräser zu erwachen. Das frische Grün barg so viel frohe Erwartung, dass ich davon Herzpochen bekam.

Einmal bewog mich meine aufkommende Unternehmungslust zu einem Höhenflug, um mich vom Wind auf gut Glück in die ländliche Umgebung tragen zu lassen. Dort, so vermutete ich, würde der Frühling noch wunderbarer sein. Doch ich hatte nicht mit der ungestümen Gewalt der Aufwinde zu dieser Jahreszeit gerechnet, die mich unversehens wie ein trockenes Blatt fast bis an die Wolken emporschleuderten. Verzweifelt bemühte ich mich, auf die Erde zurückzugelangen. Schließlich hatte ich keine Lust, auf das Meer oder in die Wüste geblasen zu werden. Erst nach einer geraumen Weile entließ mich der steigende Wind aus seiner Umklammerung und ich begann endlich an Höhe zu verlieren. Sehr weit war ich allerdings nicht gekommen, wie ich enttäuscht feststellte. Ich befand mich immer noch über der Stadt. Meine schwachen Augen ließen mich von oben einen umfriedeten Platz erkennen, auf dem sich in geordneten Reihen zwischen Bäumen, Sträuchern und Hecken kleinere Flächen von Blumen und Gräsern gruppierten. Auch Bäume und Büsche waren zu sehen. Völlig ermattet landete ich auf einem breiten Kiesweg. Ich musste wohl einsehen, dass solche

Höhenflüge mich alten Burschen überforderten und dass ich künftig besser mit meinen Kräften haushalten sollte.

Eine menschliche Gestalt, die über mir die Sonne verdunkelte, ließ mich aufmerken. Es war ein alter Mann, der sich zu mir herabbeugte. Dabei stützte er sich auf einen Spaten, an dem frischduftende Erdkrumen klebten. Der Mann trug eine wattierte Arbeitsjacke und eine Pelzmütze. Seine Stirn war unter einem weißgrauen Haarschopf verborgen. Vorsichtshalber flatterte ich auf. Doch da rief er etwas, das mich erstaunte. Das Wort traf mich so unerwartet, dass es eine gewisse Zeit brauchte, um in mein Bewusstsein zu gelangen.

„Alienus!“

Über alle Maßen verwundert hielt ich inne und drehte mich im Standflug nach ihm um. War so etwas möglich? Woher, um alles in der Welt, wusste er meinen Namen? Er streckte seine Hand in meine Richtung aus. Weil diese Geste absolut nichts Bedrohliches an sich hatte, begann ich, mich ihm langsam wieder zu nähern. Beinahe war ich entschlossen, mich auf die Hand zu setzen. Fast schon berührten meine Fühler seine Fingerspitzen. Doch einer warnenden Eingebung folgend drehte ich ab und hockte mich auf ein steinernes Kreuz. Ich wollte erst einmal prüfen, ob der Alte wohl Anstalten machte, mich zu fangen. Er aber hob seine gestreckten Arme und senkte sie leicht gespreizt ab. Nun war ich vollends verblüfft. Jeder Schmetterling würde darin eine freundliche Begrüßung erkennen! Als sich mein erstes Erstaunen gelegt hatte, streckte ich meine Fühler und erwiderte den Gruß. Und plötzlich sah ich etwas wie einen Schatten heruntersausen. Ich warf mich zur Seite. Zu spät. Die Krallen einer mächtigen Pranke spießten sich durch meinen rechten Flügel und pressten ihn gewaltsam nieder. Es ging ungeheuer schnell. Ich schlug entsetzt um mich, versuchte mich loszureißen. Ich sah ein gesträubtes Fell, aufgerissene Augen mit senkrechten Pupillenspalten, ein Maul, geifernd, stinkend, mit grauenhaften Eckzähnen, das ungestüm nach mir schnappte.

„Das war's", dachte ich. Ein schwerer Gegenstand schepperte an das Kreuz. Steinsplitter schossen umher. Aufschreiend ließ das Tier von mir ab. Augenblicklich machte ich mich davon.

Fortan verursachten mir zwei dreieckige Risslöcher in meinem Flügel Beschwerden. Beim Fliegen pfiff die Luft deutlich hörbar hindurch. Das klang dermaßen lächerlich, dass ich bei anderen Insekten stets ungewollte Heiterkeit erzeugte und manchmal auch bissigen Spott erntete. Daher begab ich mich nicht mehr in Gesellschaft und verbrachte meine Tage lieber allein. Und ich beschloss, künftig jede direkte Begegnung mit Menschen konsequent zu vermeiden, selbst dann, wenn sie mich beim Namen rufen sollten.

Die Blütezeit der Bäume empfand ich als ein einziges Fest. Ich hielt mich vorzugsweise in einem Obstgarten am Stadtrand auf. Dort fand ich es so anheimelnd gemütlich, dass ich mir kaum vorstellen konnte, jemals wieder weiterzuziehen. Ich hatte einen Baum gefunden, dessen ungewöhnlich große, weiße Blüten zarte Ränder von Goldgelb aufwiesen. Wenn ich ruhig an einem seiner Zweige hing, waren meine Flügel von den Blütenblättern so gut wie gar nicht zu unterscheiden. Die Vögel zwitscherten direkt über, unter und neben mir umher, und selbst wenn ich meine Schwingen in voller Breite entfaltete, um die wohltuende Wärme der Frühlingssonne in mich aufzunehmen, wurde ich von ihnen überhaupt nicht behelligt. Der Baum verströmte einen so würzigen Duft, dass ich mir sicher war, auf einem Wildapfelbaum zu sitzen. Schmackhafter Nektar stand mir in paradiesischem Überfluss zur Verfügung. Ich verschwendete keinen Gedanken daran, dass diese frohe Zeit nicht ewig währen könnte. Das Ende kam unerwartet schnell.

Der Zweig, auf dem ich eben noch still vor mich hin geschaukelt war, wurde kurz und heftig gerüttelt. Mit dem Schauer von Blütenblättern, die sich dadurch von ihm lösten, trudelte ich noch halb träumend ins Gras. Verärgert über die Ruhestörung wühlte ich mich aus den Blüten hervor, die sich über mich gelegt hatten, und flatterte zurück auf den nun etwas kahleren Zweig. Oben angelangt sah ich im gleißenden Gegenlicht der Abendsonne verschwommen einen blonden Jungen zu mir aufblicken, der einen Stock über seinen Kopf hob. In diesem Augenblick rief jemand etwas. Der Junge wandte sich nach dem Rufer um, den ich jedoch nicht entdecken konnte. Wenn nur die Sonne nicht so blenden wollte! Da traf ein knackender Schlag meinen Zweig. Ich flatterte auf. Als ich Höhe gewonnen hatte, spürte ich ein taubes Gefühl in meinem linken Vorderbein. Ich schaute hin und sah den zertrümmerten Klammerhaken daran hängen. Allmählich trat der Schmerz ein, der immer rasender wurde. Wie betrunken torkelte ich in der Luft umher. Da trieb mir der Wind einen Brandgeruch entgegen. Irgendwie schien der bittere Rauch eine betäubende Wirkung auf meine Schmerzen zu haben, und so kreuzte ich ein ums andere Mal die grauen Schwaden, die über die Obstbäume wehten. Bald entdeckte ich ein helles Leuchten am anderen Ende des Gartens und bewegte mich darauf zu. Unversehens geriet ich recht nah an dieses Feuer, das jetzt kräftig aufloderte. Schon wollte ich mich zurückziehen, als ich es rufen hörte: „Alienus!“
Die wohlbekannte Stimme ließ mein Herz schneller schlagen.

„Alienus!“, rief es wieder laut und deutlich. Wie gehetzt blickte ich mich um. Kam das etwa aus dem Feuer?

„Alifera!“, schrie ich, halb wahnsinnig vor Sehnsucht. Verzweifelt suchte ich nach einem sichtbaren Ursprung des Rufes. In fliegender Hast umkreiste ich die Flammen. Aber da war nichts als Hitze und Glut. Doch ganz in ihrer Tiefe leuchtete etwas, ein unbeschreiblich helles Strahlen, etwas, das mich unwiderstehlich in seinen Bann zog.

‚Ein richtiger Schmetterling würde jetzt nicht zögern!‘, musste ich denken. Und ehe ich es recht begreifen konnte, tauchte ich...

...ein in diese Helligkeit, und es war, als höbe sich ein trüber Schleier, der zeitlebens meine Sinne bedeckt hatte. Ich sah mit klaren Augen eine völlig neue Erde und einen neuen Himmel, denn die alte Erde und der alte Himmel waren vergangen. Ein wundervolles Licht erstrahlte, in dem Alifera sich mir in jugendlicher Gestalt zeigte, schöner noch als bei unserer ersten Begegnung. Ich setzte mich zu ihr auf einen knospenden Zweig, beschämt über meine ergrauten, zerschundenen Flügel. Da bemerkte ich, dass sie sich wieder ganz und gar frisch und schneeweiß gespannt hatten, und wo vorhin noch die lächerlichen Risslöcher waren, schimmerten zwei goldene Dreiecke.

„Ich trage deinen Namen für immer in meinem Herzen“, hörte ich Aliferas Stimme wie aus weiter Ferne. „Hab’ noch ein wenig Geduld. Wenn es soweit ist, werde ich dich rufen, damit du mich finden kannst.“

Auf einmal war ich tief erschöpft, und es bereitete mir große Mühe, zu erwidern: „Aber ich hab dich doch gefunden.“

Meine Stimme klang dabei so sonderbar menschlich. Das wundervolle Licht begann einzutrüben. Obwohl ich Alifera vor mir sah, schien sie jetzt unendlich weit entfernt zu sein. Ihre Erscheinung verblasste unaufhaltsam. Der neue Himmel senkte sich allmählich tief über mich herab und wurde...

...zu Stein. Ich wollte nach Alifera rufen, brachte aber nur ein heiseres Flüstern heraus.

„Er hat was gesagt“, hörte ich eine Stimme aus der Dunkelheit, die mich umgab. Mir war, als würde warme Feuchtigkeit in mich eindringen, die meinen Körper aufschwemmte. Es schien, als vergrößerte ich mich dadurch ins Riesenhafte, als würden meine Gliedmaßen weich und schwer, wie wassergefüllte Schläuche. Ich kam mir vor wie ein gewaltiger Berg, der unter seiner eigenen Last ächzte.

„Er hat gesprochen“, sagte wieder jemand. Ich hatte den Wunsch zu sehen. Und da war es, als zöge man eine feuchtwarme, dunkle Decke von meinen Augen, wodurch sich ein sehr eingeschränktes Blickfeld auftat. Ich befand mich in einem künstlich erhellten Zimmer. Ein Gewirr von Leitungen und Schläuchen hing über mir. Taktmäßiges Piepsen tönte aus einer Apparatur.

„Seine Augen sind offen“, sagte die Menschenstimme.

„Na endlich“, erwiderte eine andere. „Dann benachrichtigen Sie seine Eltern.“

XV. Die Kälte und die Einsamkeit

Anfangs schien es mir unmöglich, mich an den ungelenken, entsetzlich schweren Menschenkörper zu gewöhnen, bei dem allein das Heben einer Hand den doppelten Kraftaufwand benötigt, als hundert Schmetterlingsflügelschläge. Ich kann gar nicht sagen, wie lästig ich es empfand, erst umständlich den klobigen Kopf wenden zu müssen, nur um einmal kurz zu schauen, wer da zur Tür hereinkam oder was sich hinter den Fensterscheiben bewegte. Ich musste begreifen, dass ich mich ganz und gar herumzudrehen hatte, wenn ich wissen wollte, wer oder was sich hinter mir befand. Allein schon das Sitzen oder Liegen plagte mich, weil mir mein eigenes Körpergewicht nach einiger Zeit ein solches Druckgefühl verursachte, dass ich andauernd das Bedürfnis verspürte, meine Haltung oder Lage zu ändern. Wie unangenehm das Herz in dem hörbar atmenden Brustkorb blubberte, wie der Magen unter der wabbeligen Bauchdecke rumorte und gluckste, wie schmerzhaft die Blase drückte, wenn sie geleert werden wollte! Wie sehr es mich vor dem Geschmack des Essens schauderte, vor allem vor dieser aufwendigen Nahrungsaufnahme, zu der man mich fortwährend nötigte! Wie widerwärtig es für mich war, die Speisen endlos lange zu zerkauen, sie im Mund zu wälzen, sie mit Speichel zermatschen zu müssen, bevor ich sie endlich schlucken konnte, um das bohrende Hungergefühl unter den Rippenbögen zeitweise zu betäuben! Mit den plumpen Fingern und der schlabberigen Zunge konnte man ja kaum in einen Blütenkelch eindringen, ohne ihn gleich zu zerstören, abgesehen davon, dass selbst die Menge des in tausend Blumen enthaltenen Nektars zu meiner Sättigung beileibe nicht ausreichen würde. Und dann die Verletzbarkeit dieser Körperhülle! An jeder Kante, an jedem spitzen, scharfen oder rauen Gegenstand musste ich gewärtig sein, mir die ungepanzerte Haut schmerzhaft zu stoßen, zu schneiden, zu stechen oder zu schrammen. Nächtelang weinte ich bitterlich um meinen leichten, elastischen Leib, meine feinen, griffigen Klammerhaken, vor allem aber um den Verlust meiner wundervollen, goldumrandeten Flügel und wegen der damit verbundenen Notwendigkeit, mich fortan in der gewichtig stampfenden Art der Zweibeiner fortbewegen zu müssen.

Meine Mutter brachte mir schonend bei, dass ich siebenundachtzig Tage im Koma gelegen hatte. Ich erkannte sie bei unserer ersten Begegnung kaum wieder; sie kam mir unaussprechlich hässlich vor. Beim Anblick meines Vaters, meiner Schwester und auch der Ärzte und des Pflegepersonals ging es mir genauso. Immer wenn sich mir Menschen näherten, schloss ich daher die Augen oder drehte den Kopf weg, hielt auch nach Möglichkeit den Atem an, um ihren dumpfmiefigen Geruch nicht so stark zu spüren. Mein Abscheu gipfelte schließlich darin, dass ich aufschreiend den mir in die Hand gegebenen Spiegel an die Wand warf, als ich mir selber die Haare kämmen sollte. Der widerwärtige Eindruck, den das menschliche Erscheinungsbild in mir erzeugte, hielt mehrere Wochen an, bis er sich allmählich verflüchtigte.

Einmal kamen mich einige meiner Kumpane besuchen, die bei dem Unfall in der alten Fabrik dabei gewesen waren. Sie erzählten, dass zuerst alle geglaubt hatten, ich sei tot, als nur noch mein gequetschtes Bein unter dem umgestülpten Kessel hervor sah. Erst als es der Feuerwehr mit Seilwinden gelang, die tonnenschwere Last von mir zu heben, stellte man fest, dass ich noch schwach atmete.

„Und der leuchtende Schmetterling?“, fragte ich besorgt. „Habt ihr gesehen, ob er weggeflogen ist?“

„Was für ein leuchtender Schmetterling?“, wollten sie wissen.

„Na der, wegen dem ich da raufgeklettert bin!“

„Der Schmetterling soll geleuchtet haben?“, vergewisserte sich einer.

„Natürlich!“, grollte ich. Die Burschen blickten verständnislos. Ich verlor die Geduld.

„Herrgott noch mal! Erinnert ihr euch denn nicht?“

Man warf sich verstohlene Blicke zu, zuckte die Schultern. Betretenes Schweigen im Raum. Verlegenes Räuspern. Und einer meinte: „Oh je, dich muss es ja ganz schön erwischt haben, wenn du schon leuchtende Schmetterlinge..."
Jemand stieß ihn heimlich ins Kreuz, und er verstummte.

„Aber... habt ihr es denn nicht gesehen?", stammelte ich. Niemand antwortete. Kraftlos sank ich aufs Kissen zurück. Meine Kumpane sahen peinlich berührt zu Boden oder zur Seite. Eine Weile noch saßen sie schweigend neben meinem Bett, bis sie sich dann in plötzlicher Eile verabschiedeten.

Nach dem Wiedererwachen meines menschlichen Bewusstseins brachte ich noch weitere vier Monate in dem Krankenhaus zu. Mein rechtes Bein wurde mehrfach operiert. Es wollte lange nicht heilen. Man erwog sogar, es zu amputieren. Meine Lunge war von den Dämpfen unbekannter Chemikalien verätzt worden. Noch heute schmerzt es, wenn ich tief einatme. Durch den Aufprall meines Kopfes auf kantige Metallgefäße wurden einige Nervenbahnen geschädigt, weshalb meine obere Gesichtshälfte seither einen etwas starren Ausdruck hat. Weil ich zudem eine schwere Gehirnerschütterung erlitten hatte, machte man sich auch über meinen Verstand Sorgen. Deshalb wurde ich von einer Psychologin untersucht.

„Weshalb zuckst du eigentlich ständig mit den Schultern?", fragte sie mit nettem Lächeln. Ich schwieg darauf und versuchte, das Zucken zu unterdrücken. Sollte ich ihr erklären, wie ungewohnt und bedrückend es für mich war, keine Flügel mehr zu haben?

„Warum hattest du dich vorhin schon wieder unter deinem Bett versteckt?", wollte sie daraufhin wissen.

„Ich hab da nur was gesucht", antwortete ich. Das war gelogen. Aber wie sollte ich der Frau begreiflich machen, wie unbequem es sich liegt und sitzt, wenn man diesen schweren Körper nicht gewohnt ist? Darum versuchte ich es damals manchmal noch mit Hängen, musste aber feststellen, dass sich ein Weichhäuter dabei auch nicht besser fühlt.

„Du magst Blumen?“

„Ja.“

„Welche hast du am liebsten?“

„Wilde Kletterrosen.“

„Warum hast du anderen Patienten die Blumen weggenommen?“

Ich schwieg.

„Also?“, drängte die Psychologin.

„Der Chefarzt hat verboten, dass man mir welche mitbringt“, klagte ich. Die Fachärztin wusste viel mehr über mich, als sie sich zunächst den Anschein gab. Das erkannte ich unter anderem an ihrer Frage: „Warum machst du die Blumen immer kaputt?“

„Ich? Das tu’ ich schon lange nicht mehr.“

„Du brauchst es gar nicht erst abzustreiten“, meinte die Fachärztin und legte mir vertraulich ihre Hand auf den Unterarm.

„Die Schwestern finden ständig zerrupfte Blüten unter deinem Kissen oder in deinem Bettschrank, sogar in deiner Wäsche.“

Unauffällig spielte ich in der Tasche meines Hausmantels mit einer zerdrückten Rosenblüte. Die Psychologin reichte mir ein paar Blumen aus einer Vase auf ihrem Tisch.

„Da. Damit kannst du machen, was du willst. Nimm sie! Zerreiß sie!“

Ich wagte nicht, mich zu rühren. Wasser tropfte von den Stielen auf die Tischplatte. Die Situation war mir unangenehm.

„Zerreißen?"

„Ja, tu es!"

„Wozu?"

„Das wird dir guttun. Du darfst sie meinetwegen auch auf den Boden werfen und zertreten. – Na, was ist?"

Ich schielte verstohlen nach den Blüten und meinte: „Die sind aber nicht mehr zu gebrauchen."

Interessiert beugte sich die Psychologin über den Tisch nach vorn. Forschend sah sie mir ins Gesicht und fragte leise, doch sehr nachdrücklich: „Warum?"

„Die haben schon zu lange in der Vase gestanden", antwortete ich. „Da schmeckt der Nektar doch wie Abwaschwasser."

„Ach... Auf den Nektar kommt es dir an?"

Die Psychologin lehnte sich wieder zurück und dachte eine Weile scharf nach.

„Als dieser schreckliche Unfall passierte – hast du da nicht angeblich einen Schmetterling fangen wollen?"

Ich blickte reuevoll zu Boden.

„Was war das für ein Schmetterling?", fragte sie weiter. „Wie sah er aus?"

„Er war weiß, mit goldenen Flügelrändern, die im Dunkeln geleuchtet haben."

„Goldene Flügel die leuchten?", staunte die Frau.

„Ja", bestätigte ich. „Fast so hell wie eine Taschenlampe."

„Soso", machte die Psychologin und sah mir dabei fest in die Augen. Dann kam sie mit ihrem Stuhl um den Tisch herum und setzte sich neben mich. Ich drehte mein Gesicht weg, weil mich ihr seifiger Geruch anwiderte. Sie legte mir ihren Arm um die Schulter und sagte: „Dann ist also dieser Schmetterling schuld, dass du so furchtbar leiden musstest."

Widerstrebend richtete ich mich auf.

„Doch nicht der Schmetterling! Schuld bin ich selber."
Aber die Psychologin meinte: „Ja, mag sein, dass dein Verstand es dir so sagt. Und wenn man es recht bedenkt, dann stimmt das ja auch. Was konnte der Schmetterling dafür, dass du ihn fangen wolltest? Also trifft dich allein die Schuld."

„Natürlich", bekräftigte ich. Doch die Psychologin erklärte: „Aber dein Unterbewusstes, ganz tief in deinem Innern, das kann manchmal ganz andere Einsichten haben als du selbst. Im Moment sagt es in dir drin: ‚Wenn der Schmetterling nicht gewesen wäre, dann wäre mir vieles erspart geblieben – die schlimmen Schmerzen im Bein, am Kopf und in meiner Lunge, die schweren Operationen, der lange Krankenhausaufenthalt.' Verstehst du?"

„Nein", sträubte ich mich, „das hab ich alles ganz allein zu verantworten."
Die körperliche Nähe der Frau war mir furchtbar unangenehm. Sie schien das leider nicht zu spüren und redete unbeirrt weiter.

„Ich habe mit deinen Eltern gesprochen. Sie haben mir erzählt, wie sehr du die Musik liebst. Und dass es dein größter Wunschtraum ist, einmal ein berühmter Solist zu werden. Und wie fleißig du täglich Geige geübt hast, seit deinem vierten Lebensjahr. Das, womit du dich am allerliebsten beschäftigst, hast du in all diesen Wochen nicht tun können. Und alles nur wegen eines dummen Schmetterlings. Schmetterlinge ernähren sich von Blütennektar. Und darum zwingt dich dein Unterbewusstes, alle Blumen zu vernichten, damit die Schmetterlinge keine Nahrung mehr finden, damit sie allesamt verhungern und zugrunde gehen! Als Vergeltung für die Leiden, die du erdulden musstest."
Zwar versuchte ich, der Psychologin diese absurden Gedanken auszureden, doch musste ich feststellen, dass sie darüber An-

zeichen von Verärgerung zeigte. Außerdem bestand durch meinen Widerspruch wenig Aussicht, dass sie mich loslassen würde. Also ließ ich sie bei ihrer Meinung. Endlich nahm sie den Arm von meiner Schulter. Erleichtert atmete ich auf. Am Ende verfügte sie, dass ich meinen angeblichen Hass auf Schmetterlinge einmal täglich unter ihrer fachkundigen Anleitung anhand eines Kunstblumenstraußes auslebte. Die Plastikblumen waren mir natürlich völlig schnuppe, doch meine Therapeutin war erst mit mir zufrieden, wenn ich den Strauß heftig gegen die Wand schlug oder mit meinem gesunden Bein martialisch darauf herumtrampelte. Dabei sollte ich laute, zornige Schreie ausstoßen. Auch schien sie es zu mögen, wenn ich knurrend wie ein wildes Tier in die Blüten hineinbiss und grimmig darauf herumkaute. Das sollte ich immer solange treiben, bis mir der Schweiß ausbrach. Diese Behandlungsmethode musste ich einmal im Beisein meiner Eltern einer Ärztekommission vorführen. Die Fachleute machten besorgte Gesichter. Meine Mutter wurde laut schluchzend hinausgeführt. Doch die Psychologin lobte mich hinterher ausdrücklich, weil ich es diesmal besonders gut gemacht hatte.

Bald darauf wurde das stützende Metallgestell von meinem Bein genommen. Ich übte, an nur einer Krücke zu gehen. Eigentlich hätte ich nun nach Hause gedurft, wenn nicht mein angeblicher Hass auf Blumen und Schmetterlinge gewesen wäre. Deshalb wurde ich in eine geschlossene Heilanstalt eingewiesen. Dort führte ich im Laufe der Zeit viele lange Gespräche mit dem freundlichen Professor Drückhammer, der glücklicherweise bald herausfand, dass ich absolut keinen Hass auf Schmetterlinge hatte. Er sorgte dafür, dass mir die anstrengende Therapie mit dem künstlichen Blumenstrauß erspart blieb. Zu Professor Drückhammer fasste ich allmählich Vertrauen. Ich klärte ihn also über die Ursachen und Hintergründe meines gelegentlich etwas fragwürdigen Verhaltens auf. Ich erzählte ihm fast alles aus meinem Schmetterlingsleben. Er schien daran außerordentlich interessiert zu sein und stellte mir eine Unmenge Fragen über die Insektensprache, über unsere Lebensweise, über unsere Denkungsart und auch über Alifera. Von den Gesprächen fertigte er Tonaufzeichnungen an. Die bräuchte er, wie er mir sagte, um seinen skeptischen Fachkollegen zu beweisen, dass ich eigentlich gesund sei. Diese hätten nämlich über meine Entlassung aus der Klinik mitzuentscheiden und wären manchmal verdammt schwer zu überzeugen. Und so beantwortete ich seine Fragen wahrheitsgemäß und bereitwillig.

Doch der Professor hörte nicht auf zu fragen und erkundigte sich immer wieder nach denselben Dingen. Zuerst schrieb ich es seiner Zerstreutheit zu, bis es mir dann zu dumm wurde, immer das Gleiche zu erzählen und ich ihn darauf hinwies, dass ich ihm alles schon doppelt und dreifach berichtet hätte. Er bräuchte ja nur seine Tonaufzeichnungen abzuhören. Er bestand allerdings darauf, dass ich ihm ausnahmslos alle seine Fragen beantwortete, selbst wenn er sie zehn oder zwanzig Mal stellen würde. Ich könne gewiss sein: es hätte alles seinen Sinn und Zweck, und ich solle mir nur nicht den Kopf darüber zerbrechen. So verlor ich zunehmend die Lust an den Gesprächen, wurde wortkarg und verschlossen und reagierte gelegentlich sogar mürrisch und gereizt. Es hatte den Anschein, dass die Menge der Medikamente, die ich regelmäßig in Form von Pillen, Kapseln und Tropfen zu schlucken bekam, genau deswegen mehr und mehr anwuchs. Obwohl mein Magen bereits dagegen rebellierte, achtete man strengstens darauf, dass ich restlos alles einnahm. Tage voll zäher Eintönigkeit und Schwermut reihten sich schier endlos aneinander. Monate verstrichen.

Als mich meine Mutter einmal allein besuchen kam, weil mein Vater eine unverzichtbare Orchesterprobe durchführte, bat ich sie, mich doch einfach mit nach Hause zu nehmen. Aber sie meinte: „Du bist immer noch krank, mein Junge. Solange du dir diese Gruselgeschichten über dein Leben als Schmetterling nicht aus dem Kopf schlägst, musst du eben hierbleiben."

Nun endlich ging mir ein Licht auf! Professor Drückhammer hielt mich trotz seiner gegenteiligen Behauptung für verrückt, eben *weil* ich die Wahrheit erzählte. Zuerst war ich darüber sehr zornig und redete mit dem gleichbleibend freundlichen Mann kein Wort mehr. Tagelang bedachte ich seine Fragerei mit hartnäckigem Schweigen. Das einzige, was er allenfalls noch von mir zu hören bekam, war der verächtliche Ausruf: „*Sie* sind hier der Verrückte, nicht ich!"

Diese sinnlosen Sitzungen mit stets denselben Fragereien machten mich immer wütender. Einmal hielt ich es nicht mehr aus. Ich griff mir das Aufzeichnungsgerät vom Tisch und schleuderte es nach dem Professor, das ihn jedoch verfehlte und hinter ihm an der Wand in mehrere Teile zersprang. Da erschienen zwei von den Pflegern, als hätten sie hinter der Tür auf diesen Moment gewartet. Sie schleppten mich gewaltsam durch den langen Sanatoriumsflur, während ich mich heiser schrie. In meinem Zimmer warfen sie mich auf's Bett und verabreichten mir eine furchtbar schmerzende Spritze ins Hinterteil. Danach erlosch mein eigenes Wollen wie eine Kerze im Wind, und es schien, als stünde mein Verstand für Stunden still. Dann klebten erstarrte Gedanken in meinem Kopf, wie Bilder aus Eis an den Wänden eines dunklen Saales.

Es dauerte ein paar Wochen, bis ich erkannte, dass ich so nicht weiterkam. Also verlegte ich mich auf's Lügen. Ich log, was das Zeug hielt. Ich machte dem Professor klar, dass ich die lächerliche Geschichte von meinem Leben als Schmetterling bloß erfunden hätte. Amüsiert schilderte ich ihm, was es für ein Heidenspaß gewesen sei, ihn so lange an der Nase herumzuführen. Es hätte prima geklappt; weil mich alle für verrückt hielten, brauchte ich nicht zur Schule zu gehen und vor allem nicht Violine zu üben. Ich erklärte ihm, dass ich noch lange in seiner erstklassigen Klinik zu bleiben gedachte. Ich lobte den weiträumigen Park innerhalb der hohen, sicheren Mauern, die schöne Schwimmhalle und das gute Essen.

Wenngleich mir all diese Lügen eine gewisse Genugtuung verschafften, empfand ich dabei eine starke Kälte tief in meinem Innern, die sich immer mehr verstärkte.

Ein paar Tage später konnten mich meine Eltern abholen. Professor Drückhammer nahm ihnen jedoch das Versprechen ab, dass sie ihn bei den geringsten Anzeichen eines Krankheitsrückfalles sofort verständigen würden. Denn gerade mit solchen Psychosen, bei denen sich die Kranken mit flugfähigen Tieren identifizierten, sei absolut nicht zu spaßen. Schon zu oft wäre es vorgekommen, dass so jemand vom Dach oder aus dem Fenster gesprungen sei. Ich lächelte still über derlei Besorgnisse. Trotzig weigerte ich mich, dem Professor beim Abschied die Hand zu reichen. Mich würde er hier bestimmt nicht wiedersehen, der verdammte Quacksalber! Ein weiteres Mal würde mir die Dummheit, jemandem die Wahrheit zu sagen, nicht unterlaufen, selbst wenn ich dabei erfrieren sollte.

Als ich nach so langer Abwesenheit zu Hause an der Krücke in mein Zimmer humpelte, lähmte es mir fast das Herz. – Die Schmetterlingsschaukästen hingen vollkommen wiederhergestellt an ihren alten Plätzen über meinem Bett, als wären sie nie zerstört gewesen. An allen Gliedern zitternd und bebend brach ich schluchzend zusammen. Da nahm mich mein Vater zum allerersten Mal in diesem Leben in die Arme und drückte mich fest an sich. Ich erstickte dabei fast im Dunst seines Deodorants. Seine Augen glitzerten von aufsteigenden Tränen, als er sagte: „Wenn ich nur im entferntesten geahnt hätte, wie viel dir dieses Steckenpferd bedeutet, wäre uns eine Menge Kummer erspart geblieben. Wir sollten künftig einfach viel mehr miteinander reden. Du sollst wissen, dass du einen Vater hast, dem du voll vertrauen kannst."

Spätnachts, als ich allein war, nahm ich die Kästen von den Wänden, stellte sie im Halbkreis auf den Boden und zündete Kerzen an. In stillem Gedenken saß ich lange davor. Natürlich hatten mir meine Eltern mit dem Wiederherstellen der Sammlung eine ganz besondere Freude bereiten wollen. Mir war schon klar, dass dieses Geschenk eine Geste der Versöhnung hatte sein sollen. Sie konnten ja nicht wissen, was sie mir damit antaten, konnten nicht ermessen, welche entsetzlichen Gewissensqualen der Anblick dieser vielen hundert ausgestellten Leichname in mir auslöste. Sie würden es nie verstehen.

In dieser Nacht hatte ich einen Traum. Ich sah unsere Nachbarn und andere Bekannte, die Postfrau mit der schiefsitzenden Brille, den kahlköpfigen Frisör, den mürrischen Hausmeister meiner Schule, den Herrn Pfarrer, meine Klavierlehrerin, den Fleischer mit den riesigen Händen, die geschwätzigen Verkäuferinnen aus der Bäckerei, eben alle möglichen Leute, die sah ich mit ausgebreiteten Armen in riesigen, gläsernen Kästen hängen. Alle waren an eisernen Pfählen aufgespießt. Ich musste auf einer Trittleiter stehend mit Schwamm und Lauge die großen Glasscheiben reinigen und dabei in die bleichen Gesichter mit den lachend gebleckten Zähnen und den offenen, stumpfen Augen blicken. Und da stak auch ein leerer Spieß, darunter ein Schild mit meinem Namen...

Am Morgen trug ich die Schmetterlingsschaukästen in den tiefverschneiten Garten. Ich trug einiges Reisig zusammen und entzündete ein kleines Holzfeuer. Behutsam nahm ich einen Falter nach dem anderen heraus und übergab ihn den Flammen. Auf einmal stand meine Mutter neben mir. Sie war sehr bestürzt.

„Dein Vater hat eine Menge Geld ausgegeben, um die Kästen restaurieren zu lassen! Warum machst du alles wieder kaputt?"

„Es ist das Einzige, was ich noch für meine Freunde tun kann", antwortete ich. „Sie sind aus dem Feuer geboren. Und dem Feuer gebe ich sie zurück."

Meine Mutter nahm mich bei den Schultern und sah mir prüfend ins Gesicht.

„Bitte, ich muss es von dir wissen", sprach sie eindringlich auf mich ein. „Bist du tatsächlich ein Schmetterling gewesen?"

Ich blickte mich vorsichtshalber um, bevor ich leise antwortete: „Mama, dir kann ich es ja sagen: Ich hatte ein Paar Fühler, mit denen ich sehr weit riechen konnte, und sechs Beine. Meine Flügel waren weiß mit goldenen Rändern. Im Dunkeln haben sie geleuchtet. Und das ist die reine Wahrheit."

Meine Mutter drückte mich fest an sich. Dann ging sie zurück ins Haus.

Kurz nach dem Mittagessen war ein Fahrzeug der Klinik da. Man wollte schließlich nur mein Bestes.

Weil ich mich heftig gewehrt hatte, wurde ich während der ersten vier Monate nachts immer mit Händen und Füßen ans Bett gefesselt. Alle zwei Stunden kam eine Schwester ins Zimmer, um mir eine Medizin zu verabreichen. Wegen des andauernden Schlafentzuges und wohl auch wegen der starken Medikamente begannen mich auch tagsüber quälende Visionen heimzusuchen: tote Schmetterlinge, die wie trockene Blätter unversehens auf mich herabrieselten, die überall herumlagen wo ich ging und stand. Sie waren in meinem Bett, sie waren auf meinem Teller, im Waschbecken, auf den Fensterbrettern, in den Fluren der Anstaltsgebäude und auch draußen auf den Parkwegen. Ich fand sie in meinen Hosentaschen, sie fielen in Massen zwischen Buchseiten hervor, ich entdeckte sie in den Haaren der Schwestern und Pfleger und auf dem Tonaufzeichnungsgerät des Professors. Sie verschwanden oft erst, wenn ich meinen Kopf heftig gegen eine Wand schlug oder laut schrie, bis meine Kraft verbraucht war. Schließlich ließ ich widerstandslos geschehen, was man mir in der Anstalt antat, denn ich war mir bewusst, dass ich in diesem Leben eine furchtbare Schuld abzubüßen hatte.

Als ich nach einem halben Jahr völlig ausgezehrt wieder nach Hause kam, gestaltete sich mein Empfang nicht so bedeutungsvoll wie beim ersten Mal, sondern verlief eher mit einer gewissen Zurückhaltung. Ich erkannte im Verhalten meiner Familie eine Art misstrauischen Beobachtens. Die Blicke meiner Eltern und meiner Schwester unterschieden sich kaum von denen der Pfleger, die mich in der Anstalt rund um die Uhr bei sämtlichen Verrichtungen zu kontrollieren hatten.

Beiläufig händigten mir meine Eltern ein kleines, bereits geöffnetes Päckchen aus, das mir von der alten Dame, geschickt worden war, die ich in der Kirche umgerannt hatte. Das Schmetterlingsmedaillon lag darin. Der beigefügte Brief war schon vor mehreren Monaten geschrieben worden. Die Frau wünschte mir alles Gute für meine Genesung und bescheinigte meinen Eltern ausdrücklich, mir das Schmuckstück ungeachtet seines Wertes schenken zu wollen. Als ich das Medaillon einmal genauer in Augenschein nahm, stellte ich überrascht fest, dass es sich öffnen ließ. Da las ich in dem flachen Hohlraum die in winzigen Lettern eingravierten Zeilen:

Verschuldete Pein
gedenket stets Dein
und tut irgendwann
ein Gleiches Dir an.

Ich leerte mein Sparschwein und kaufte einen großen Blumenstrauß. Am Tor der Villa stellte ich jedoch fest, dass sich dort ein anderes Namensschild befand. Von den Leuten, die nun in dem Haus wohnten, erfuhr ich, dass die alte Dame an einem Herzleiden gestorben war. So besuchte ich sie auf dem Friedhof und legte ihr die Blumen aufs Grab.

Bald begann ich wieder zur Schule zu gehen, allerdings um ein Jahr zurückversetzt. Als ich einigermaßen sicher ohne Krücke freihändig stehen konnte, schenkte mir mein Vater zu meiner besonderen Überraschung seine eigene, sehr wertvolle Violine. Auf ihr hatte er selbst viele Jahre lang gespielt, bevor er Dirigent wurde. Ich trat manchmal bei irgendwelchen feierlichen Anlässen oder im Rahmenprogramm kleinerer Konzerte auf. Meine Krücke hängte ich auf dem Podium immer ans Notenpult. Bei solchen Auftritten erntete ich stets recht heftigen Applaus. Später, als ich größer wurde und die Krücke nicht mehr benötigte, ließ der Beifall merklich nach, obwohl ich inzwischen erheblich besser spielen konnte. Dann gab es bald keine Soloauftritte mehr für mich.

Weil mein Hinken nicht aufhörte, wurde ich in der Schule oft gehänselt. Schon damals begann meine Einsamkeit, die mir in meinem Menschenleben hartnäckig die Treue hielt. Wahrscheinlich fand ich zu niemandem einen engeren Kontakt, weil ich mich durch die betrübliche Erfahrung meiner Klinikaufenthalte davor scheute, freimütig zu sprechen. Schließlich musste ich unentwegt lügen, um nicht für verrückt gehalten zu werden. Somit verlief mein weiteres Leben nicht besonders ereignisreich. Ich war ein schwacher, kränklicher Junge, der die meiste Zeit allein in seinem Zimmer verbrachte und stets fror.

Als ich mein Examen am Konservatorium mit einigermaßen befriedigenden Leistungen bestanden hatte, trat ich als Violinist ins Orchester meines Vaters ein. Weil der aber darauf bestand, dass ich zu Hause in meiner Freizeit viel mehr üben sollte als ich es für notwendig hielt, gab es heftige Auseinandersetzungen zwischen uns. Darum machte ich mich eines Tages auf die Suche nach einer eigenen Wohnung. Zufällig stieß ich auf das preiswerte Angebot einer kleinen, frisch renovierten Dachmansarde mit Fenster zum Hof. Ein schwatzhafter Hauswart schloss mir auf. Er wies mich darauf hin, dass die Wohnung vor einigen Monaten vollständig ausgebrannt war.

„Da hauste ein alter Herr drin“, erzählte er, „der war nicht ganz richtig im Kopf. Der hat sogar im Sommer den Ofen geheizt, stellen Sie sich vor. Sonst hat er mit niemand gesprochen. Ich weiß nur, dass er an irgendeinem Buch geschrieben hatte. Aber keiner wollte es drucken. Der Briefträger gab es bei mir ab, wenn es wieder mal von einem Verlag zurückgeschickt worden war. Es passte nämlich nicht in den Hausbriefkasten. Ich brachte es ihm dann immer nach oben und sagte ihm, dass er nicht so stark heizen soll, aber… Na ja, das musste ja so kommen. Gott sei Dank, hab ich das Feuer noch rechtzeitig bemerkt! Im Treppenhaus hat es nur vom Löschwasser einigen Schaden gegeben. Aber von dem Alten hat man absolut nichts mehr gefunden, stellen Sie sich vor. Er ist seitdem spurlos verschwunden. Als wäre er davongeflogen! Sein Manuskript übrigens hab ich unten auf dem Hof liegen sehn. Er muss es wohl aus dem Fenster geworfen haben, bevor er... Nur die letzte Seite war ein bisschen angekohlt. Inzwischen hat man das Dach repariert. Und die Mansarde ist ganz neu ausgebaut. Sie sehen ja."

Ein paar Tage später zog ich ein. Nun konnte ich nach den Orchesterproben meine Violine getrost beiseite legen und mich meinen Interessen widmen. Ich brauchte mir keine Plattenaufnahmen berühmter Geigenvirtuosen mehr anzuhören und wurde auch nicht mehr durch die Stimmübungen meiner Schwester genervt, die besonders mit den ganz hohen Tönen arge Schwierigkeiten hatte. Endlich genoss ich meine ersehnte Ruhe. Nur leider empfand ich die Wohnung manchmal sogar an heißen Sommertagen als empfindlich kühl.

Im Orchester, wo ich während etlicher Jahre wortkarg an meinem Pult hockend manchen lustlosen Bogenstrich auf der Violine ausführte, wurde eines Tages eine junge Flötistin eingestellt. Mit ihren lebhaften, hellen Augen sah sie bei den Proben immer sehr freundlich zu mir herüber. In meiner Nähe trug sie stets ein auffälliges, nahezu beständiges Lächeln zur Schau. Manchmal kamen wir miteinander ins Gespräch, wobei sie stets viel mehr redete als ich. Ganz allmählich begann sie mir zu gefallen. Schließlich war sie hübsch, klug und begabt. Ihr geselliges Wesen bildete einen wohltuenden Kontrast zu meiner verschlossenen Art. Bei einem abendlichen Spaziergang im Sternwartenpark gestand sie mir: „Ich hab mich in deinen traurigen Blick verliebt."

Ich war recht froh, endlich einen Menschen gefunden zu haben, dem ich mich anvertrauen konnte. Daher kam ich zuweilen auch auf mein Leben als Schmetterling zu sprechen, weshalb ich in ihrem Beisein mein innerliches Frieren fast nicht mehr spürte. Ich erzählte ihr von vielen Begebenheiten aus dieser fernen Vergangenheit und erwähnte wohl auch ein ums andere Mal Aliferas Namen. Sie hörte mir dabei stets geduldig zu, stellte aber niemals eine Frage. Und wenn sie ihrerseits hinterher zu reden begann, brachte sie das Gespräch sofort auf ein anderes Thema. Ich mochte es besonders, wenn sie das Schmetterlingsmedaillon trug, das ich ihr zu unserer Verlobung geschenkt hatte. Manchmal nannte ich sie liebevoll: „Mein kleiner Schmetterling."

Mein Vater sah es durchaus mit Wohlwollen, dass die junge Frau nun Hand in Hand mit mir ins Opernhaus kam. Er schätzte sie als tüchtige Musikerin und gab ihr bald nach unserer Verlobung die schönsten Solokadenzen zu spielen. Dies geschah allerdings sehr zum Verdruss der anderen Flötisten, die dem Orchester schon viel länger angehörten. Wenn meine Freundin eine solche Aufgabe erhielt, bereitete sie sich höchst gewissenhaft darauf vor, und man konnte sie dann kaum noch für etwas anderes interessieren. Inzwischen war sie zu mir in meine enge Mansarde gezogen. Oft übte sie bis spät in die Nacht hinein. Ich musste darauf viel Rücksicht nehmen und ständig die verärgerten Hausbewohner beruhigen, die sich von den Übungen gestört fühlten.

Im Frühling begannen wir unsere Hochzeit zu planen. Wir hatten uns bereits eine großzügige Wohnung im belebten Stadtzentrum angesehen, von der meine Freundin schier begeistert war, mit Parkettfußboden, marmorgefliestem Bad und einem schallgedämmten Musikzimmer.

Da starb mein Vater. Ganz plötzlich war er während einer Orchesterprobe an seinem Dirigentenpult zusammengebrochen. Der herbeigerufene Arzt konnte nichts mehr für ihn tun. Kurz nach der Beisetzung verließ mich meine Verlobte und ging völlig überstürzt mit einem jungen Tenor, der eine vielversprechende Stimme hatte, ins Ausland. Später kam ihre Mutter vorbei, um ihre zurückgelassenen Sachen aus der Wohnung abzuholen. Sie meinte, dass es zwar schade, jedoch kein Wunder sei, dass ihre Tochter mir den Laufpass gegeben hatte. Mit einem Mann, der sich einbildete, schon einmal als Schmetterling gelebt zu haben, wäre es ihr auf die Dauer halt ein wenig unheimlich gewesen. Auch gab sie mir den Verlobungsring und das, wie sie sich ausdrückte, „kitschige Schmetterlingsamulett" zurück.

Wegen dieser schlimmen Ereignisse verlor ich leider ein wenig den Halt und begann zu trinken. Es kam ein paarmal vor, dass ich zu spät zu den Orchesterproben erschien und, was noch schlimmer war, sogar bei einem bedeutenden Konzert unentschuldigt fehlte. Auch geschah es immer öfter, dass ich im Spiel meinen Einsatz verpasste oder dass man mein Instrument mit völlig schrägen Tönen aus dem Orchester heraushörte – eine ungeheure Schmach für den weithin hochgeschätzten Klangkörper. Manchmal passierte das, weil ich versehentlich die falsche Notenseite aufgeschlagen hatte, meist aber, weil ich mit meinen Gedanken ganz woanders war. Nachdem man mich mehrmals vergeblich gemahnt hatte, wurde ich fristlos entlassen.

Weil ich keine neue Anstellung als Musiker fand und deshalb nicht wusste, wovon ich leben sollte, bat ich meine Mutter, mir doch meinen Anteil des väterlichen Erbes auszuzahlen. Allerdings war bereits einiges davon in die hoffnungsvolle Karriere meiner Schwester investiert worden, wie ich erfuhr. Die Gesangslehrer, der Pianist, die weiten Reisen zu Gesangswettbewerben, die umfangreiche Garderobe, das alles war dringend notwendig. Zum anderen wurde abermals eine kosmetische Operation ihres Augenlides fällig, weil sie immer wieder feststellen musste, wegen ihres Aussehens benachteiligt zu sein. Hierfür hatte ich natürlich Verständnis. Daher erhielt ich nicht besonders viel Geld und kam auch nicht lange damit aus, weil ich es vertrank. So setzte ich mich mit meiner Geige in den Sternwartenpark, stellte einen Teller vor mich hin und spielte. Meine Einnahmen hielten sich jedoch in geringen Grenzen. Und ein paar Leute beschwerten sich lautstark, weil sie in den Grünanlagen ihre Ruhe haben wollten. Besser erging es mir auf dem Bahnhof. Obwohl, oder vielleicht sogar *weil* meine Musik im Lärm der aus- und einfahrenden Züge und der Lautsprecherdurchsagen manchmal gänzlich unterging, verdiente ich dort recht anständig. Reisende haben immer Kleingeld in den Taschen und beschweren sich nicht über Musik, weil sie dazu meist viel zu sehr in Eile sind.

Einmal erhielt ich in dieser schweren Zeit sogar von meiner sonst eher knauserigen Schwester eine überraschend großzügige Zuwendung. Sie war inzwischen mit ihrem bedeutend älteren Manager verheiratet, mit dem sie viel in der Welt umherreiste – eigentlich ein netter Kerl, ein ehemaliger Sänger. Wie er mir unter Tränen erzählte, sah auch er einst einer bedeutenden Karriere als Opernstar entgegen. Doch hatte er auf denkbar tragische Weise seine herrliche Baritonstimme verloren. Bei einem Gastspiel in Hongkong gurgelte er vor seinem Auftritt wegen einer leichten Erkältung mit einer ihm empfohlenen Tinktur. Leider hatte sein Garderobier auf Grund der chinesischen Beschriftung die Medizin mit einem ätzenden Putzmittel verwechselt. Nur die recht hohe Versicherung, die er glücklicherweise kurz zuvor auf seine Stimme abgeschlossen hatte, bewahrte ihn vor dem völligen Ruin. Geld konnte mir meine

Schwester nicht geben. Die medizinische Behandlung unserer kränkelnden Mutter, die das Paar bei sich aufzunehmen gedachte, würde sehr teuer werden. Allerdings überschrieben mir die beiden spontan ihr Auto, ein schnittiges, weißes Cabriolet mit roten Ledersitzen, das ich bereits bei einem vorangegangenen Familientreffen sehr bewundert hatte. Dafür bescheinigte ich ihnen lediglich den Verzicht auf meinen Besitzanteil an unserem alten Landhaus am See. Dort waren inzwischen ziemlich kostspielige Reparaturen notwendig geworden, die ich ja ohnehin nicht mittragen konnte.

Ich brachte es nicht übers Herz, das schöne Auto zu verkaufen. Immer wenn ich ausreichend Geld beisammen hatte, verzichtete ich lieber auf den Alkohol, tankte den Wagen voll und fuhr damit über Land. Wenn ich bei schönem Wetter sein Verdeck öffnete empfand ich das Fahren so vergnüglich, wie das Fliegen mit Schmetterlingsflügeln. Und wenn ich in meinem blütenweißen Frackhemd am Steuer saß, musste man mich für einen wohlhabenden Mann, niemals aber für den bettelarmen Straßenmusikanten halten, der ich in Wirklichkeit war. Einmal sah mich die Mutter einer gewissen Flötistin in der Stadt, wie ich so an ihr vorüberbrauste. Die hat vielleicht Augen gemacht!

Kurz darauf kam überraschend ein Eilbrief von meiner ehemaligen Verlobten. Sie schrieb mir, dass sie es nicht mehr mit dem eigensüchtigen Tenor aushalten könne. Außerdem sei das Leben im Ausland unerträglich kompliziert und teuer. Sie hätte furchtbar schlimmes Heimweh. Und sie dächte sehnsüchtig an die romantische Zeit in unserer winzigen Mansarde zurück. Ihr täte es unsäglich leid, dass sie mich damals im Stich gelassen hatte. Sie wünschte sich nichts sehnlicher, als zu mir zurückzukehren. Und wenn ich mich dazu überwinden könnte, ihr zu verzeihen, dann sollte ich sie dann und dann am Flughafen treffen. Und falls ich sie dort nicht erwarten würde, wofür sie größtes Verständnis hätte, wollte sie schweren Herzens sofort die Reise an einen unbekannten Ort antreten, wo sie einer ungewissen Zukunft entgegensähe. Für diesen Fall wünschte sie mir ein erfülltes Leben mit dem reichen Erbe meines Vaters und alles nur erdenklich Gute. Ich war ihr aber noch ziemlich gram über die Art ihres plötzlichen Fortgehens. Auch nahm ich ihr übel, dass sie ausgerechnet ihrer schwatzhaften Mutter das Geheimnis meines Schmetterlingslebens anvertraut hatte. Darum war ich unwiderruflich entschlossen, sie nicht wiederzusehen. Doch am Morgen nach einer durchgrübelten Nacht kurz vor ihrer geplanten Ankunft dachte ich anders. Immerhin war es keine schlechte Zeit mit ihr gewesen. Und vielleicht sollte ich wirklich endgültig damit aufhören, andauernd von Schmetterlingen zu faseln. So etwas musste einem normalen Menschen ja früher oder später auf die Nerven fallen.

In fliegender Hast setzte ich mich ins Auto und raste in Richtung Flughafen aus der Stadt. Plötzlich hörte ich einen leisen Schlag an der Frontscheibe. Für eine Sekunde sah ich einen Schmetterling mit ausgebreiteten Schwingen daran kleben. Der Fahrtwind wirbelte ihn unter den Arm des Scheibenwischers, wo er sich verfing. Ich bremste so heftig, dass sich das Auto auf dem feuchten Asphalt drehte. Es rutschte quer über die Straße und krachte seitlich gegen einen Baum. Nach einer kleinen Weile der Besinnung stieg ich aus. Behutsam legte ich das Schmetterlingsweibchen auf meine flache Hand. Auf seinen weißen Flügeln erkannte ich die Zeichnung seiner goldschimmernden Ränder. Da näherte sich sehr schnell ein zweiter Schmetterling. Einen kurzen Moment verharrte er im Standflug über dem leblosen Weibchen. Dann stürzte er sich auf mich und schlug mir mit seinen Flügeln ins Gesicht. Ich ließ es geschehen ohne mich zu rühren. Nie in meinem Leben bin ich schwerer gestraft worden als in jenen qualvollen Augenblicken. Die Flügel des Schmetterlings waren blutig rot, als er von mir abließ und sich auf meine Hand setzte. Mit unsäglich zitternden Fühlern tastete er nach seiner toten Gefährtin. Er umfasste sie und erhob sich heftig flatternd in die Höhe. Lange, sehr lange sah ich ihm nach, wie er immer tiefer und tiefer mit ihr in den blauen Himmel tauchte. Ich nahm ihn nur noch als ein winziges, zitterndes, weißes Pünktchen wahr, bevor alles vor meinen Augen verschwamm. Jemand berührte mich an der Schulter.

„Was ist passiert?“, wurde ich gefragt. „Sie bluten ja.“
Jetzt erst bemerkte ich die Leute, die um mich herum standen. Da hob ich einen faustgroßen Stein auf und schleuderte ihn mit voller Wucht an die Windschutzscheibe meines Autos.

Im Krankenhaus ergab sich, dass meine Kopfverletzung nicht besonders schlimm war. Doch in meiner linken Hand stellte man einen komplizierten Bruch fest, den ich zuerst kaum bemerkt hatte. Der ganze Unterarm schwoll stark an. Ich trug lange einen Gipsverband. Die gesplitterten Knochen heilten schlecht. Während dieser Zeit lebte ich von dem geringen Verkaufserlös des reparaturbedürftigen Autos. Als man den Gips endlich entfernte, konnte ich die Hand nur noch eingeschränkt gebrauchen. Violine spielen war damit nicht mehr möglich. Ich versuchte es zwar und übte wochenlang, um die Finger wieder beweglich zu machen. Doch was dabei herauskam, klang etwa so melodiös wie eine Hummel im Blecheimer. Ein Arzt sagte mir, dass man die Hand noch einmal brechen und die Knochen ordentlich zusammensetzen könne. Die Heilung wäre allerdings langwierig und ein gutes Ergebnis nicht zu garantieren. Außerdem sei eine solche Operation sehr teuer. Damit kam für mich eine erneute Aufnahme meiner Tätigkeit als Bahnhofsmusiker nicht mehr in Betracht. Ich packte also meine Violine in ihren Kasten und trug sie zu einem Trödler, der mir auf Anhieb überraschend viel Geld dafür bot. Damit konnte ich wenigstens die rückständige Miete meiner Mansarde begleichen. Auf weitere Briefe meiner ehemaligen Verlobten, die sich in der Stadt bei ihrer Mutter aufhielt, reagierte ich nicht.

Bei der Sozialkasse wollte man mir keine Unterstützung gewähren, da man meinte, dass ich wegen der umfangreichen Hinterlassenschaft meines Vaters eigentlich recht vermögend sein müsse. Ich erklärte denen, wie nötig meine Schwester die noch vorhandenen Mittel benötigte und dass die medizinische Behandlung meiner Mutter viel Geld erforderte. Man bot mir nur an, mir die Kosten eines Rechtsstreites vorzustrecken, um meinen Erbanteil gerichtlich einzuklagen. Aber so etwas lehnte ich ab. In meiner größten Not, als mir das Heizmaterial ausgegangen und der Strom gesperrt worden war, als auch die schriftliche Androhung meiner Wohnungskündigung bereits auf dem Tisch lag, fasste ich den Entschluss, einen Raubüberfall zu begehen. In einer Schublade fand ich eine alte Schreckschusspistole, die ziemlich gefährlich aussah. Um mich unkenntlich zu machen, klebte ich mir einen dunklen Vollbart ins Gesicht, den mir ein ehemaliger Kollege aus dem Opernhaus beschafft hatte. Obendrein zog ich einen breitkrempigen Hut tief in meine Stirn. Ich hatte den kleinen Laden eines schon sehr betagten Juweliers in einer abgelegenen Seitengasse ausgewählt. Im Vorbeigehen war mir aufgefallen, dass der alte Herr stets allein über seine Arbeit gebeugt in einem antiquierten Lehnstuhl hinter der Schaufensterscheibe hockte. Es war kaum zu erwarten, dass dieser gebrechliche Mann mich aufhalten oder gar verfolgen würde. Ich wollte ihm mein einzig wertvolles Schmuckstück, nämlich das Schmetterlingsmedaillon zum Kauf anbieten

– natürlich nur zum Schein, denn ich dachte nicht im Traum daran, es zu versetzen. Wenn er dann seine Kasse öffnete, wollte ich ihm die Pistole unter die Nase halten und mit dem Geld verschwinden. Mein Gewissen beruhigte ich mit der Vermutung, dass der Alte gegen Raub versichert sei und deswegen schon nicht in den Ruin geriete. Für meine Flucht hatte ich mir das Fahrrad des Hausmeisters geliehen, womit ich mich auf der abschüssigen Straße uneinholbar davonmachen konnte. Alles war bestens vorbereitet.

In der Mittagshitze, als kaum ein Mensch sich blicken ließ, betrat ich das Geschäft. Um mein Hinken zu verbergen, ging ich sehr langsam wie schlendernd. Mein Herz pochte vor Aufregung. Ich schwitzte stark unter dem Hut.

„Guten Tag", begrüßte mich der alte Mann mit einer hohen Fistelstimme, ohne von seiner Arbeit aufzublicken. „Sie möchten mir ein Kaufangebot machen?"

„Ja, aber…", stotterte ich. „Woher wissen Sie...?"

Er sah mich mit gesenkter Stirn von unten herauf an.

„Pardon", sagte er. „Ihr Bart..."

„Was!?"

„Er löst sich ab. Da, an der Seite."

Der Mann deutete an seine Wange. Verstört griff ich mir ins Gesicht. Für einen Moment war ich unschlüssig, ob ich verschwinden oder die Pistole ziehen sollte.

„Ich hab' Verständnis dafür, dass Sie unerkannt bleiben möchten", sagte der Juwelier in verbindlichem Tonfall. „Muss ja nicht gleich jeder wissen, dass man genötigt ist, etwas zu versetzen, nicht wahr. Auf meine Diskretion können Sie aber vertrauen."

„Also eigentlich wollte ich nur…", druckste ich, wobei ich mir den Bart festhielt.

„Nehmen Sie Platz“, sagte er freundlich und wies auf eine Sitzecke, die durch einen Vorhang vom übrigen Ladenraum getrennt war. Der Alte stand nicht auf, sondern rollte mit seinem hochlehnigen Stuhl um den Ladentisch herum. Nun sah ich, dass er keine Beine mehr hatte. Am liebsten hätte ich auf dem Absatz kehrtgemacht, aber die Knie wurden mir weich, mir schwindelte und ich sank willenlos in den mir angebotenen Lehnsessel. Der Juwelier blickte mich auffordernd an, als wir uns gegenübersaßen. Ich wollte den Schmuck aus der Manteltasche ziehen, doch die Halskette hatte sich am Abzugshahn der Pistole verhakt. Fahrig nestelte ich mit zittrigen Fingern in der Tasche herum. Eine peinlich lange Minute verstrich. Endlich bekam ich das Medaillon frei und reichte es zögernd über den Tisch. Der alte Mann nahm es dankend entgegen und wurde auf einmal sehr ernst.

„Wenn man einen Menschen eine lange Zeit nicht gesehen hat, ist es manchmal schwer, ihn wiederzuerkennen“, sagte er leise wie zu sich selbst. „Schmuckstücke haben dagegen ein unvergängliches Gesicht.“

Geschickt öffnete er den Deckel. Ich war erstaunt, wie schnell er den verborgenen Mechanismus gefunden hatte.

„Bitte, seien Sie vorsichtig“, beschwor ich ihn. „Der Inhalt ist sehr wertvoll.“

„Ein Schmetterlingsflügel“, stellte er fest und schloss das Medaillon behutsam wieder. Ich bemerkte, dass seine Augen glitzerten, als er es eine längere Zeit schweigend betrachtete.

„Als junger Bursche saß ich einmal abends mit meinem Mädchen auf einer Parkbank“, begann er endlich wieder zu reden, „da sahen wir im Dunkeln in einem Holunderstrauch einen Schmetterling mit hell leuchtenden Flügeln sitzen.“

Der alte Mann blickte kurz auf und schmunzelte.

„Jaja“, fuhr er fort. „Ein leuchtender Schmetterling! Ich weiß, Sie werden es mir genau so wenig glauben wie jeder andere, dem ich das erzählt habe. Aber so war es. Der Schmetterling strahlte wie eine Leuchtreklame. Ein wunderbares, goldfarbenes Licht. Ich fing ihn. Er war zauberhaft schön. Ich nahm ihn als Motiv für mein Gesellenstück. Als ich meinem Meister den Entwurf zeigte, gab er mir diese einzigartigen Brillanten. Zu gern hätte ich meiner Liebsten das fertige Medaillon geschenkt. Sie verstehen. Aber allein das Material war so immens teuer, dass ich es mir nicht im entferntesten leisten konnte.“

Reglos saß ich da. In der Manteltasche hielt meine Hand die Pistole umkrampft.

„Es muss etwa zwanzig Jahre her sein“, fuhr der Alte fort, „dass ich das Medaillon zuletzt in den Händen hielt. Ihr seliger Herr Vater wollte es seinerzeit geschätzt haben.“

„Sie wissen also, wer ich...?“, stammelte ich völlig perplex. „Sie kennen mich!?“

„Ich kannte auch Ihren Herrn Großvater“, antwortete er. „Wir haben im Krieg zusammen in einer Jagdfliegerstaffel gekämpft. Ich schenkte ihm übrigens den toten Falter, den ich immer bei mir trug. Ihr Großvater war ein exzellenter Kenner der Schmetterlingsfauna. Er wollte ihn fachkundig präparieren. Leider fehlten dem Tier zwei Beine. Auch sein Unterleib war beschädigt.“

Der Alte klemmte sich sein Vergrößerungsglas vor ein Auge und betrachtete noch einmal sein Gesellenstück.

„Solche Diamanten sind unglaublich selten“, erklärte der Juwelier. „Nur leider kann ich das Stück nicht kaufen, so gern ich es hätte.“

Er reichte mir den Schmuck zurück. Fragend sah ich ihn an. Mein Magen knurrte vernehmlich.

„Ich muss Sie um Verständnis bitten“, setzte er bedauernd fort, wobei sich seine Fistelstimme fast auf normale Tonhöhe senkte, „aber so viel Geld besitze ich nicht.“
Unverrichteter Dinge stolperte ich aus dem Geschäft.

Das Medaillon trage ich immer noch um den Hals. Aus Sicherheitsgründen hängt es an einer doppelten Lederschnur. Nur die weißgoldene Kette habe ich damals in einem Leihhaus versetzt. In jenen Tagen spazierte ich einmal durch mein nicht besonders gepflegtes Stadtviertel und überlegte, wie es mit mir weitergehen sollte. Da flatterte mir ein *Gonepteryx rhamni*, ein Zitronenfalter über den Weg. Er hatte eine so ausgelassen fröhliche Art zu fliegen, dass ich ihm erheitert mit den Blicken folgte. Der flinke Bursche war ziemlich frech, denn eh' ich's mir versah, schoss er auf mich zu und setzte sich dreist auf meine Nase. Nun kann aber ein Mensch nicht auf diesen Vorsprung seines Gesichtes blicken, ohne fürchterlich zu schielen. Da wurde mir bewusst, was ich für einen komischen Anblick bot, und musste lachen. Der Falter flog auf und ließ sich an der mit Efeu bewachsenen Mauer nieder, die neben dem Weg verlief. Als ich bei ihm anlangte, flatterte er wieder ein Stück weiter und wartete erneut. In der Nähe eines halboffenen Gittertores huschte er über die Mauer hinweg. Ich trat durch das Tor und befand mich auf einem Friedhof. Nah am Eingang stand ein von Weinranken umhülltes Häuschen. An seinem einzigen Fenster prangte gelb leuchtend der Zitronenfalter. Hinter der Scheibe hing ein Pappschild mit der Aufschrift FRIEDHOFSGÄRTNER GESUCHT.

Inzwischen haben die vielen verflossenen Jahre die Farbe aus meinem Haar gewaschen. Ich habe seither unzählige Schaufeln Erde auf diesem Feld bewegt, auf dem es wohl kaum ein Krüm-

chen gibt, das nicht mehrmals von mir gewendet wurde. Zwar kann ich nicht gerade behaupten, dass mir diese Arbeit ungeteilte Freude bereitet, doch wirkt sie stets sehr beruhigend auf mich. Und obgleich ich manchmal schon recht müde dabei werde, mag ich noch immer nicht in Rente gehen. Ich denke, es ist wohl eine der sinnvollsten und nützlichsten Beschäftigungen, die es gibt: Menschen unwiederbringlich an Plätzen zu verstauen, wo sie nicht mehr mit Kettensägen hantieren, kein Gift in die Bäume sprühen, wo sie nicht mehr mit Autos umherrasen oder rosenumrankte Felsen in die Luft sprengen, sich auch gegenseitig nicht mehr weh tun, wo sie vor all ihrer ausgeklügelten Unvernunft sicher bewahrt werden, wo ihre ausgedienten Leiber allmählich zu fruchtbarer Erde zerfallen, die vielleicht in hundert Jahren einmal wieder Blüten hervorbringen wird, aus denen Schmetterlinge ihren Nektar trinken.

XVI. Blütenschnee

Bevor ich weiterschreibe, will ich noch einmal Kohlen nachlegen. Zwar knistert und knackt der Ofen bereits in allen Fugen und sein Rohr glüht bedenklich hell, doch meine Hände zittern immer noch vor Kälte während ich hier am Tisch unter dem Dachfenster sitze. Ich hoffe, dass meine Schrift trotzdem noch einigermaßen lesbar ist.

Mein ständiges Frieren wird vermutlich erst dann aufhören, wenn ich mir endgültig sicher sein kann, dass meine Geschichte Glauben findet. Dabei kommt es nicht unbedingt darauf an, dass man mir glaubt, es habe sich alles in *Wirklichkeit* so abgespielt, sondern man möge mir nur glauben, dass ich es genau so und nicht anders *erlebt* habe. Die Wirklichkeit ist in dem Zusammenhang unwesentlich. Wirklichkeit – was ist das überhaupt? Lässt sich ihre Existenz nicht ebenso in Frage stellen wie alles andere auch? Vielleicht ist Wirklichkeit ja nur das, was jeder Einzelne für sich darunter versteht? Und wer vermag denn schon an der unsichtbaren Grenze zwischen Traum und Wirklichkeit das eine vom anderen klar zu unterscheiden? Aber wenn jemand behaupten würde, Alifera hätte niemals wirklich existiert – Der Gedanke lässt mich kopfschüttelnd lächeln. Es gibt Momente, in denen ich schon ganz deutlich meine Flügel spüre, die nur darauf warten, mich bald wieder zu ihr zu tragen. Unsere Welt besteht aus unendlich viel mehr, als nur aus dem, was wir in unserer menschlichen Einfalt als Wirklichkeit bezeichnen. Ergründen lässt sie sich nicht. Sie wird ihre größten Geheimnisse immer für sich behalten. Doch eines habe ich herausgefunden: Alles, buchstäblich alles woran wir felsenfest und ohne den leisesten Zweifel glauben, wird für uns wirklich und wahrhaftig existent. Und damit will ich mich begnügen.

Nur eines noch: Als ich vor einiger Zeit einen Spaziergang durch eine Siedlung am Rande der Stadt unternahm, geschah genau das, was sich wie ein noch fehlendes Mosaiksteinchen in das fast vollendete Bild meines Lebens fügte und worauf ich eingestandenermaßen bereits gewartet hatte: Ich blieb am Zaun eines Gartens stehen, weil mich die außergewöhnlich prächtige Blütenkrone eines Baumes erstaunte. Im Schein der Abendsonne wies mein Schatten in die Richtung eines blonden Jungen, der den gebogenen Griff eines Krückstocks an einen Ast hakte und heftig daran ruckte, so dass die weißen Blütenblätter wie Schneeflocken...

Der Rest der letzten Manuskriptseite wurde bei dem anfangs erwähnten Brand vernichtet. Feuerwehrleute, Anwohner und Schaulustige sahen verwundert, wie das brennende Hausdach von Tausenden Schmetterlingen umschwirrt wurde. Niemand konnte sich erklären, woher all die Tiere so plötzlich gekommen waren und wohin sie mit dem Verlöschen der letzten Flamme alle auf einmal verschwanden. Manche Leute behaupteten hinterher, es wären nur trockene Blätter gewesen, die der heiße Aufwind des Feuers aus der Dachtraufe gerissen und umhergewirbelt hatte.

ENDE

Im Abentheuer Verlag erschien ebenfalls

von

Karel Szesny

eine eigene Textfassung
des berühmten Kinderbuches „Der kleine Prinz“
und seine Fortsetzung „Das Sternenglöckchen“
in einem Band

Der kleine Prinz und Das Sternenglöckchen

ISBN 978-3-945976-57-9

ABENTHEUER VERLAG

Das originale Sternenglöckchen

bestellbar beim Verlag

abentheuerverlag.de

oder im Buchhandel

Messingglöckchen Ø 11 mm, Lesezeichen 160 x 36 mm und Kordel 500 mm

Artikel-Nummer: 9117710

ABENTHEUER VERLAG